UNIVERSO

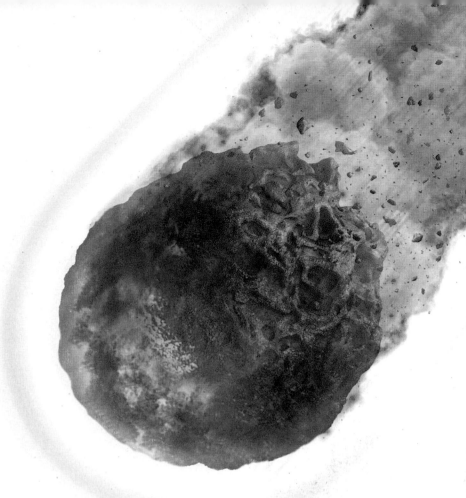

UNIVERSO

DK Londres
Edición sénior Ben Morgan
Edición de arte sénior Smiljka Surla
Edición Steve Setford
Diseño Jacqui Swan
Colaboradores Robert Dinwiddie, John Farndon,
Geraint Jones, Ian Ridpath, Giles Sparrow y Carole Stott
Asesoría científica Jacqueline Mitton
Ilustración Peter Bull, Jason Harding y Arran Lewis
Diseño de cubierta sénior Sophia MTT
Diseño de cubierta Laura Brim
Edición de cubierta Claire Gell
Dirección de preproducción Nikoleta Parasaki
Producción Mary Slater
Coordinación editorial Paula Regan
Coordinación de arte Owen Peyton Jones
Coordinación de publicaciones Andrew Macintyre
Subdirección de publicaciones Liz Wheeler
Dirección de arte Karen Self
Dirección de diseño Stuart Jackman
Dirección de publicaciones Jonathan Metcalf

DK Delhi
Edición sénior Bharti Bedi
Edición de arte sénior Nishesh Batnagar
Edición del proyecto Priyanka Kharbanda
Dirección de arte Heena Sharma y Supriya Mahajan
Asistente de edición Sheryl Sadana
Maquetación Nityanand Kumar
Maquetación sénior Shanker Prasad y Harish Aggarwal
Iconografía Deepak Negi
Diseño de cubierta Dhirendra Singh
Coordinación del diseño de cubierta Saloni Singh
Coordinación editorial Kingshuk Ghoshal
Coordinación de arte Govind Mittal
Dirección de preproducción Balwant Singh
Coordinación de producción Pankaj Sharma

Publicado originalmente en Gran Bretaña
en 2015 por Dorling Kindersley Ltd.
80 Strand, London WC2R 0RL

Parte de Penguin Random House

Título original: *Space! Knowledge Encyclopedia*
Primera edición 2016

Copyright © 2015 Dorling Kindersley Ltd.

© Traducción en español 2016 Dorling Kindersley Ltd.

Producción editorial de la versión en español: deleatur, s.l.
Traducción: Antón Corriente Basús

ISBN: 978-1-4654-6088-2

Impreso y encuadernado en China

www.dkespañol.com

CONTENIDO

SISTEMA SOLAR

SISTEMA SOLAR

Nuestro vecindario en el espacio se conoce como Sistema Solar. En su centro se encuentra el Sol, una estrella ordinaria tan cercana que inunda de luz nuestro planeta. Atrapados en su órbita por la gravedad están la Tierra y otros siete planetas con sus numerosos satélites, y millones de cometas y asteroides.

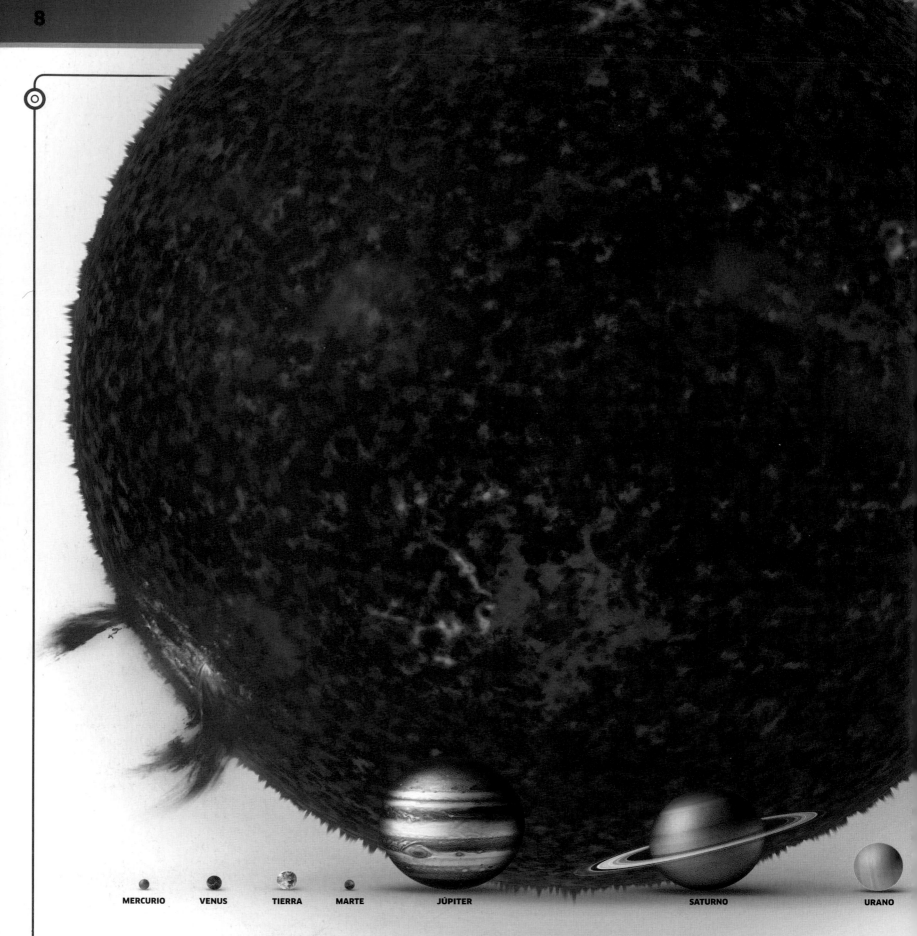

MERCURIO　　VENUS　　TIERRA　　MARTE　　JÚPITER　　SATURNO　　URANO

EL SOL Y LOS PLANETAS

El Sol es enorme comparado incluso con el mayor de los planetas, Júpiter, y contiene el 99,8 % de la masa total del Sistema Solar. Su diámetro de casi 1 400 000 km es diez veces el de Júpiter, y su masa, más de mil veces mayor que la de este. A su vez, Júpiter es gigantesco comparado con la Tierra. Los ocho planetas del Sistema Solar se clasifican en dos tipos: los interiores –Mercurio, Venus, la Tierra y Marte– son esferas sólidas de roca y metal; en cambio, los exteriores son gigantes gaseosos, enormes globos compuestos principalmente de hidrógeno y helio.

1,3 millones: número de veces que cabría el volumen de la Tierra en el del Sol.

SOL

La familia del Sol

El Sistema Solar es un vasto disco de materia de 30 000 millones de km de diámetro, con el Sol en su centro. La mayor parte es espacio vacío, pero desperdigados por él se hallan incontables objetos sólidos retenidos por la gravedad del Sol en órbita (dando vueltas a su alrededor), casi todos en el mismo sentido. Los mayores de estos objetos se conocen como planetas y son casi perfectamente esféricos. Hay ocho, desde el pequeño planeta rocoso Mercurio hasta el gigantesco Júpiter. En el Sistema Solar también hay cientos de satélites y planetas enanos, millones de asteroides y quizá millones o miles de millones de cometas.

NEPTUNO

PLANO ORBITAL

Las órbitas de los planetas y de la mayoría de los asteroides están alineadas sobre un plano, denominado orbital, y por ello rara vez chocan entre ellos. En cambio, los cometas pueden orbitar en cualquier ángulo.

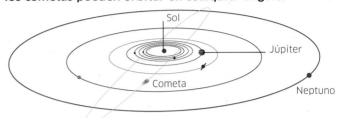

Sol — Júpiter — Cometa — Neptuno

Cómo funcionan las órbitas

La bala veloz escapa de la gravedad terrestre.
La bala lenta cae a tierra.
A la velocidad adecuada, la bala siempre cae, pero nunca aterriza.

El científico inglés Isaac Newton imaginó balas de cañón disparadas al espacio. Si una bala alcanzara la velocidad suficiente para que la curva de su caída fuera igual a la de la Tierra, volaría indefinidamente en órbita en torno al planeta.

CUERPOS MENORES

Aparte de los planetas, hay tantos cuerpos en el Sistema Solar que los expertos no han podido identificarlos todos. Aquellos cuyo diámetro supera los 200 km aproximados, como planetas enanos y satélites grandes, son esféricos; los menores tienen forma irregular.

Asteroides
Existen millones de estas masas rocosas, la mayoría en órbita alrededor del Sol entre Marte y Júpiter, en el cinturón de asteroides. Algunos de ellos siguen órbitas que los acercan peligrosamente a la Tierra u otros planetas.

Cometas
Son cuerpos helados que se aproximan desde el Sistema Solar exterior y que despiden una cola resplandeciente al acercarse al Sol lo bastante como para que el hielo se evapore. Se cree que muchos proceden de la vasta nube de Oort, mucho más allá de los planetas.

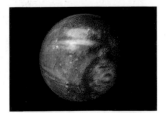

Planetas enanos
La fuerza de la gravedad da forma esférica a los objetos grandes con el tiempo. Los planetas enanos poseen la gravedad suficiente para haber adquirido forma esférica, pero no para despejar de otros objetos las zonas por las que pasan sus órbitas. Su número total se desconoce.

Satélites
La mayoría de los planetas y muchos otros objetos del Sistema Solar tienen satélites naturales, o lunas, que orbitan a su alrededor igual que los planetas en torno al Sol. Diecinueve de estos satélites son lo bastante masivos para ser esféricos, y dos de ellos son mayores que el planeta Mercurio.

ESTRUCTURA

El Sistema Solar no tiene un borde exterior definido y es tan grande que las distancias no se miden en kilómetros, sino en unidades astronómicas (UA). Una UA es igual a la distancia media de la Tierra al Sol.

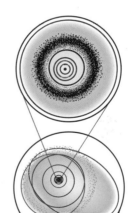

Sistema Solar interior
En las órbitas más cercanas al Sol están los cuatro planetas interiores: Mercurio, Venus, la Tierra y Marte. Más allá de Marte se halla el cinturón de asteroides, y más allá de este, Júpiter (órbita en naranja), a 5 UA del Sol.

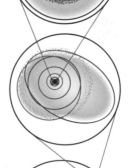

Sistema Solar exterior
Más allá de las órbitas de Júpiter, Saturno, Urano y Neptuno hay un anillo de cuerpos helados llamado cinturón de Kuiper, a unas 30-50 UA del Sol. Dos de los mayores objetos del cinturón de Kuiper son Plutón (órbita en morado) y Eris (órbita en rojo).

Más allá de Plutón
Uno de los objetos más lejanos del Sistema Solar es Sedna, un cuerpo menor cuya órbita alargada lo aleja del Sol hasta 937 UA. Tarda 11 400 años en dar la vuelta al Sol, que se vería tan minúsculo desde Sedna que se podría tapar con un alfiler.

La nube de Oort
Mucho más allá de la órbita de Sedna está la nube de Oort, una vasta esfera de cuerpos helados hasta 100 000 UA del Sol. Se cree que algunos cometas proceden de ella. Aquí la gravedad del Sol es tan débil que la de otras estrellas puede desplazar los objetos que contiene.

800 000 km/h: **velocidad a la que se desplaza el Sistema Solar entero** en la galaxia.

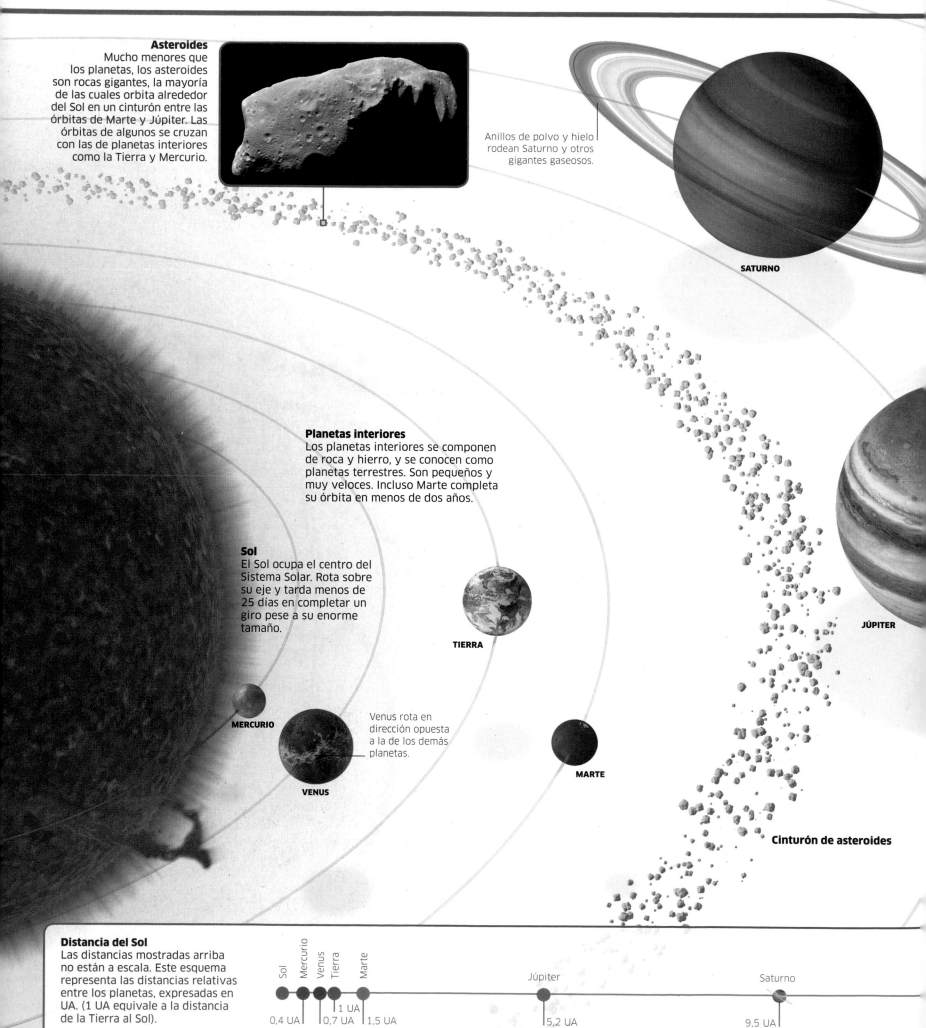

Asteroides
Mucho menores que los planetas, los asteroides son rocas gigantes, la mayoría de las cuales orbita alrededor del Sol en un cinturón entre las órbitas de Marte y Júpiter. Las órbitas de algunos se cruzan con las de planetas interiores como la Tierra y Mercurio.

Anillos de polvo y hielo rodean Saturno y otros gigantes gaseosos.

SATURNO

Planetas interiores
Los planetas interiores se componen de roca y hierro, y se conocen como planetas terrestres. Son pequeños y muy veloces. Incluso Marte completa su órbita en menos de dos años.

Sol
El Sol ocupa el centro del Sistema Solar. Rota sobre su eje y tarda menos de 25 días en completar un giro pese a su enorme tamaño.

TIERRA

MERCURIO

Venus rota en dirección opuesta a la de los demás planetas.

VENUS

MARTE

JÚPITER

Cinturón de asteroides

Distancia del Sol
Las distancias mostradas arriba no están a escala. Este esquema representa las distancias relativas entre los planetas, expresadas en UA. (1 UA equivale a la distancia de la Tierra al Sol).

Sol Mercurio Venus Tierra Marte   Júpiter   Saturno

0,4 UA   0,7 UA 1 UA 1,5 UA   5,2 UA   9,5 UA

250 millones de años: tiempo que tarda el Sistema Solar en completar **una órbita en torno al centro de la Vía Láctea.**

11

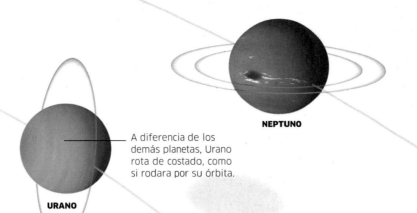

Cometas
Los cometas son grandes masas de hielo y polvo con órbitas muy elípticas. Pueden pasar siglos en los confines del Sistema Solar antes de aproximarse al Sol y desarrollar colas al calentarse.

A diferencia de los demás planetas, Urano rota de costado, como si rodara por su órbita.

URANO

NEPTUNO

Cinturón de Kuiper
Más allá de los planetas se halla un cinturón de cuerpos helados, algunos lo bastante grandes para ser considerados planetas enanos. Estos objetos están tan lejos del Sol que pueden tardar cientos de años en completar una órbita.

Gigantes gaseosos
Los planetas exteriores son mucho mayores que los interiores. Se les conoce como gigantes gaseosos porque consisten principalmente en hidrógeno y helio. Estos elementos existen en estado gaseoso en la Tierra, pero en los gigantes gaseosos se hallan sobre todo en estado líquido.

Júpiter rota más rápido que cualquier otro planeta y completa un giro en menos de diez horas. La velocidad de este movimiento en el ecuador es de 43 000 km/h.

Todos los objetos del espacio giran, desde planetas y satélites hasta estrellas, agujeros negros y galaxias.

Alrededor del Sol

Atrapados por la gravedad del Sol, los ocho planetas del Sistema Solar describen órbitas casi circulares en torno a la estrella central, girando como peonzas mientras se desplazan.

Cuanto más lejos está un planeta del Sol, más tarda en completar una órbita y más despacio viaja. El más lejano, Neptuno, tarda 165 años en dar la vuelta al Sol y apenas supera los 5 km/s. La Tierra se desplaza por el espacio a una velocidad casi seis veces mayor, y Mercurio, el planeta más próximo al Sol, solamente tarda 88 días en completar una órbita, a 50 km/h. Como las órbitas no son circulares, sino ligeramente ovaladas, o elípticas, la distancia de los planetas al Sol varía. La de Mercurio es la órbita más elíptica: el punto más alejado del Sol está más del 50 % más lejos que el más próximo.

Urano

Neptuno

19 UA

30 UA

Planetas rocosos
En la parte interior del joven Sistema Solar, mucho más caliente que la exterior, comenzaron a acumularse granos de roca y metal. Este material formó los planetas interiores Mercurio, Venus, la Tierra y Marte, con una capa externa rocosa y un núcleo de hierro.

Nacimiento del Sistema Solar

Los planetas del Sistema Solar se formaron a partir de gas y granos de polvo y hielo que rodeaban al Sol recién formado.

El Sistema Solar surgió de una vasta y oscura nube de gas y polvo. Hace unos 5000 millones de años, algo -quizá la onda de choque de la explosión de una estrella cercana- desencadenó el proceso de formación estelar en la nube. Cientos de bolsas de gas se unieron y comprimieron, y su masa atrajo a su vez más gas, formando así masas más densas y mayores. Como resultado, su interior se calentó y empezó a resplandecer. Con el tiempo, los núcleos de estas masas alcanzaron tales temperatura y densidad que se iniciaron reacciones nucleares y se convirtieron en estrellas. Una de esas estrellas fue el Sol.

Meteoritos
Son rocas del espacio que caen a la Tierra. Algunos son las rocas más antiguas que conoce la ciencia. Muchos son restos de la nube de detritos de la que se formaron los planetas.

Los gigantes gaseosos **contienen el 99 %** de la masa del Sistema Solar no correspondiente al Sol.

Unos **100 pequeños planetas** del joven Sistema Solar fueron chocando hasta formar los **cuatro planetas rocosos** actuales.

13

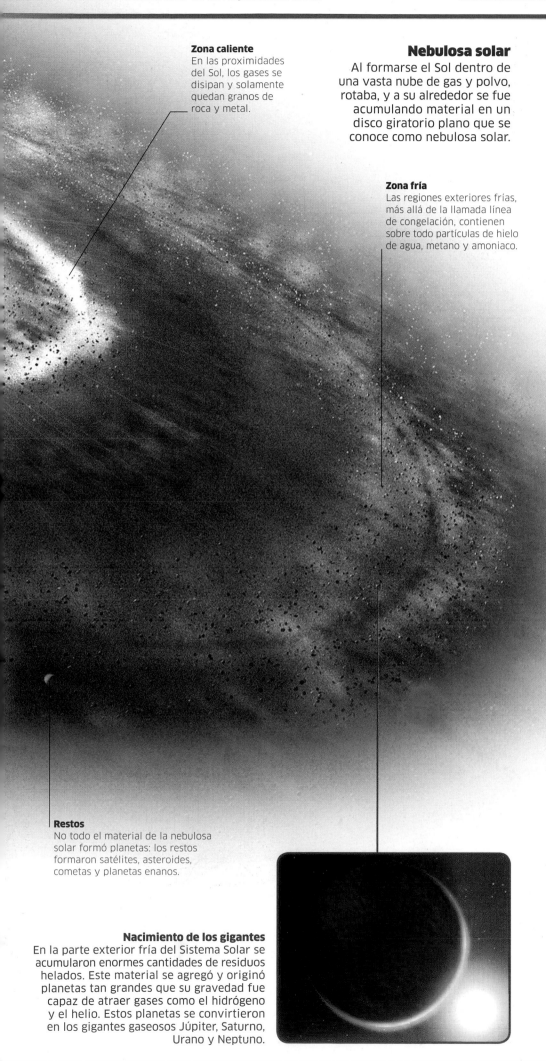

Zona caliente
En las proximidades del Sol, los gases se disipan y solamente quedan granos de roca y metal.

Nebulosa solar
Al formarse el Sol dentro de una vasta nube de gas y polvo, rotaba, y a su alrededor se fue acumulando material en un disco giratorio plano que se conoce como nebulosa solar.

Zona fría
Las regiones exteriores frías, más allá de la llamada línea de congelación, contienen sobre todo partículas de hielo de agua, metano y amoniaco.

Restos
No todo el material de la nebulosa solar formó planetas: los restos formaron satélites, asteroides, cometas y planetas enanos.

Nacimiento de los gigantes
En la parte exterior fría del Sistema Solar se acumularon enormes cantidades de residuos helados. Este material se agregó y originó planetas tan grandes que su gravedad fue capaz de atraer gases como el hidrógeno y el helio. Estos planetas se convirtieron en los gigantes gaseosos Júpiter, Saturno, Urano y Neptuno.

Así se formó el Sistema Solar
El Sistema Solar se formó hace 4600 millones de años, al concentrarse por su propia gravedad una masa de gas y polvo dentro de una nube gigantesca. De su contracción surgió el Sol, rodeado por un disco giratorio aplanado (la nebulosa solar), a partir del cual se formaron los planetas.

Contracción
Dentro de la nube gigantesca se concentra una bolsa de gas, quizá al ser perturbada por la onda de choque de una supernova (explosión de una estrella).

Disco giratorio
Al comprimirse, la masa empieza a girar, ganando velocidad hasta formar un disco. El centro se empieza a calentar.

Nace el Sol
Se inician reacciones nucleares en el denso centro, que comienza a brillar como una estrella. El material sobrante forma un disco llamado nebulosa solar.

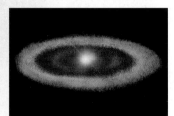

Planetésimos
Las partículas del disco se agregan a causa de la gravedad y forman miles de millones de minúsculos planetas, o planetésimos.

Se forman los planetas
Los planetésimos chocan entre ellos y se unen para formar un número menor de planetas.

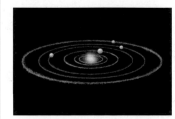

Migración
Las órbitas de los planetas gigantes cambian. Neptuno y Urano se alejan, empujando a cuerpos helados menores a órbitas aún más lejanas.

El Sistema Solar hoy
Hace aproximadamente 3900 millones de años, el Sistema Solar adquiere el patrón planetario actual.

El Sol

Nuestro Sol es una estrella típica: una gran esfera resplandeciente de hidrógeno y helio supercalientes en su mayor parte.

El Sol lleva brillando casi 5000 millones de años y probablemente seguirá luciendo otros tantos. Con un volumen más de un millón de veces superior al de la Tierra, contiene más del 99 % de la masa del Sistema Solar. La enorme fuerza gravitatoria generada por esta masa mantiene atrapados a los planetas en órbita a su alrededor. La fuente de la energía del Sol se halla en las profundidades de su núcleo, donde las temperaturas alcanzan los 15 millones de °C. El calor y la presión intensos del núcleo desencadenan reacciones de fusión nuclear que convierten cuatro millones de toneladas de materia en pura energía cada segundo. Esta energía viaja a la superficie solar, desde donde escapa al espacio en forma de luz y otros tipos de radiación.

Núcleo
El núcleo del Sol es como un reactor nuclear. Los núcleos (centros) de los átomos de hidrógeno se unen para formar núcleos de helio en el proceso conocido como fusión nuclear.

Manchas solares
A veces se observan en el Sol zonas oscuras, a menudo en grupos. Las manchas solares parecen negras porque están a unos 2000 °C menos que el resto de la superficie. Duran tan solo unas semanas y se deben al campo magnético solar.

DATOS

Diámetro: 1 392 684 km

Masa (Tierra = 1): 333 000

Temperatura superficial: 5500 °C

Temperatura del núcleo: 15 millones de °C

Prominencia
A veces surgen del Sol gigantescas erupciones de gas caliente, o prominencias, a las que da forma de arco el invisible campo magnético solar.

2 mil millones de trillones de toneladas: el peso del Sol.

En 1947 se podía ver la Gran Mancha Solar a simple vista al ponerse el Sol.

15

Zona convectiva

Bajo la superficie del Sol se encuentra la zona convectiva, por donde bolsas de gas caliente ascienden, se enfrían y vuelven a hundirse. Este movimiento transporta energía del núcleo a la superficie.

Zona radiativa

A gran profundidad bajo la zona convectiva se halla una zona densa y caliente por la que la energía se transmite como radiación.

Espículas

Unos chorros de gas llamados espículas cubren por entero el Sol.

Fotosfera

La parte externa del Sol es transparente y crea una superficie ilusoria, conocida como fotosfera, con aspecto granulado debido a las bolsas de gas caliente que ascienden desde el interior.

LA TIERRA A LA MISMA ESCALA

La velocidad de la luz

La energía del Sol, a la velocidad de la luz, tarda solo ocho minutos en alcanzar la Tierra. Sin embargo, la misma energía puede tardar hasta 100 000 años en alcanzar la superficie de la estrella desde su denso interior.

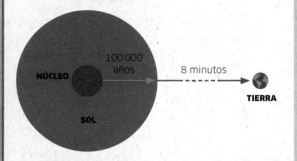

NÚCLEO — 100 000 años — 8 minutos — TIERRA

SOL

Auroras

Además de producir luz y calor, el Sol despide flujos de letales partículas de alta energía: el viento solar. El campo magnético terrestre nos protege de estas partículas como una jaula elástica, pero cuando una descarga fuerte lo perturba, las partículas atrapadas se precipitan a la atmósfera y generan cerca de los polos espectaculares emisiones de luz que reciben el nombre de auroras boreales (en el norte) y australes (en el sur).

El ciclo solar

El número de manchas solares varía conforme a un ciclo regular y alcanza un pico cada once años aproximadamente para más tarde menguar. La causa es la rotación del Sol, que gira 20 veces más rápido en el ecuador que en los polos, lo cual enmaraña las líneas del campo magnético solar hasta que se rompen cada once años antes de formarse de nuevo.

El Sol rota mucho más rápido en el ecuador que en los polos.

La diferencia de velocidad deforma las líneas del campo magnético.

Las líneas retorcidas surgen en arco de la superficie y generan las manchas solares.

16 Sistema Solar ○ **MERCURIO**

176 días terrestres: **duración de un día** en Mercurio, de uno a otro amanecer.

Mercurio

El planeta Mercurio es una gran bola de hierro cubierta por una fina capa rocosa. Es el menor de los planetas y el más próximo al Sol.

Mercurio es el planeta más veloz, pues da la vuelta al Sol en solo 88 días terrestres a 173 000 km/h, más rápido que ningún otro. Abrasada por el calor del Sol, su polvorienta superficie, similar a la lunar, es más caliente que un horno de día, pero gélida durante la noche. En sus profundidades, un núcleo gigante de hierro llena casi todo el interior del planeta. Este núcleo desproporcionado apunta a que Mercurio fue golpeado con tal violencia en el pasado que la mayor parte de sus capas exteriores rocosas salieron despedidas al espacio.

Los escarpes de Mercurio
Unos de los rasgos destacados del relieve de Mercurio son los largos y serpenteantes acantilados llamados rupes, como el de esta recreación artística. Posiblemente se formaron hace al menos 3000 millones de años, cuando el joven planeta se enfriaba y encogía, lo cual arrugó la superficie.

Los cráteres de Mercurio, como el Mendelssohn, llevan nombres de escritores, pintores y compositores.

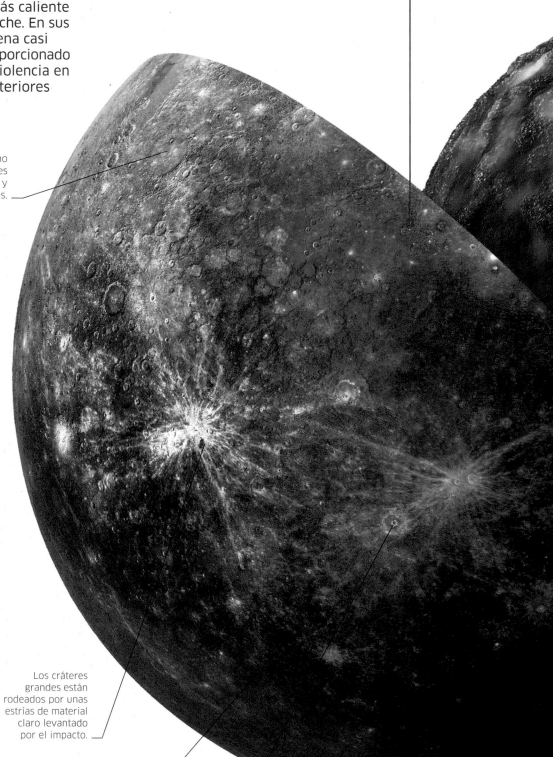

Alrededor del Sol
Mercurio tarda 88 días terrestres en completar una órbita. A través del telescopio, su forma parece cambiar porque en su recorrido vemos distintas partes del planeta iluminadas por el Sol.

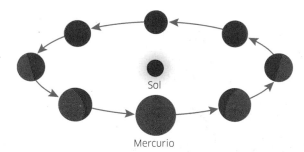

Sol

Mercurio

Impacto profundo
La Cuenca Caloris, vista aquí en falso color, es uno de los mayores cráteres de impacto del Sistema Solar. Mide 1550 km de diámetro, pero la colisión que lo generó fue tan violenta que quedaron restos a más de 1000 km del borde.

Cuenca Caloris

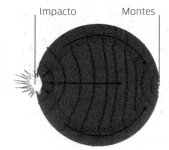

Impacto   Montes

Planeta agrietado
En las antípodas de la Cuenca Caloris existe una extraña zona montañosa. Los científicos creen que las ondas de choque del enorme impacto atravesaron el planeta para converger allí y agrietaron el suelo.

Los cráteres grandes están rodeados por unas estrías de material claro levantado por el impacto.

Cráter Lange

El cráter Eminescu mide 125 km de diámetro.

50 km/s: **velocidad a la que Mercurio orbita** en torno al Sol.

430 °C **Temperatura máxima diurna** en Mercurio.

−180 °C **Temperatura mínima nocturna.**

17

Núcleo
El gran núcleo de Mercurio es de hierro. Por la manera en que el planeta se bambolea ligeramente al rotar, se cree que la parte exterior del núcleo podría ser líquida.

Manto
Con 600 km de espesor, el manto de Mercurio es muy delgado. Al igual que el de la Tierra, se compone de silicatos.

DATOS

Gravedad superficial (Tierra = 1): 0,38

Periodo de rotación: 59 días terrestres

Año: 88 días terrestres

Satélites: 0

Corteza
A diferencia de la terrestre, dividida en placas, la corteza rocosa de Mercurio es de una sola pieza.

Atmósfera
La atmósfera es tenue y apenas contiene trazas de gas debido a la débil gravedad de Mercurio y a la exposición de su superficie a la radiación solar.

Rostro ajado
Los impactos de hace miles de millones de años cubrieron este planeta de cráteres. Como Mercurio no puede retener una atmósfera gruesa por su pequeño tamaño, nada lo protege de los meteoritos.

En la base del manto hay una capa sólida de sulfuro de hierro, mineral que en la Tierra forma rocas brillantes semejantes al oro.

Nubes letales

El 97 % de la densa atmósfera de Venus es dióxido de carbono. Una espesa capa nubosa, a unos 60 km de la superficie, oculta esta por completo. Las nubes se componen de gotas de ácido sulfúrico.

CELSIUS   **FAHRENHEIT**
— 1000°
500° —   — 900°
Venus
— 800°
Mercurio
400° —   — 700°
100° —   — 200°
— 100°
Tierra   0°   — 0°
Marte
-100° —   — -100°
Júpiter   — -200°   Saturno
— -300°
-200° —   Urano
Neptuno   — -400°

TEMPERATURA SUPERFICIAL DE LOS PLANETAS

Planeta caliente

Venus es tan caliente no solo por su cercanía al Sol, sino también por la gran cantidad de dióxido de carbono de su atmósfera, que retiene el calor solar como el cristal de un invernadero. Este efecto calienta también la Tierra, debido al vapor de agua y al dióxido de carbono del aire, pero es mucho más débil que en Venus.

Venus

Nuestro vecino más próximo en el espacio es muy similar a la Tierra por su tamaño, pero la superficie abrasadora de este planeta rocoso se parece poco a nuestro mundo.

Venus está envuelto en nubes amarillentas que, a diferencia de las de la Tierra, repletas de agua, son de letal ácido sulfúrico. La atmósfera es tan densa que la presión en la superficie es 92 veces mayor que en la Tierra, lo suficiente para aplastar un coche. Con 460 °C, la superficie es más caliente que la de cualquier otro planeta del Sistema Solar.

Volcanes

Venus tiene más volcanes que ningún otro planeta del Sistema Solar. Hace unos 500 000 años, toda la superficie del planeta fue renovada por erupciones volcánicas. No se sabe si algunos volcanes siguen activos, pues las densas nubes de Venus los ocultan, pero los científicos han detectado un calor inusual procedente del mayor de ellos, el Maat Mons (abajo), que sugiere una posible erupción.

Muchos cráteres de la superficie, llamados coronas, no se formaron por impactos sino por el derrumbe de volcanes.

Las zonas lisas de la imagen corresponden a regiones no exploradas por la sonda Magallanes.

Dali Chasma es una red de cañones y valles de 2000 km de longitud.

Venus rota tan despacio que
su día dura más que su año.

1600 Número de volcanes de
la superficie de Venus.

8 km: altura del mayor volcán
de Venus, el **Maat Mons**.

19

DATOS

Gravedad superficial (Tierra = 1): 0,91

Satélites: 0

Año: 225 días terrestres

Periodo de rotación: 243 días terrestres

Domos *pancake*
Las erupciones volcánicas de
Venus, a diferencia de las de la
Tierra, rara vez son explosivas.
La lava fluye lentamente, y en
algunos lugares se ha acumulado
en la superficie generando unos
volcanes chatos y redondeados
llamados domos *pancake*.

Núcleo
Como los demás planetas rocosos,
Venus debe de tener un núcleo
muy caliente, sobre todo de hierro.
El núcleo interior probablemente
es sólido, pero el exterior puede
ser en parte líquido.

La superficie de roca
desnuda está tan caliente
que un astronauta quedaría
reducido a cenizas al cabo
de unos minutos.

Manto
El manto rocoso de Venus
es algo blando a causa del
calor del núcleo. A lo largo
de millones de años, la roca
blanda se va moviendo
muy lentamente.

Corteza
A diferencia de la corteza
terrestre, la de Venus es
bastante gruesa y rara
vez se mueve, salvo
cuando se abomba
en algunos lugares.

Atmósfera
Venus posee la atmósfera
más densa y opaca de
todos los planetas rocosos,
con una capa permanente
de nubes que cubren todo
el planeta. La imagen sin
nubes de la parte izquierda
de este modelo en 3D se
obtuvo a partir de datos de
radar enviados a la Tierra
por la sonda Magallanes.

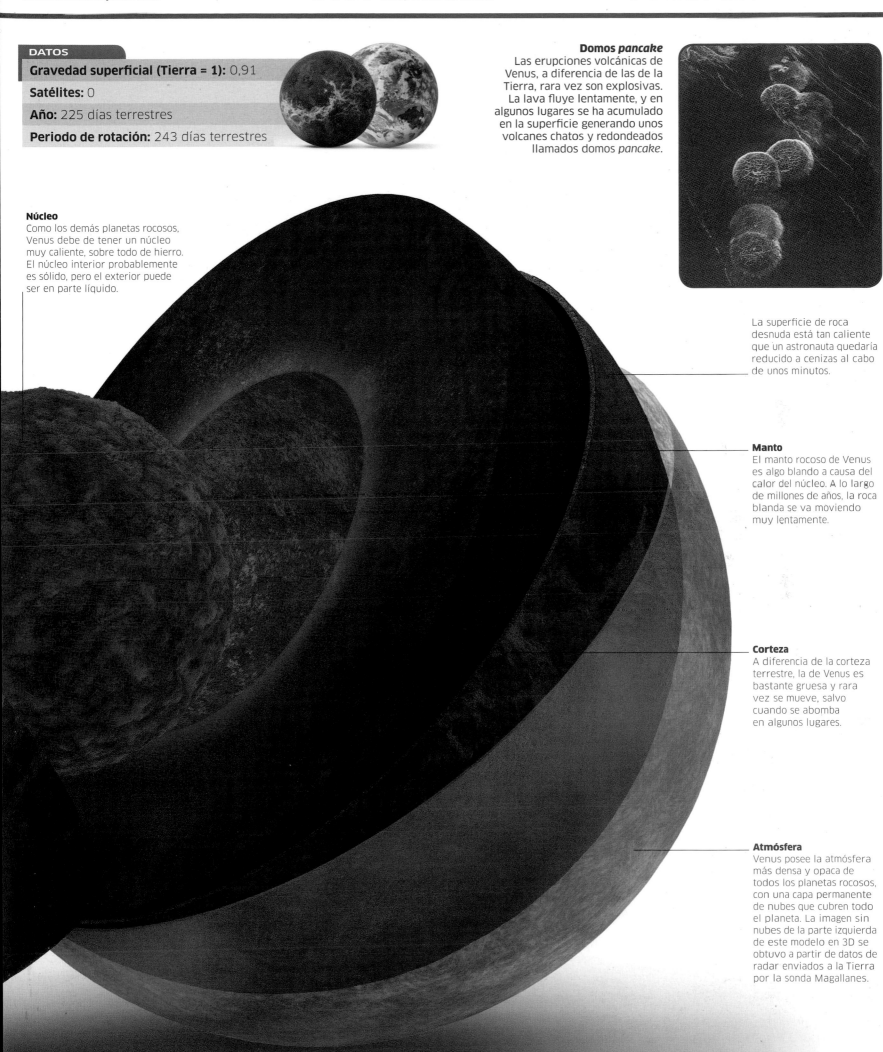

La Tierra

De todos los planetas conocidos, el nuestro es el único donde consta que hay vida y que posee vastos océanos de agua líquida en la superficie.

La distancia al Sol y la atmósfera relativamente gruesa del planeta Tierra limitan los extremos de temperatura en la superficie. De hecho, el rango de temperaturas permite que el agua permanezca líquida, lo cual hace posible la vida tal como la conocemos. Es un caso muy distinto del de Venus, donde el agua hierve y se disipa, o del de Marte, donde toda el agua que pueda haber parece congelada. La vida comenzó en la Tierra hace unos 3800 millones de años, poco después de que el planeta se enfriara lo suficiente para permitir que el agua formara océanos. Desde ese momento, los seres vivos fueron transformando poco a poco la superficie, cubriéndola de verdor y añadiendo oxígeno a la atmósfera, que se hizo así respirable.

Vida acuática
El agua resulta esencial para todas las formas de vida de la Tierra porque las reacciones químicas que mantienen vivos a los organismos tienen lugar en ella. La mayoría de los científicos cree que la vida empezó en el agua, quizá en el fondo marino, donde las chimeneas volcánicas pudieron proporcionar calor y nutrientes esenciales. Hoy los océanos albergan algunos de los hábitats más diversos del planeta, como los arrecifes de coral o los mares tropicales.

Hielo polar
Al recibir tan poco calor solar, los polos de la Tierra se hallan permanentemente fríos y cubiertos de hielo. Un continente helado cubre el polo Sur, y un océano helado, el polo Norte.

DATOS

Periodo de rotación: 23,9 horas
Año: 365,26 días
Satélites: 1
Temperatura media: 16 ℃

Eje de rotación

600 Número de volcanes que han entrado en erupción en los últimos **10 000 años**.

1667 km/h: velocidad a la que rota la Tierra en el ecuador.

–93 °C Temperatura más baja registrada en la Tierra.

21

Inclinación

La Tierra no rota recta en relación con su trayectoria alrededor del Sol, sino que su eje está inclinado en un ángulo de 23,4°. El planeta también se bambolea lentamente, por lo que la inclinación axial pasa de 22,1° a 24,5° cada 42 000 años.

23,4°

Se han hallado organismos vivos en rocas a **5 km de profundidad** y también a 16 km de altura en la atmósfera.

Continentes

La mayor parte de las tierras emergidas del planeta se concentra en grandes masas llamadas continentes. A lo largo de millones de años, los continentes se desplazan lentamente por el planeta, chocando y partiéndose para dar lugar a nuevas formas.

Vida terrestre

Durante miles de millones de años, la vida solo existió en el agua. Después, hace 475 millones de años, algunas plantas diminutas fueron saliendo a tierra desde los pantanos. A partir de estos modestos inicios, la vida se propagó por los continentes hasta cubrir las zonas más húmedas con densos bosques.

Órbita y estaciones

La inclinación axial de la Tierra causa diferencias de exposición al Sol a lo largo del año en unas y otras partes del planeta que dan lugar a las estaciones. Cuando el hemisferio norte se inclina hacia el Sol, el tiempo es más cálido y los días se alargan: es verano. Cuando se aparta de él, en invierno, hace más frío y las noches son más largas.

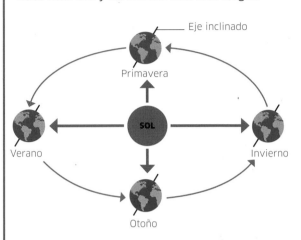

Eje inclinado

Primavera

SOL

Verano

Invierno

Otoño

Influencia humana

En los últimos siglos nuestra especie ha cambiado tanto la superficie terrestre que el resultado se ve desde el espacio. Además de iluminar con electricidad el hemisferio nocturno, hemos alterado la atmósfera y el clima, y sustituido áreas de ecosistemas naturales por campos de cultivo y ciudades.

Planeta acuoso

El agua cubre más de dos tercios de la superficie terrestre. Los científicos creen que gran parte de ella procede de cometas o asteroides que se estrellaron en el planeta en sus inicios.

Desiertos

No toda la superficie terrestre está repleta de vida. Los desiertos no tienen agua suficiente para sustentar bosques densos, y solamente plantas y animales especializados pueden vivir en ellos. Algunos desiertos de la Tierra recuerdan paisajes de otros planetas. Los del centro de Australia tienen incluso el mismo tono rojizo que los de Marte debido al óxido de hierro del suelo, la misma sustancia que da su color al planeta rojo.

La Tierra por dentro

Si se pudiera abrir la Tierra con las manos, se vería que se compone de distintas capas que encajan como las de una cebolla.

La Tierra está compuesta casi por entero de roca y metal. Cuando el planeta estaba en formación y su interior en gran medida fundido, los materiales pesados, como el metal, se hundieron hasta el centro, mientras que los ligeros, como la roca, tendieron a subir. En la actualidad, el interior de la Tierra es principalmente sólido, pero sigue muy caliente, con temperaturas que alcanzan los 6000 °C en el núcleo, más que en la superficie del Sol. Esta potente fuente de calor mantiene en un movimiento lento y continuo el interior del planeta.

Actividad volcánica
La mayor parte de la roca de la corteza y del manto terrestres es sólida, pero se forman bolsas de roca fundida allí donde chocan placas, o en puntos calientes a los que afluye calor procedente del núcleo. En estos lugares, la roca fundida puede surgir a la superficie y formar volcanes.

Cielos tormentosos
Las nubes de la parte baja de la atmósfera terrestre se deben al agua de los océanos. Las nubes nos traen lluvia, nieve y tormentas como este gran huracán sobre Florida (EE UU).

Océanos
La Tierra es el único planeta con gran cantidad de agua líquida en la superficie, que hace posible que prospere la vida. Casi el 97% del agua se encuentra en los océanos, pero también hay agua en el aire, en ríos y lagos y en el hielo.

Atmósfera
La Tierra está protegida del exterior por una delgada atmósfera cuya composición no ha cambiado en los últimos 200 millones de años: 78% de nitrógeno, 21% de oxígeno y cantidades menores de otros gases como el dióxido de carbono.

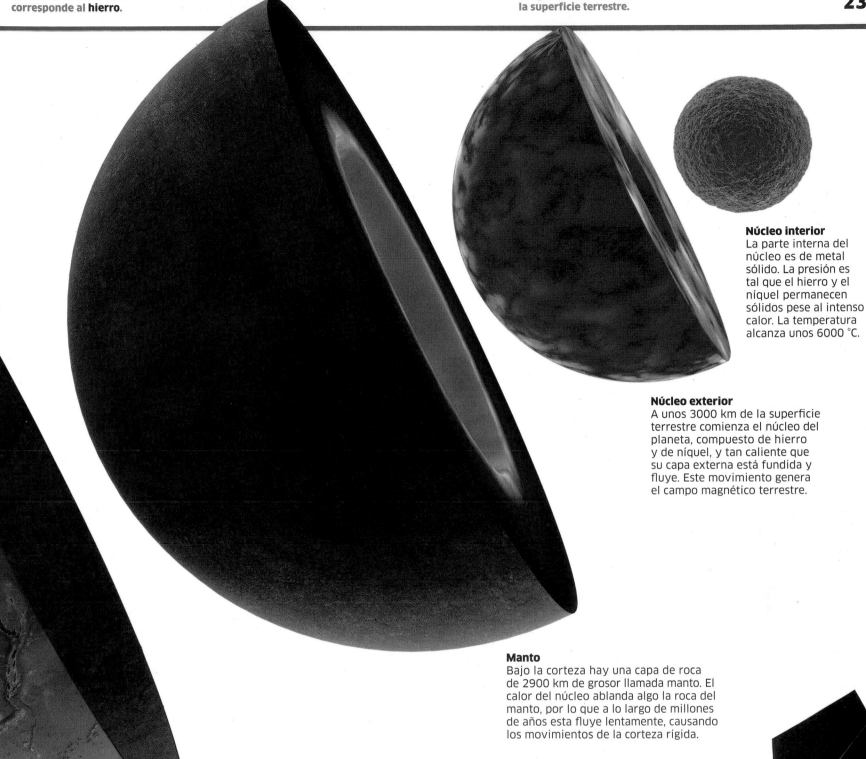

Núcleo interior
La parte interna del núcleo es de metal sólido. La presión es tal que el hierro y el níquel permanecen sólidos pese al intenso calor. La temperatura alcanza unos 6000 °C.

Núcleo exterior
A unos 3000 km de la superficie terrestre comienza el núcleo del planeta, compuesto de hierro y de níquel, y tan caliente que su capa externa está fundida y fluye. Este movimiento genera el campo magnético terrestre.

Manto
Bajo la corteza hay una capa de roca de 2900 km de grosor llamada manto. El calor del núcleo ablanda algo la roca del manto, por lo que a lo largo de millones de años esta fluye lentamente, causando los movimientos de la corteza rígida.

Corteza
La parte más externa de la superficie sólida de la Tierra es la corteza, de solo unas decenas de kilómetros de grosor. Las zonas gruesas de la corteza forman los continentes, y las finas, el lecho de los océanos.

Placas tectónicas
La quebradiza corteza terrestre está partida en enormes placas llamadas tectónicas. Hay siete u ocho grandes placas, y decenas de placas menores, que se desplazan por la superficie más o menos a la velocidad a la que crecen las uñas y arrastran consigo los continentes.

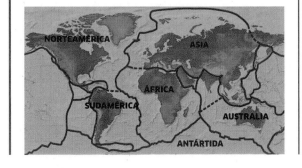

Atmósfera
La atmósfera terrestre tiene cinco capas, pero únicamente la inferior contiene nubes y aire respirable. Los aviones de pasajeros vuelan por encima de las nubes en el aire despejado de la estratosfera. La atmósfera no tiene un límite superior claro, ya que se va difuminando gradualmente, pero se considera que el límite entre la atmósfera y el espacio está a 100 km de altura, en la termosfera.

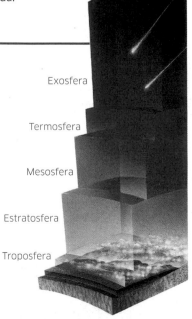

Exosfera

Termosfera

Mesosfera

Estratosfera

Troposfera

¿Cómo se formó la Luna?

Existen varias teorías acerca del origen de la Luna, pero la mayoría de los científicos cree que se formó al chocar un pequeño planeta con la joven Tierra hace unos 4500 millones de años. El impacto destruyó el pequeño planeta e inclinó el eje de rotación de la Tierra. Los restos despedidos al espacio formaron una nube y con el tiempo se unieron para crear la Luna.

Gravedad débil

La fuerza de la gravedad que nos atrae hacia el suelo es mucho más débil en la Luna que en la Tierra, al tener menos masa la primera. Allí, los astronautas pesan la sexta parte de su peso en la Tierra y podrían saltar seis veces más alto si no fuera por los pesados trajes espaciales.

TIERRA **LUNA**

Núcleo interior
En el centro de la Luna hay una bola de hierro extremadamente caliente (a unos 1300 ºC), pero sólido, que mide unos 500 km de diámetro.

Núcleo exterior
Alrededor del núcleo interior hay una capa de hierro que podría estar fundido gracias a una menor presión. Este núcleo exterior tiene unos 700 km de diámetro.

Manto inferior
El calor del núcleo probablemente ha fundido la parte inferior del manto, que está compuesto de roca.

La Luna

Visible en el cielo incluso de día por su tamaño y brillo, la Luna es el único objeto del espacio cuyos rasgos superficiales se aprecian a simple vista.

El diámetro de la Luna es un cuarto del de la Tierra, lo cual hace de ella el mayor satélite del Sistema Solar en relación con su planeta. Es también el mayor y más brillante objeto del cielo nocturno, y su fascinante superficie -marcada por cientos de miles de cráteres de impacto- ofrece una visión espectacular a través de prismáticos o del telescopio. Se formó hace 4500 millones de años, poco después de la Tierra, pero a diferencia de la de esta, su superficie apenas ha cambiado en miles de millones de años. Los oscuros «mares» de su cara visible son llanuras originadas por enormes coladas de lava hace unos 3000 millones de años y rodeadas por antiguos montes y valles llenos de escombros de innumerables impactos de meteoritos.

DATOS

Periodo orbital: 27,32 días terrestres

Masa (Tierra = 1): 0,167

Distancia de la Tierra: 385 000 km

Diámetro medio: 3474 km

49 Número de veces que cabría la Luna en la Tierra.

120 °C Temperatura al mediodía en el ecuador de la Luna.

3683 km/h: velocidad a la que la Luna orbita en torno a la Tierra.

25

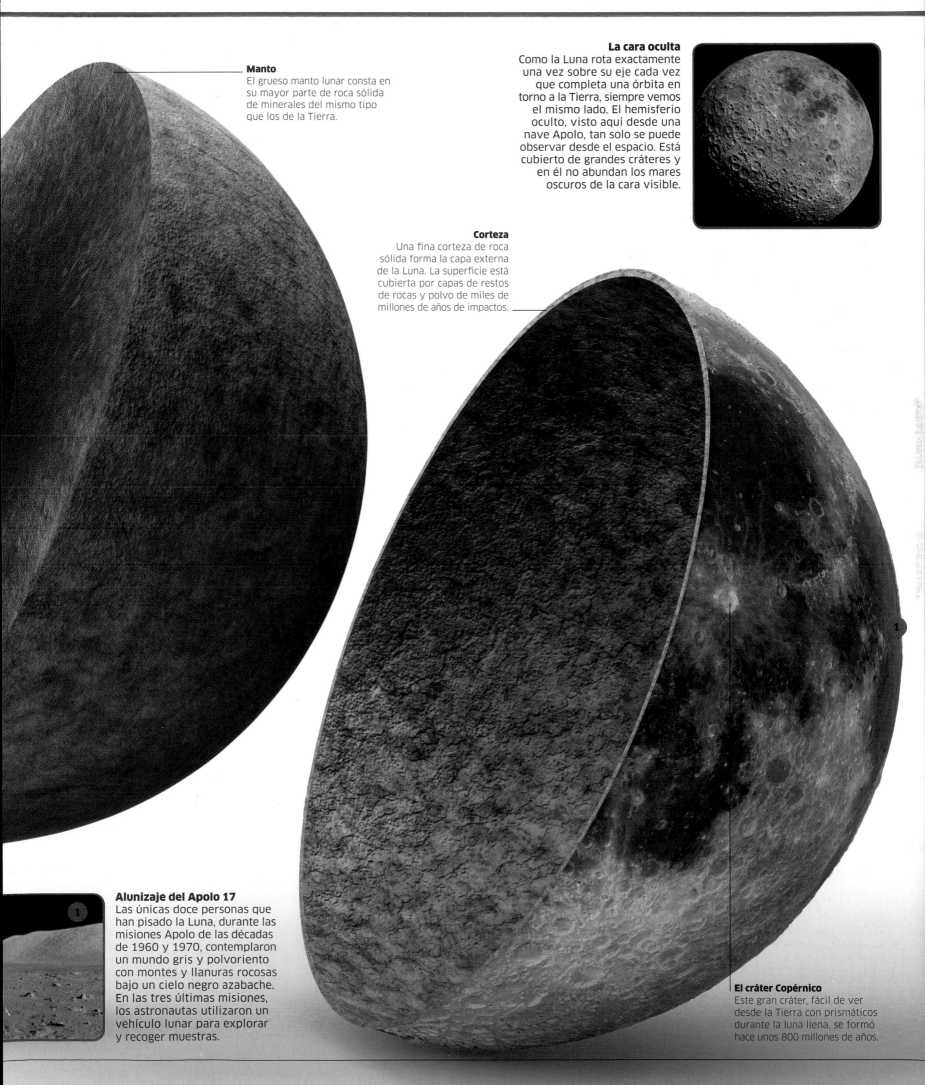

Manto
El grueso manto lunar consta en su mayor parte de roca sólida de minerales del mismo tipo que los de la Tierra.

La cara oculta
Como la Luna rota exactamente una vez sobre su eje cada vez que completa una órbita en torno a la Tierra, siempre vemos el mismo lado. El hemisferio oculto, visto aquí desde una nave Apolo, tan solo se puede observar desde el espacio. Está cubierto de grandes cráteres y en él no abundan los mares oscuros de la cara visible.

Corteza
Una fina corteza de roca sólida forma la capa externa de la Luna. La superficie está cubierta por capas de restos de rocas y polvo de miles de millones de años de impactos.

Alunizaje del Apolo 17
Las únicas doce personas que han pisado la Luna, durante las misiones Apolo de las décadas de 1960 y 1970, contemplaron un mundo gris y polvoriento con montes y llanuras rocosas bajo un cielo negro azabache. En las tres últimas misiones, los astronautas utilizaron un vehículo lunar para explorar y recoger muestras.

El cráter Copérnico
Este gran cráter, fácil de ver desde la Tierra con prismáticos durante la luna llena, se formó hace unos 800 millones de años.

Clave

☼ Misión fallida

📍 Éxito

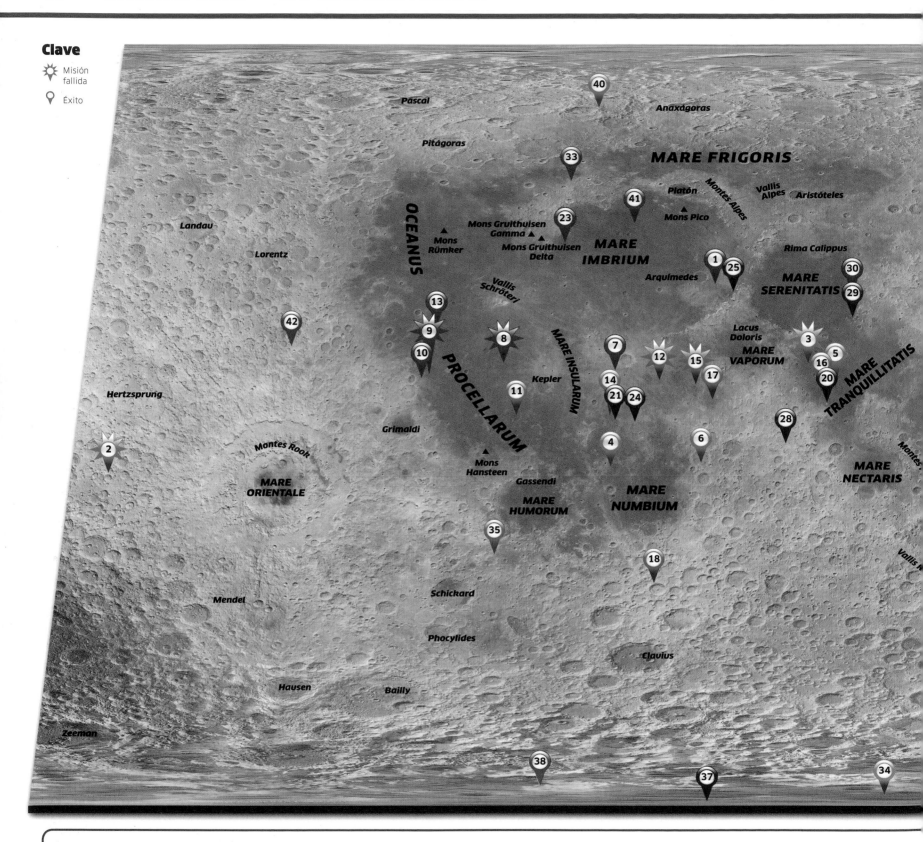

Pascal
Anaxágoras
MARE FRIGORIS
Pitágoras
Platón
Vallis Alpes
Montes Alpes
Aristóteles
OCEANUS
Mons Pico
MARE IMBRIUM
Mons Gruithuisen Gamma
Mons Rümker
Mons Gruithuisen Delta
Landau
Lorentz
Rima Calippus
MARE SERENITATIS
Arquímedes
Vallis Schröteri
MARE INSULARUM
Lacus Doloris
MARE VAPORUM
Kepler
MARE TRANQUILLITATIS
Hertzsprung
PROCELLARUM
Grimaldi
Mons Hansteen
Gassendi
MARE HUMORUM
MARE NUMBIUM
MARE NECTARIS
Montes Rook
MARE ORIENTALE
Mendel
Schickard
Phocylides
Clavius
Hausen
Bailly
Zeeman

Misiones de referencia

La mayoría de las naves lunares se lanzaron en series de misiones similares. El programa estadounidense Ranger, por ejemplo, constó de nueve misiones, de las que solo tres tuvieron éxito. En los primeros 20 años, las misiones lunares fueron impulsadas por la rivalidad entre EE UU y la URSS, para cuyos gobiernos la conquista del espacio era una demostración de poder militar y político.

El programa Ranger

Las naves espaciales Ranger de principios de la década de 1960 estaban pensadas para estrellarse en la Luna, no para alunizar. En los momentos previos al impacto enviaron imágenes de la superficie que revelaron unos cráteres más pequeños dentro de los grandes.

Lunojod

Los rovers soviéticos Lunojod parecían bañeras con ruedas, pero tuvieron gran éxito. El Lunojod 1 fue el primer vehículo que exploró otro mundo. Recorrió casi 11 km en 1970-1971 y tomó miles de fotografías. Empleaba paneles solares y por la noche hibernaba.

El módulo de impacto lunar indio (MIP) de 2008 **se estrelló a alta velocidad en la Luna para levantar material** de la superficie.

6 misiones estadounidenses Apolo llevaron astronautas a la Luna y los trajeron de vuelta sanos y salvos.

27

Exploración lunar

Las naves espaciales han visitado más al satélite de la Tierra que a ningún otro cuerpo del Sistema Solar, y la Luna sigue siendo el único mundo más allá de nuestro planeta hollado por el ser humano.

Una nave espacial tarda solo cuatro días en alcanzar la Luna, lo cual hace de esta un objetivo obvio para exploradores robóticos. Se han emprendido más de 100 misiones a la Luna, y más de 40 naves espaciales han aterrizado en ella. Este mapa muestra los lugares de alunizaje. El alunizaje suave y controlado es una maniobra difícil, por lo que la mayoría de los alunizadores aterrizó de manera forzosa, estrellándose contra la superficie. El primer alunizaje «forzoso» tuvo lugar en 1959, y el primero lento y controlado en 1966. Solo tres años después, la misión estadounidense Apolo 11 llevó a dos hombres a la Luna y los devolvió sin contratiempos a la Tierra.

	Nombre	Año	País
1	Luna 2	1959	
2	Ranger 4	1962	
3	Ranger 6	1964	
4	Ranger 7	1964	
5	Ranger 8	1965	
6	Ranger 9	1965	
7	Luna 5	1965	
8	Luna 7	1965	
9	Luna 8	1965	
10	Luna 9	1966	
11	Surveyor 1	1966	
12	Surveyor 2	1966	
13	Luna 13	1966	
14	Surveyor 3	1967	
15	Surveyor 4	1967	
16	Surveyor 5	1967	
17	Surveyor 6	1967	
18	Surveyor 7	1968	
19	Luna 15	1969	
20	Apolo 11	1969	
21	Apolo 12	1969	
22	Luna 16	1970	
23	Luna 17/Lunojod 1	1970	
24	Apolo 14	1971	
25	Apolo 15	1971	
26	Luna 18	1971	
27	Luna 20	1972	
28	Apolo 16	1972	
29	Apolo 17	1972	
30	Luna 21/Lunojod 2	1973	
31	Luna 23	1974	
32	Luna 24	1976	
33	Hiten*	1993	
34	Lunar prospector*	1999	
35	SMART-1*	2006	esa
36	Chang'e 1*	2007	
37	Chandrayaan 1*	2008	
38	LCROSS	2009	
39	SELENE*	2009	
40	GRAIL*	2012	
41	Chang'e 3/Yutu	2013	
42	LADEE*	2014	

*Orbitadores lunares que se estrellaron al final de su misión.

Mapa labels: mión, Lacus Spei, Gauss, 32, 31, MARE UNDARUM, MARE SPUMANS, Langrenus, MARE SMYTHII, Catena Mendeléiev, Catena Gregory, Pasteur, etavius, Humboldt, Tsiolkovski, Gagarin, MARE INGENII, Leibnitz, MARE AUSTRALE, 39, Planck, Lyman, CUENCA AITKEN-POLO SUR, Vallis Planck, ssingault, Schrödinger

Programa Apolo

El éxito del programa Luna soviético impulsó a EE UU a invertir miles de millones de dólares en el programa Apolo, que consiguió hacer alunizar seis naves tripuladas entre 1969 y 1972. Las misiones Apolo posteriores utilizaron el vehículo de exploración lunar LRV.

Rover Yutu

El rover lunar chino Yutu llegó en 2013 a la Luna, el primero desde el Lunojod 2 en 1973. Aunque tuvo éxito al principio, no logró replegar los paneles solares para soportar las gélidas noches lunares y fue dañado por el frío. Recorrió solo una corta distancia tras alunizar con la nave Chang'e 3.

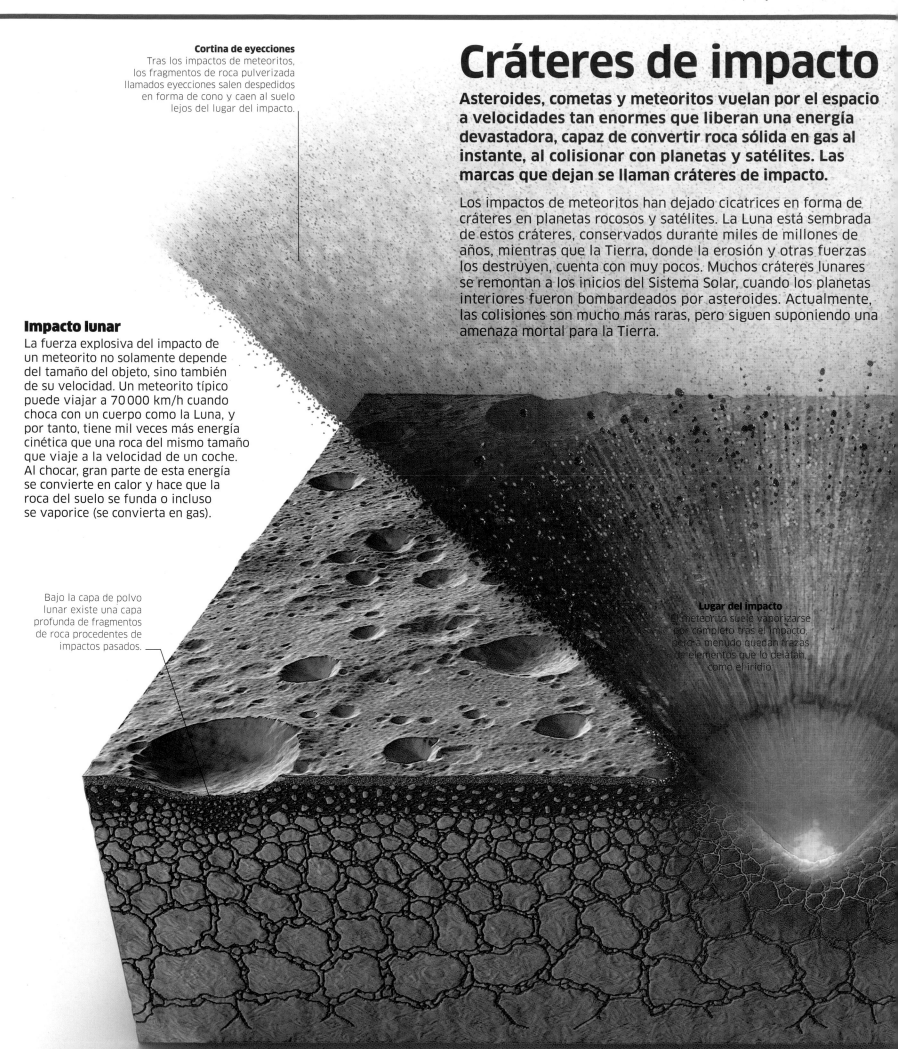

Cortina de eyecciones
Tras los impactos de meteoritos, los fragmentos de roca pulverizada llamados eyecciones salen despedidos en forma de cono y caen al suelo lejos del lugar del impacto.

Cráteres de impacto

Asteroides, cometas y meteoritos vuelan por el espacio a velocidades tan enormes que liberan una energía devastadora, capaz de convertir roca sólida en gas al instante, al colisionar con planetas y satélites. Las marcas que dejan se llaman cráteres de impacto.

Los impactos de meteoritos han dejado cicatrices en forma de cráteres en planetas rocosos y satélites. La Luna está sembrada de estos cráteres, conservados durante miles de millones de años, mientras que la Tierra, donde la erosión y otras fuerzas los destruyen, cuenta con muy pocos. Muchos cráteres lunares se remontan a los inicios del Sistema Solar, cuando los planetas interiores fueron bombardeados por asteroides. Actualmente, las colisiones son mucho más raras, pero siguen suponiendo una amenaza mortal para la Tierra.

Impacto lunar

La fuerza explosiva del impacto de un meteorito no solamente depende del tamaño del objeto, sino también de su velocidad. Un meteorito típico puede viajar a 70 000 km/h cuando choca con un cuerpo como la Luna, y por tanto, tiene mil veces más energía cinética que una roca del mismo tamaño que viaje a la velocidad de un coche. Al chocar, gran parte de esta energía se convierte en calor y hace que la roca del suelo se funda o incluso se vaporice (se convierta en gas).

Bajo la capa de polvo lunar existe una capa profunda de fragmentos de roca procedentes de impactos pasados.

Lugar del impacto
El meteorito suele vaporizarse por completo tras el impacto, pero a menudo quedan trazas de elementos que lo delatan, como el iridio.

El cráter Barringer

El cráter Barringer (también llamado Meteor Crater), en Arizona (EE UU), fue el primero de la Tierra identificado como cráter de impacto. Con poco más de 1 km de diámetro, se formó hace 50 000 años aproximadamente, cuando un meteorito de níquel y hierro de solo unos 50 m se estrelló a 50 000 km/h. El impacto liberó mil veces más energía que la bomba atómica de Hiroshima.

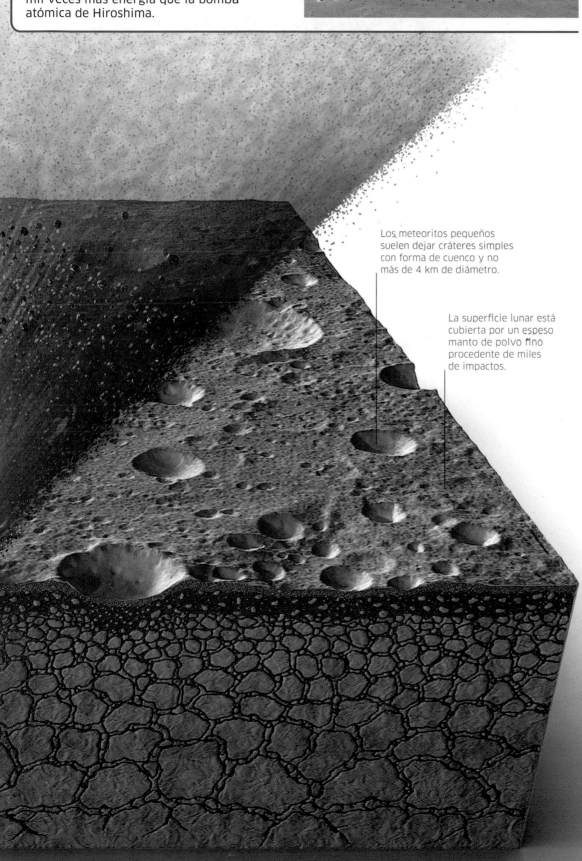

Los meteoritos pequeños suelen dejar cráteres simples con forma de cuenco y no más de 4 km de diámetro.

La superficie lunar está cubierta por un espeso manto de polvo fino procedente de miles de impactos.

Cómo se forman los cráteres

Un cráter de impacto tarda en formarse unos diez minutos, pero casi todo sucede en las fracciones de segundo posteriores al impacto, cuando la liberación de energía cinética tiene un efecto similar al de una explosión nuclear. Los impactos pequeños crean fosas cóncavas, y los mayores, cráteres más complejos con montes centrales o terrazas.

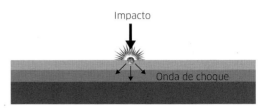

Impacto

Onda de choque

1 Contacto
Cuando el meteorito golpea la Luna, comprime bruscamente la superficie y crea una devastadora onda de choque que pulveriza la roca.

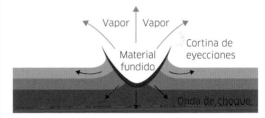

Vapor | Vapor

Cortina de eyecciones

Material fundido

Onda de choque

2 Cráter de transición
El impacto libera energía que vaporiza el meteorito y casi toda la roca de la superficie. Los restos salen despedidos en una cortina de eyecciones y se forma un cráter de transición profundo, pero simple.

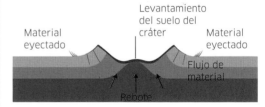

Levantamiento del suelo del cráter

Material eyectado

Material eyectado

Flujo de material

Rebote

3 Colapso y rebote
La fuerza de un gran impacto es tan grande que el suelo pulverizado fluye como un líquido. Las paredes del cráter de transición se desmoronan, y el fondo rebota como el agua al salpicar, formando así un monte central.

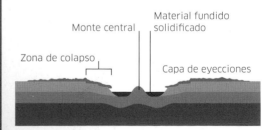

Monte central

Material fundido solidificado

Zona de colapso

Capa de eyecciones

4 Cráter final
Tras formarse un cráter, su forma puede permanecer inalterada durante mucho tiempo en ausencia de actividad geológica o volcánica. En la Luna, los cráteres antiguos suelen tener cráteres más jóvenes dentro.

30   Sistema Solar o **ECLIPSES**

2000 km/h: **velocidad** a la que la **sombra de la Luna** pasa por la Tierra durante un eclipse de Sol.

La corona

Durante un eclipse solar total, la espectacular atmósfera exterior del Sol, imposible de ver en condiciones normales, se vuelve visible. Llamada corona, consiste en flujos de gas neblinoso que rodean el Sol como un halo blanco y reluciente.

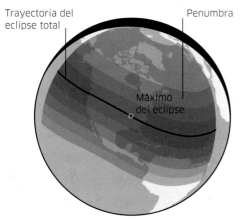

Trayectoria del eclipse total · Penumbra · Máximo del eclipse

ECLIPSE SOLAR TOTAL DEL 21 DE AGOSTO DE 2017

Recorrido de un eclipse

Los astrónomos pueden predecir los eclipses con varios años de antelación. Este dibujo muestra dónde será visible el eclipse solar total de 2017. Atravesará EE UU desde Portland (Oregón), a las 17.15 (hora universal) hasta Charleston (Carolina del Sur), a las 18.45.

Eclipses

Un eclipse solar total es un fenómeno asombroso. Durante unos minutos, el Sol desaparece tras la Luna, y se hace de noche en pleno día.

Los eclipses se producen cuando la Tierra y la Luna se alinean con el Sol y proyectan su sombra la una sobre la otra. Cuando la Luna proyecta su sombra sobre la Tierra, nos tapa el Sol y vemos un eclipse solar. Cuando pasa a través de la sombra de la Tierra, vemos un eclipse lunar: la Luna se oscurece y adquiere un color rojizo desacostumbrado.

Eclipse solar

En la mayoría de sus órbitas mensuales alrededor de la Tierra, la Luna no se alinea directamente con el Sol. Cuando la sombra principal de la Luna (umbra) se proyecta sobre la Tierra, su anchura es de tan solo unos kilómetros, y por tanto, solo se observa un eclipse total desde una estrecha franja a través del globo. Los observadores situados en las regiones cubiertas por la parte exterior de la sombra (penumbra) apenas perciben el eclipse, al no quedar oculto el Sol por completo. A causa de la rotación de la Tierra, la umbra pasa por esta rápidamente, dando a los observadores desde cualquier punto solo un par de minutos para verlo.

ÓRBITA LUNAR

LUZ SOLAR

SOL

108 minutes: duración del **eclipse lunar más largo** del último siglo.

En 1504, Cristóbal Colón asombró a los nativos de Jamaica al predecir correctamente un **eclipse lunar**.

La Luna eclipsada se puede ver **roja, amarilla, anaranjada o marrón.**

31

Eclipse lunar

En un eclipse lunar total, la sombra de la Tierra cubre la Luna entera. Sin embargo, la Luna no desaparece del todo del cielo nocturno debido a la luz reflejada por la atmósfera terrestre. Esta luz débil es rojiza como la del sol poniente y hace que la Luna cambie de color.

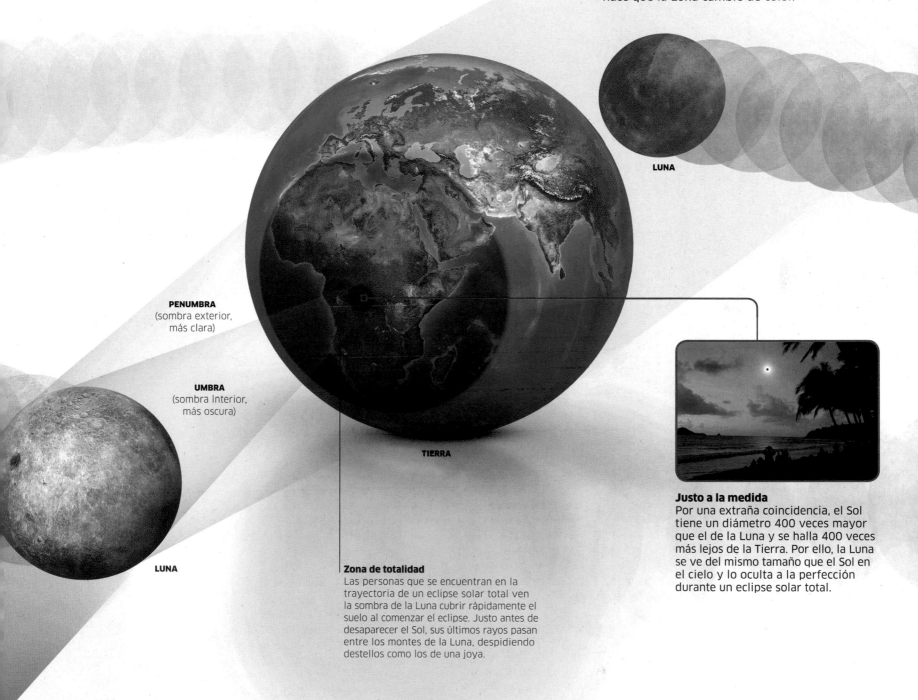

LUNA

PENUMBRA
(sombra exterior, más clara)

UMBRA
(sombra Interior, más oscura)

TIERRA

LUNA

Justo a la medida

Por una extraña coincidencia, el Sol tiene un diámetro 400 veces mayor que el de la Luna y se halla 400 veces más lejos de la Tierra. Por ello, la Luna se ve del mismo tamaño que el Sol en el cielo y lo oculta a la perfección durante un eclipse solar total.

Zona de totalidad

Las personas que se encuentran en la trayectoria de un eclipse solar total ven la sombra de la Luna cubrir rápidamente el suelo al comenzar el eclipse. Justo antes de desaparecer el Sol, sus últimos rayos pasan entre los montes de la Luna, despidiendo destellos como los de una joya.

Luna roja

Los eclipses lunares totales se producen una vez al año de media y son fácilmente observables para cualquiera que se encuentre en el hemisferio no iluminado. Durante varias horas, la sombra de la Tierra va pasando por la Luna, confiriendo a su parte iluminada una forma peculiar. El periodo de totalidad, en el que la Luna se vuelve roja, puede durar casi dos horas.

Marte

**Nuestro segundo vecino más próximo
en el espacio es Marte, un mundo desierto
y helado que tal vez pudo albergar vida.**

Marte tiene la mitad del tamaño de la Tierra y es
mucho más frío, pero su árida superficie resulta
extrañamente familiar, con llanuras rocosas, dunas
y montañas muy similares a las de la Tierra. El suelo
polvoriento está teñido de un color pardo rojizo por
el óxido de hierro que hace que Marte se vea rojo
desde la Tierra, y por ello se dio a este planeta el
nombre del dios romano de la guerra. Marte pudo
ser más cálido y húmedo en el pasado, y puede que
el agua fluyera por la superficie, excavando barrancos
y depositando rocas sedimentarias. Incluso podría
haber fósiles de formas de vida extraterrestre
ocultos en el suelo.

En la superficie
El primer aterrizaje controlado en Marte lo realizó
la sonda soviética Mars 3 en 1971. Más de 20 naves
han sobrevolado Marte, orbitado alrededor de él o
aterrizado en la superficie con éxito. Siete de ellas
eran aterrizadores que consiguieron transmitir
datos. Muchas misiones a Marte han fracasado,
pero algunas han logrado llevar vehículos robóticos
al planeta, como el rover Curiosity (arriba), del
tamaño de un coche, que llegó en 2012.

Núcleo
El pequeño núcleo caliente
de Marte se compone de
hierro principalmente, pero
a diferencia del de la Tierra,
es en su mayor parte sólido
y con una capa exterior
parcialmente fundida.

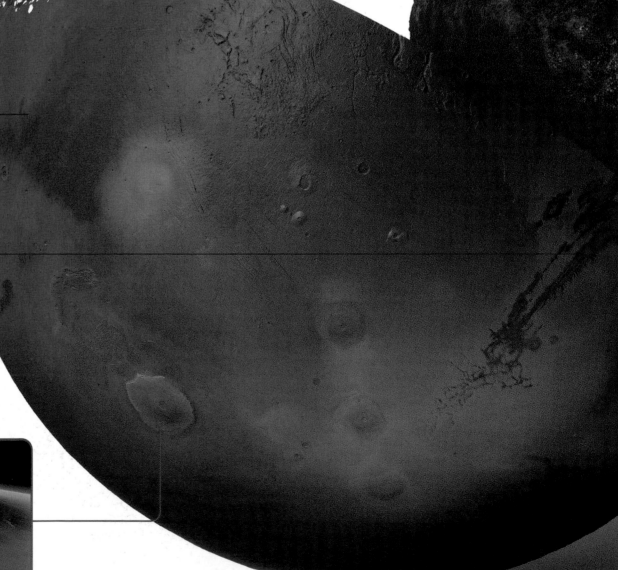

Como la Tierra, Marte
tiene casquetes de hielo
permanentes en los polos.

Superficie
La superficie desértica se
compone de llanuras y valles
rocosos, colinas, montañas y
cañones. Las zonas arenosas
son claras, y las de roca
expuesta, más oscuras.

Valles Marineris
Un gigantesco sistema de
cañones llamado Valles Marineris
está tallado profundamente en
la superficie cerca del ecuador.

Olympus Mons
Marte alberga el mayor volcán del
Sistema Solar, el Olympus Mons, cuya
cima está a 22 km de altura. Pese a
ser tres veces más alto que el Everest,
sus laderas son tan amplias y poco
empinadas que un visitante apenas lo
apreciaría. A diferencia de los volcanes
terrestres, los marcianos pueden seguir
creciendo durante millones de años, ya
que la corteza no se mueve.

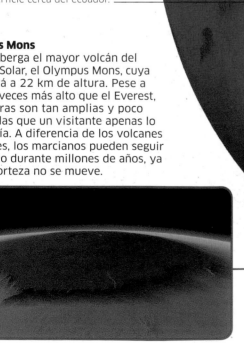

La **erupción volcánica más reciente** en Marte tuvo lugar hace 2 millones de años.

Marte sufre **las mayores tormentas de polvo** de todo el Sistema Solar.

Solo **18 de 40 misiones** a Marte han tenido éxito.

33

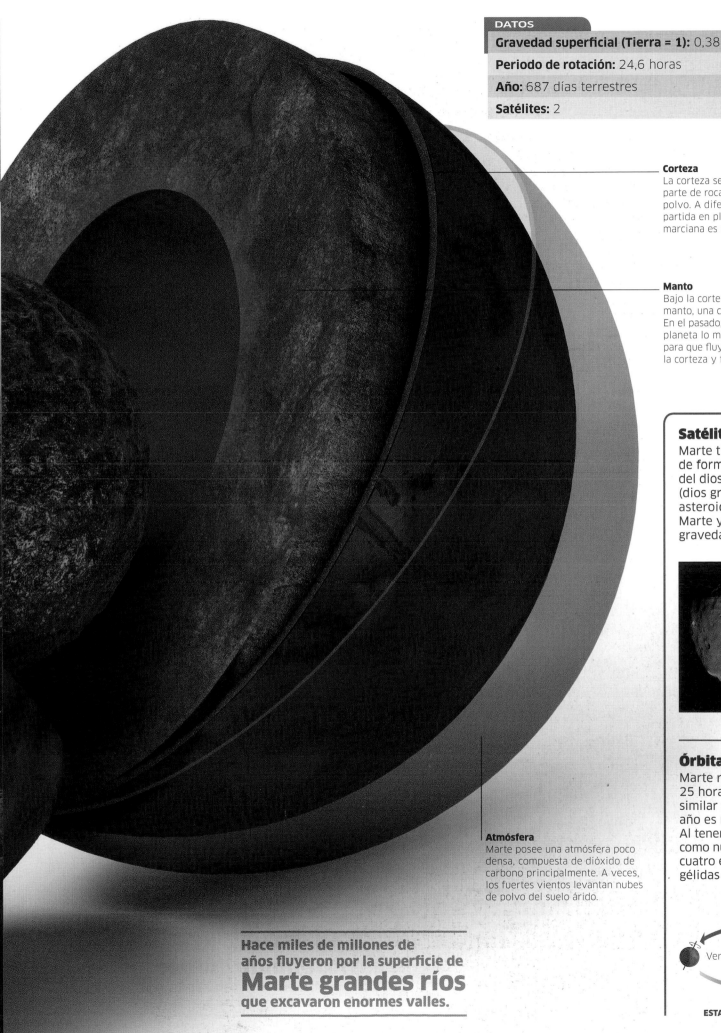

DATOS

Gravedad superficial (Tierra = 1): 0,38	
Periodo de rotación: 24,6 horas	
Año: 687 días terrestres	
Satélites: 2	

Corteza

La corteza se compone en su mayor parte de roca volcánica, cubierta de polvo. A diferencia de la terrestre, partida en placas móviles, la corteza marciana es una cáscara estable.

Manto

Bajo la corteza de Marte se halla el manto, una capa profunda de silicatos. En el pasado, el intenso calor interno del planeta lo mantuvo lo bastante blando para que fluyera lentamente, deformara la corteza y formara volcanes.

Satélites

Marte tiene dos pequeñas lunas de forma irregular: Fobos (nombre del dios griego del temor) y Deimos (dios griego del terror). Podrían ser asteroides que pasaron cerca de Marte y fueron capturados por la gravedad del planeta.

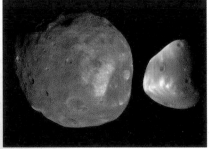

FOBOS   **DEIMOS**

Órbita y estaciones

Marte rota una vez en menos de 25 horas, por lo que su día es muy similar al de la Tierra. En cambio, su año es mucho más largo (687 días). Al tener inclinado el eje de rotación, como nuestro planeta, tiene también cuatro estaciones, aunque todas son gélidas y secas.

Atmósfera

Marte posee una atmósfera poco densa, compuesta de dióxido de carbono principalmente. A veces, los fuertes vientos levantan nubes de polvo del suelo árido.

Hace miles de millones de años fluyeron por la superficie de **Marte grandes ríos** que excavaron enormes valles.

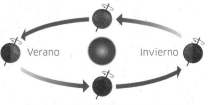

Verano   Invierno

ESTACIONES EN EL HEMISFERIO NORTE

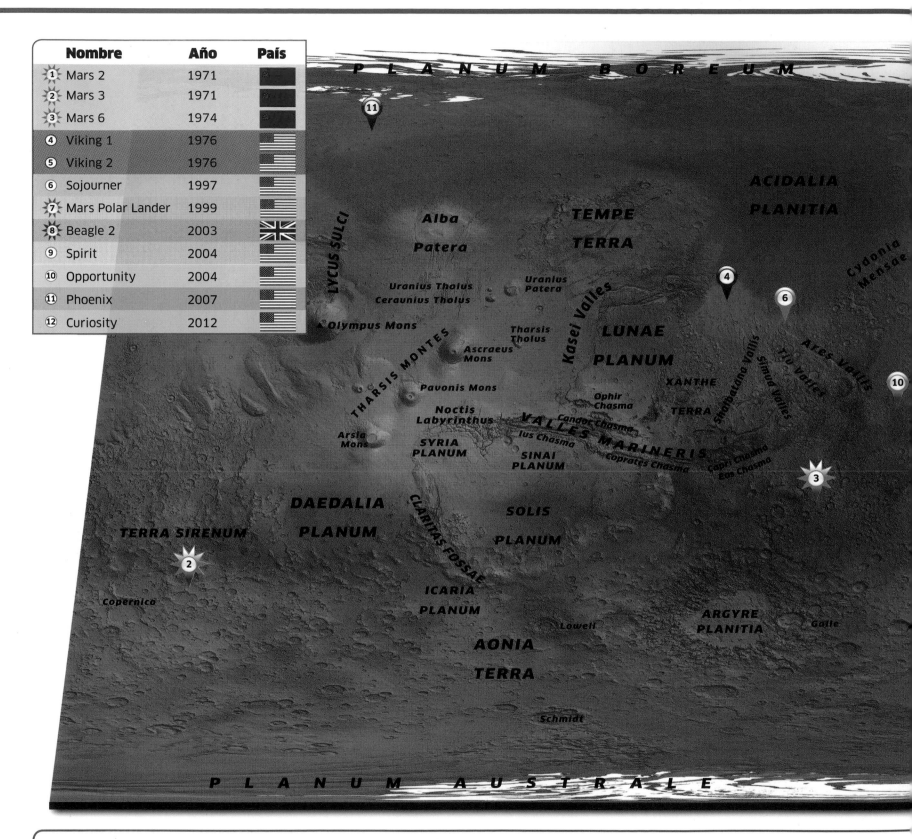

	Nombre	Año	País
1	Mars 2	1971	
2	Mars 3	1971	
3	Mars 6	1974	
4	Viking 1	1976	
5	Viking 2	1976	
6	Sojourner	1997	
7	Mars Polar Lander	1999	
8	Beagle 2	2003	
9	Spirit	2004	
10	Opportunity	2004	
11	Phoenix	2007	
12	Curiosity	2012	

PLANUM BOREUM

ACIDALIA PLANITIA

Cydonia Mensae

LYCUS SULCI

Alba Patera

TEMPE TERRA

Uranius Tholus
Ceraunius Tholus

Uranius Patera

Olympus Mons

Tharsis Tholus

Kasei Valles

LUNAE PLANUM

Ascraeus Mons

THARSIS MONTES

XANTHE

Shalbatana Vallis

Simud Vallis

Tiu Vallis

Ares Vallis

Pavonis Mons

Noctis Labyrinthus

Ophir Chasma

Candor Chasma

TERRA

Arsia Mons

SYRIA PLANUM

Ius Chasma

VALLES MARINERIS

SINAI PLANUM

Coprates Chasma

Capri Chasma
Eos Chasma

DAEDALIA PLANUM

CLARITAS FOSSAE

SOLIS PLANUM

TERRA SIRENUM

Copérnico

ICARIA PLANUM

Lowell

ARGYRE PLANITIA

Galle

AONIA TERRA

Schmidt

PLANUM AUSTRALE

Invasores «vikingos»
En julio de 1976, la Viking 1 fue la primera nave que se posó en Marte, seguida en septiembre por la Viking 2 (arriba). Ambas realizaron pruebas del suelo en busca de actividad biológica, pero no hallaron indicios de vida.

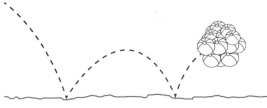

Botando sobre Marte
La nave Pathfinder empleó airbags para aterrizar en Marte en 1997. Rebotó cinco veces antes de detenerse; luego los airbags se deshincharon y los paneles laterales se abrieron como pétalos para dejar salir un pequeño rover.

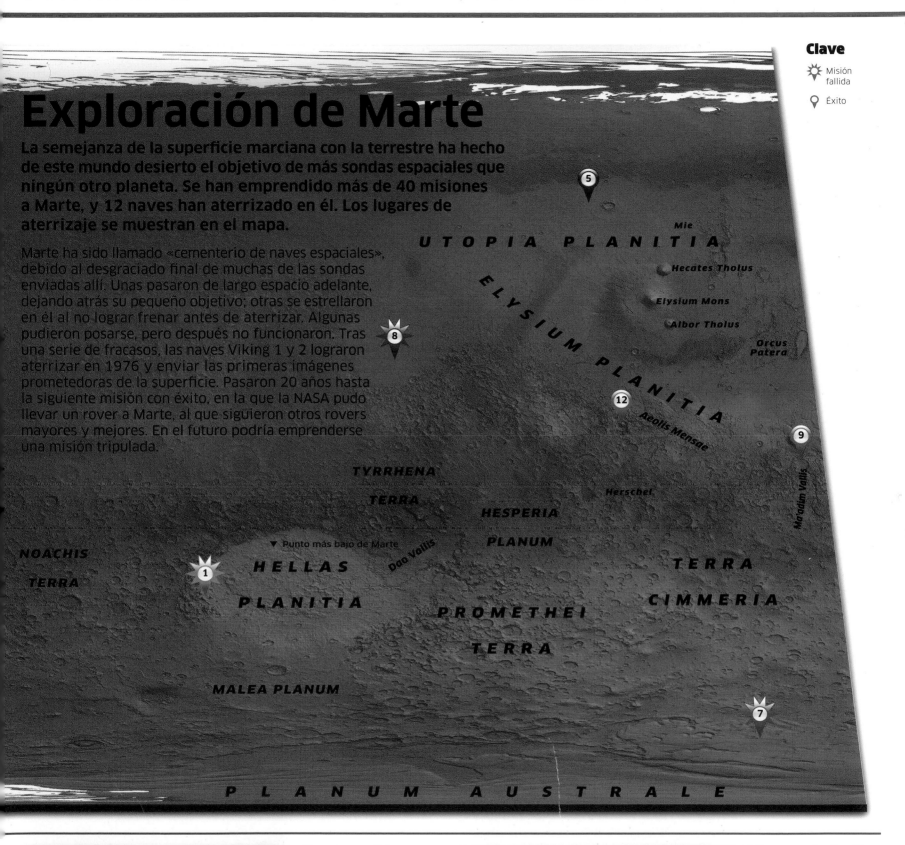

Clave

☼ Misión fallida

⚲ Éxito

Exploración de Marte

La semejanza de la superficie marciana con la terrestre ha hecho de este mundo desierto el objetivo de más sondas espaciales que ningún otro planeta. Se han emprendido más de 40 misiones a Marte, y 12 naves han aterrizado en él. Los lugares de aterrizaje se muestran en el mapa.

Marte ha sido llamado «cementerio de naves espaciales», debido al desgraciado final de muchas de las sondas enviadas allí. Unas pasaron de largo espacio adelante, dejando atrás su pequeño objetivo; otras se estrellaron en él al no lograr frenar antes de aterrizar. Algunas pudieron posarse, pero después no funcionaron. Tras una serie de fracasos, las naves Viking 1 y 2 lograron aterrizar en 1976 y enviar las primeras imágenes prometedoras de la superficie. Pasaron 20 años hasta la siguiente misión con éxito, en la que la NASA pudo llevar un rover a Marte, al que siguieron otros rovers mayores y mejores. En el futuro podría emprenderse una misión tripulada.

UTOPIA PLANITIA

Mie

Hecates Tholus

Elysium Mons

Albor Tholus

Orcus Patera

ELYSIUM PLANITIA

Aeolis Mensae

Ma'adim Vallis

TYRRHENA TERRA

Herschel

HESPERIA PLANUM

▼ Punto más bajo de Marte

Dao Vallis

NOACHIS TERRA

HELLAS PLANITIA

TERRA CIMMERIA

PROMETHEI TERRA

MALEA PLANUM

PLANUM AUSTRALE

Desaparecido

En 2003, el aterrizador Beagle 2 de la misión Mars Express inició el descenso hacia el planeta. Luego, silencio. Se supuso que se había estrellado, pero en 2014 fue descubierto intacto en medio de la superficie marciana por otra sonda. Al parecer, no se abrieron los paneles solares.

El rover Curiosity

El Curiosity es el visitante de Marte con más éxito hasta la fecha. Ha enviado una ingente cantidad de datos y el día 6 de agosto de 2013 celebró el aniversario de su aterrizaje en Marte tocando «Cumpleaños feliz», la primera interpretación musical en otro planeta.

El planeta rojo

Los paisajes herrumbrosos de Marte recuerdan los desiertos de la Tierra, pero allí hace tanto frío como en el polo sur terrestre en pleno invierno.

Marte sería letal para cualquier ser humano sin traje espacial, pero sus condiciones son ideales para los vehículos robóticos. El Curiosity de la NASA, del tamaño de un coche, obtuvo esta foto de sus roderas el 9 de febrero de 2014, el día 538 de su periplo marciano. Las colinas del fondo son las laderas de un cráter de 155 km de diámetro donde el Curiosity está buscando indicios de que Marte albergara vida en el pasado.

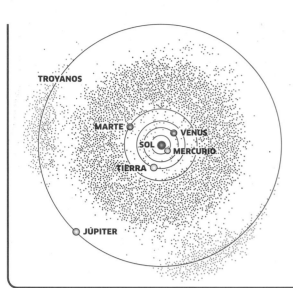

Cinturón de asteroides

La mayoría de los asteroides se encuentra en un cinturón con forma de rosquilla entre las órbitas de Marte y Júpiter, pero también los hay dispersos entre los planetas interiores y en grandes grupos en la misma órbita de Júpiter, los llamados «troyanos». Aunque el cinturón parece denso en las ilustraciones, los asteroides están tan lejos unos de otros que los pasajeros de una nave espacial que lo atravesara seguramente no verían ninguno. La masa total de los asteroides del cinturón equivale tan solo al 4 % de la de la Luna.

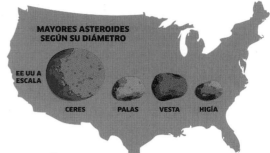

MAYORES ASTEROIDES SEGÚN SU DIÁMETRO

EE UU A ESCALA

CERES PALAS VESTA HIGÍA

Tamaño

Los asteroides grandes son muy raros. Solamente se conocen 26 de más de unos 200 km de diámetro. Sin embargo, hay cientos de miles de más de 1 km de ancho y millones aún menores.

Asteroides

Millones de rocas llamadas asteroides circulan por el Sistema Solar interior, casi todos en un cinturón entre las órbitas de Marte y Júpiter. Su tamaño va desde el de un guijarro hasta monstruos de cientos de kilómetros de diámetro.

Los asteroides son restos de la nube de escombros de la que nacieron los planetas. En el Sistema Solar interior, la mayor parte de este material se agregó para formar los planetas rocosos, pero la gravedad del gigante Júpiter impidió este proceso en sus proximidades. Los asteroides orbitan alrededor del Sol y rotan al mismo tiempo, como los planetas. También se les llama planetas menores, y el mayor de todos –Ceres– se clasifica como planeta enano. A veces, los asteroides chocan unos con otros y forman cráteres o se destruyen. Con menos frecuencia colisionan con satélites o planetas.

Cuerpo y cabeza
La forma de Tutatis sugiere que pudo originarse a causa de la unión de dos asteroides, uno de los cuales aportó la «cabeza», y el otro, el «cuerpo». La mayoría de los asteroides tiene forma irregular, pero su propia gravedad da forma esférica a los más grandes.

Por su forma, Tutatis posee dos ejes de rotación y por eso va dando tumbos por el espacio como un
balón de rugby mal lanzado.

Asteroides cercanos a la Tierra

En el pasado, los asteroides golpearon la Tierra con efectos devastadores y exterminaron a muchos animales, entre ellos los dinosaurios. Hoy, los astrónomos vigilan a los asteroides que se acercan a nuestro planeta. Se han hallado unos 12 000 asteroides cercanos a la Tierra, de los que casi 1000 miden más de 1 km de diámetro, lo suficiente para crear un cráter del tamaño de una gran ciudad.

Cráteres
Los asteroides están salpicados de cráteres causados por colisiones con asteroides menores.

Tutatis

En 1989, el astrónomo francés Christian Pollas descubrió el asteroide de 5 km de ancho 4179 Tutatis, que aparece en la recreación artística de arriba. Es un asteroide cercano a la Tierra, es decir, con una órbita que lo acerca a esta cíclicamente. La última vez, en 2004, pasó a solo cuatro veces la distancia de la Tierra a la Luna. Asteroides del tamaño de Tutatis golpean la Tierra una vez cada 20 millones de años, pero podrían exterminar a toda la población mundial.

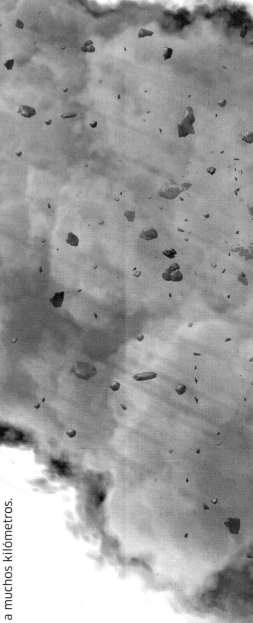

Estrellas fugaces y meteoritos

Las estrellas fugaces que vemos a veces en el cielo nocturno no son estrellas, sino pequeñas partículas de roca espacial. Millones de estos fragmentos, llamados meteoroides, se precipitan a la atmósfera terrestre todos los años.

Casi todos los meteoroides proceden del cinturón de asteroides o de cometas, pero algunos se desprenden de la Luna o de Marte por impactos de meteoritos. No suelen ser mayores que un grano de arena, pero entran en la atmósfera a tal velocidad (hasta 71 km/s) que hacen resplandecer el aire, dando lugar a los trazos luminosos que llamamos estrellas fugaces. La mayoría de los meteoroides se quema en la atmósfera, pero algunos de mayor tamaño llegan a impactar contra el suelo y se conocen como meteoritos.

Llegada de un meteorito
Cuando una gran roca choca con la atmósfera, el aire se comprime violentamente a su paso y se calienta hasta brillar con gran intensidad. A medida que cae, las capas externas abrasadas se van desprendiendo y dejan una estela de vapor y humo. Un gran meteoroide rocoso puede calentarse tanto que estalla en el aire con un fogonazo deslumbrante y un estampido audible a muchos kilómetros.

Rocas en el cielo
Los meteoroides del tamaño de granos de arena se convierten en meteoros (estrellas fugaces), visibles solo de noche. Los más grandes pueden crear bolas de fuego visibles incluso de día, a veces con una estela de humo. Algunos de estos grandes meteoroides rocosos, llamados bólidos, golpean la atmósfera con tal fuerza que explotan en el aire, y su gran onda expansiva es capaz de arrasar zonas arboladas. Los meteoroides que sobreviven al impacto se denominan meteoritos.

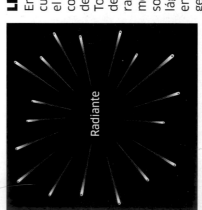

Explosión de un bólido
Bólido
Meteoro
Meteorito
El meteorito resiste al impacto

Lluvias de meteoros
En ciertas épocas del año, cuando la Tierra cruza el rastro de polvo de un cometa, se producen más de 100 meteoros por hora. Todos parecen proceder del mismo punto, llamado radiante. Las lluvias de meteoros más impactantes son la de las perseidas (o lágrimas de san Lorenzo), en agosto, y la de las gemínidas, en diciembre.

Radiante

Un peso pesado
El mayor meteorito de América del Norte es el Willamette, conservado en el Museo Americano de Historia Natural. Esta masa de hierro y níquel de 15 toneladas requiere cimientos propios para no caer a través del suelo del museo.

METEORITO WILLAMETTE, 1939

Cada año impactan en la Tierra **más de 30 000 meteoritos** de mayor tamaño que una fresa.

En 1908, la **explosión de un bólido sobre Siberia** arrasó unos 2000 km² de bosque.

4550 millones de años: **edad de la mayoría de los meteoroides.**

43

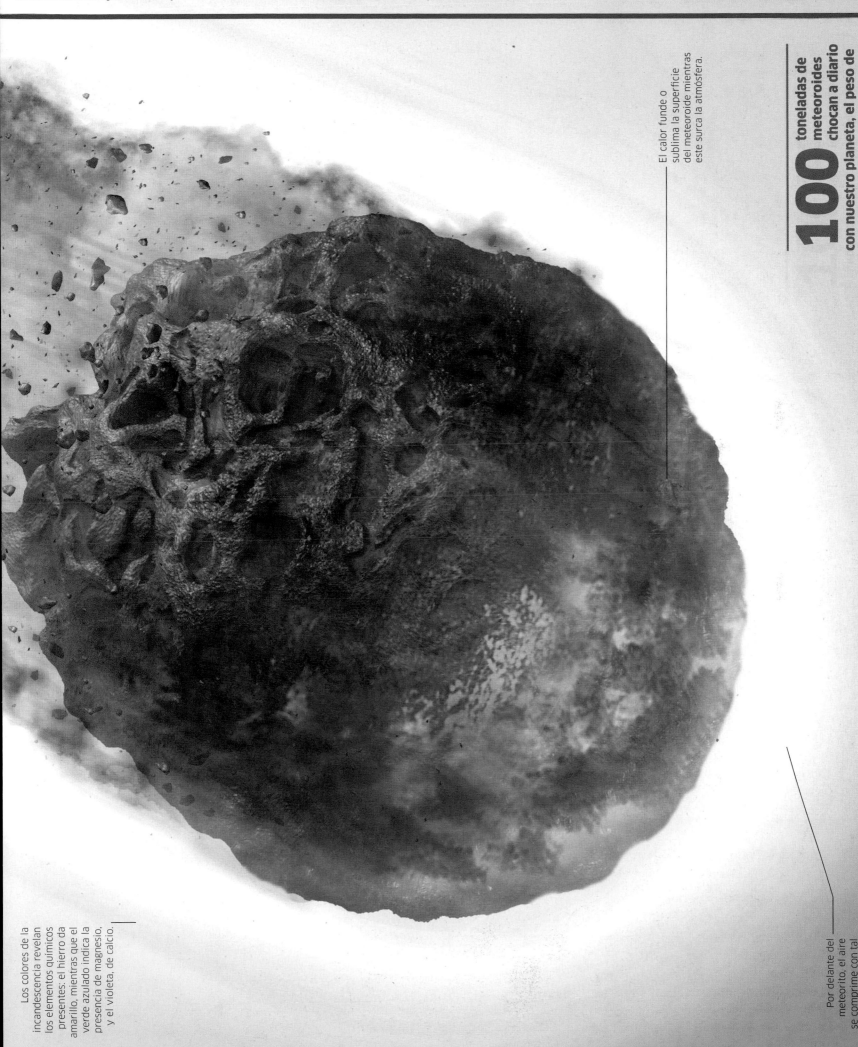

El calor funde o sublima la superficie del meteoroide mientras este surca la atmósfera.

100 toneladas de meteoroides chocan a diario con nuestro planeta, el peso de unos 20 elefantes.

Los colores de la incandescencia revelan los elementos químicos presentes: el hierro da amarillo, mientras que el verde azulado indica la presencia de magnesio, y el violeta, de calcio.

Por delante del meteorito, el aire se comprime con tal fuerza que se torna incandescente y brilla.

Júpiter

El mayor de los planetas, Júpiter, tiene una masa superior al doble de la de todos los demás planetas juntos. A diferencia de los mundos rocosos como la Tierra o Marte, es un gigante gaseoso, un enorme globo de gas y líquido sin superficie sólida.

Júpiter posee un volumen 1300 veces mayor que el de la Tierra, y su atracción gravitatoria es tan intensa que altera la trayectoria de los cometas y asteroides que vuelan por el Sistema Solar. Pese a su gran tamaño, rota muy rápido, y su día dura menos de diez horas. La rápida rotación hace que se abulte visiblemente en el ecuador y arremolina sus nubes de colores en franjas horizontales y sistemas tormentosos. El mayor de estos –la Gran Mancha Roja– es más grande que la Tierra. Los rayos de tormenta surcan la oscuridad en el hemisferio nocturno, y el planeta está envuelto en una radiación letal que haría extremadamente peligrosa una misión tripulada.

Júpiter es 318 veces más masivo que la Tierra.

Núcleo
En el centro de Júpiter hay un núcleo rocoso más caliente que la superficie del Sol. Representa el 10% de la masa del planeta.

Manchas
Las tormentas de la atmósfera de Júpiter forman óvalos de diferentes colores. La Gran Mancha Roja, de 12 000 km de diámetro, lleva activa varios cientos de años. Su color rojo podría deberse a la descomposición por la luz solar de sustancias químicas en la superficie de las nubes más altas.

360 km/h: **velocidad típica del viento** en Júpiter.

46 km/s: **velocidad a la que entró la sonda Galileo** en la atmósfera de Júpiter.

Júpiter produce **1,6 veces más energía** de la que recibe, debido al **calentamiento interno** del planeta.

45

Auroras polares

A veces aparecen en los polos de Júpiter increíbles despliegues de luces llamados auroras (vistas aquí con luz ultravioleta). Como las auroras boreales y australes terrestres, se deben a partículas cargadas procedentes del espacio que chocan con la atmósfera y hacen brillar los átomos de gas. Estas auroras son hasta 100 veces más luminosas que las de la Tierra.

Capa metálica líquida

Bajo la enorme presión, el hidrógeno de las profundidades de Júpiter se comporta como un metal líquido. El helio y el neón seguramente también se hallan presentes en esta capa.

Capa líquida

Sobre la capa metálica hay un vasto mar de hidrógeno líquido. Este mar no tiene superficie, sino que va mezclándose en la parte superior con el gas de la atmósfera.

Atmósfera

El hidrógeno constituye el 90% de la atmósfera de Júpiter. El resto es helio, con pequeñas cantidades de otros elementos.

Los vientos soplan en direcciones opuestas en las franjas nubosas vecinas, lo cual produce remolinos en los límites entre estas.

Capa de nubes

La capa nubosa tiene solo 50 km de espesor. Se cree que consiste principalmente en cristales de amoniaco congelado.

DATOS

Gravedad superficial (Tierra = 1):	2,36
Periodo de rotación:	9,9 horas
Año:	12 años terrestres
Satélites:	Al menos 67

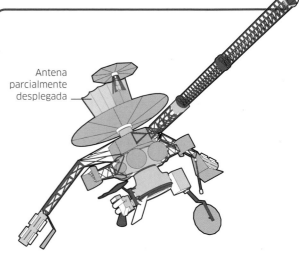

Antena parcialmente desplegada

Nave Galileo

Aunque impedida por el despliegue parcial de su antena de comunicaciones, esta nave de la NASA realizó numerosos descubrimientos importantes acerca de Júpiter y sus satélites tras su llegada en 1995. Envió una sonda que descendió entre las nubes de Júpiter con paracaídas, para estudiar las sustancias químicas. La Galileo estuvo en órbita alrededor de Júpiter hasta 2003.

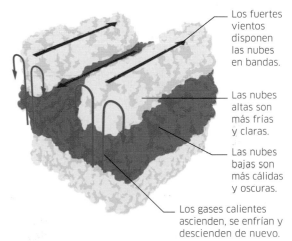

Los fuertes vientos disponen las nubes en bandas.

Las nubes altas son más frías y claras.

Las nubes bajas son más cálidas y oscuras.

Los gases calientes ascienden, se enfrían y descienden de nuevo.

Bandas nubosas

Las franjas de colores de Júpiter están formadas por nubes a distinta altura. En las zonas claras, los gases ascienden y forman nubes altas heladas. Entre estas zonas de nubes altas se ven las capas de nubes a menor altura, más cálidas y oscuras.

Anillos tenues

Los anillos de Júpiter se vieron por primera vez en 1979 gracias a las imágenes de la Voyager 1. Después se detectaron desde la Tierra con luz infrarroja. Consisten principalmente en polvo procedente de los satélites menores del planeta.

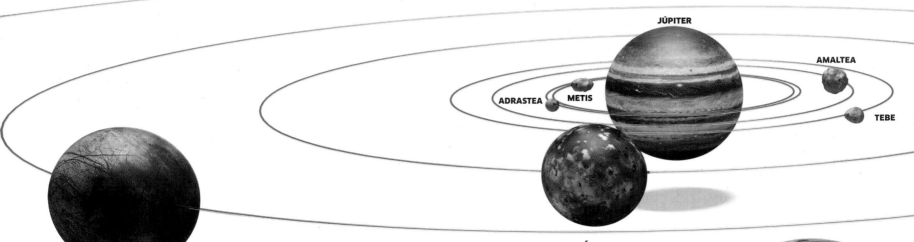

JÚPITER

AMALTEA

ADRASTEA   METIS

TEBE

Europa
La superficie helada de Europa está cubierta de extraños surcos y grietas. Al igual que la de la Tierra, su corteza está cuarteada en placas que tiran y empujan en direcciones opuestas. El agua de un océano salado oculto a gran profundidad surge por las grietas y, al congelarse, forma suelo nuevo.

Ío
Atrapado entre el tirón gravitatorio de Júpiter y de los demás satélites galileanos, Ío es presa de poderosas fuerzas que han fundido su interior. La roca fundida, rica en coloridos derivados del azufre, brota de volcanes gigantescos por toda su superficie.

Satélites de Júpiter

Su enorme masa confiere a Júpiter una gran fuerza gravitatoria, gracias a la cual este planeta gigante ha capturado los casi 70 satélites conocidos que orbitan a su alrededor. Algunos son probablemente asteroides o cometas que se acercaron demasiado, y otros tienen el tamaño de planetas.

Los cuatro satélites mayores de Júpiter también se conocen como galileanos por haber sido descubiertos por el célebre astrónomo italiano Galileo Galilei, en 1610. Se trata de cuatro mundos muy distintos. El más interior, Ío, tiene cientos de volcanes activos. El siguiente, Europa, está cubierto de hielo, aunque con un posible océano oculto debajo, uno de los pocos lugares del Sistema Solar que podría albergar vida. Ganímedes es el mayor satélite del Sistema Solar y el único que posee campo magnético. Calisto está cubierto de cráteres, y su superficie se considera la más antigua de cualquier satélite o planeta del Sistema Solar.

Ganímedes
Este gran satélite, con un diámetro casi el 10 % mayor que el de Mercurio, sería clasificado como planeta si orbitara en torno al Sol en lugar de alrededor de Júpiter. Su superficie es un rompecabezas de áreas antiguas oscuras con numerosos cráteres y otras más recientes y claras, que cuentan con pocos cráteres. Estas últimas han sido remodeladas por erupciones de hielo semifundido del subsuelo.

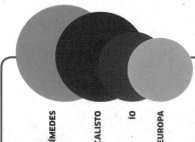

Satélites de Júpiter a escala

GANÍMEDES · CALISTO · ÍO · EUROPA · HIMALIA · AMALTEA · TEBE · ELARA · PASÍFAE · CARME · METIS · SINOPE · LISITEA · ANANKÉ · ADRASTEA · LEDA · CALIRROE · TEMISTO · PRAXÍDICE · YOCASTA · TÁIGETE · CÁLICE · MEGACLITE · S/2000 J11 · HELIKÉ · HARPÁLICE · HERMIPÉ · TÍONE · CALDONA · AEDEA · EUKÉLADE · ISONOÉ · S/2003 J5 · AUTÓNOE · CARPO · EUANTE · AITNÉ · ERÍNOME · EURÍDOME · HEGÉMONE · ARCE · EUPORIA · S/2003 J3 · TELXÍNOE · ORTOSIA · S/2003 J18 · S/2003 J16 · MNEMEA · HERSE · CALÉ · S/2003 J19 · S/2003 J15 · S/2003 J10 · S/2003 J23 · KALLICHORE · PASÍTEA · S/2010 J1 · KORE · CILENE · S/2003 J4 · SPONDÉ · S/2003 J2 · S/2001 J1 · S/2010 J2 · S/2003 J12 · S/2003 J9

El satélite de Júpiter **Ío** es el mundo con **más actividad volcánica** de todo el Sistema Solar.

El satélite de Júpiter Ganímedes es **mayor que el planeta Mercurio.**

47

Calisto

El objeto con mayor densidad de cráteres de todo el Sistema Solar, Calisto, está plagado de marcas de meteoritos. La abundancia de cráteres indica que su superficie es muy antigua. Lo extraño es que hay muy pocos cráteres pequeños; los científicos creen que estos van desapareciendo a medida que el hielo de sus bordes se evapora en el espacio, dejando tan solo pequeños montes.

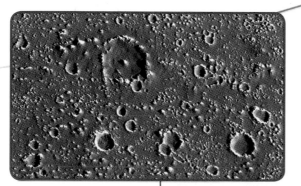

Satélites exteriores

Unos 60 satélites de Júpiter miden solo unos kilómetros de diámetro y orbitan en una nube enmarañada. Los interiores se desplazan en el sentido de la rotación del planeta, con cuyo ecuador están alineadas sus órbitas circulares. Los exteriores orbitan en el mismo sentido o en el contrario y con frecuencia tienen órbitas muy inclinadas o elípticas, indicio de que casi todos ellos son objetos capturados.

Los meteoritos han desconchado la superficie oscura de Calisto y dejado al descubierto el hielo más claro que hay debajo.

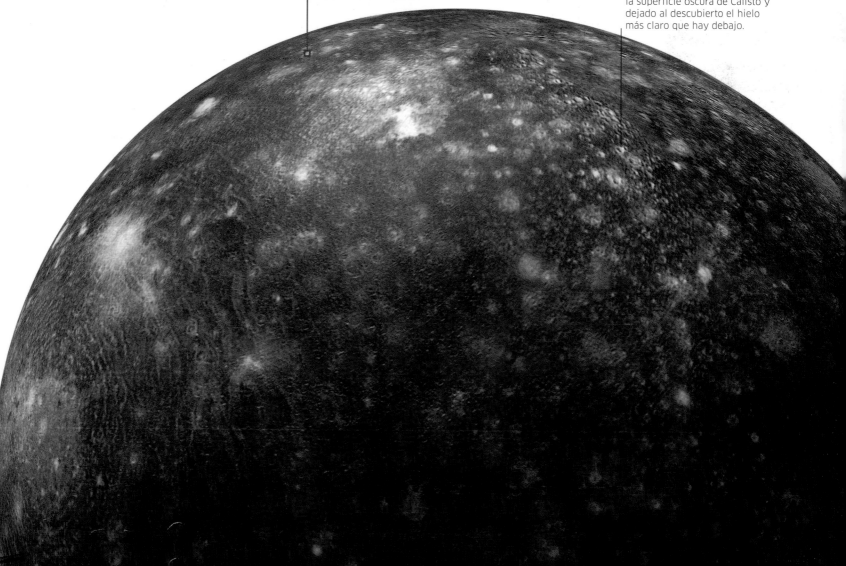

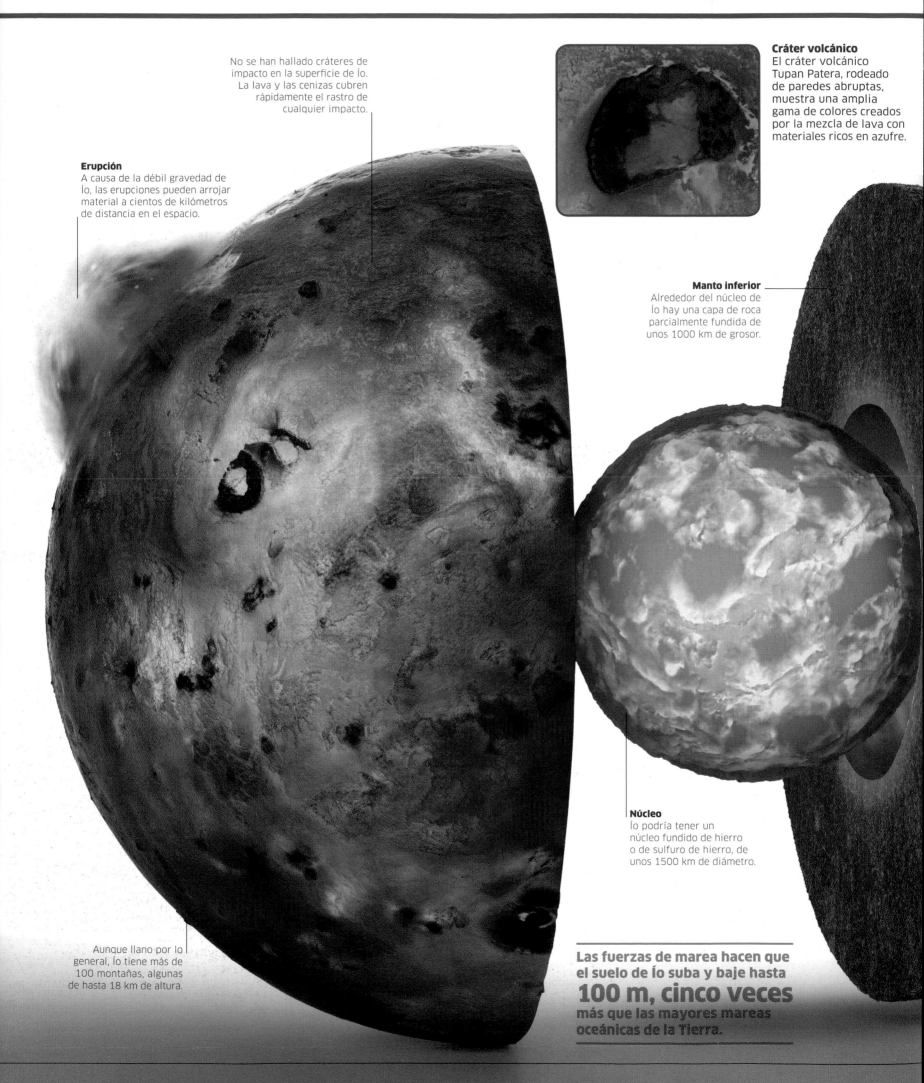

No se han hallado cráteres de
impacto en la superficie de Ío.
La lava y las cenizas cubren
rápidamente el rastro de
cualquier impacto.

Cráter volcánico
El cráter volcánico
Tupan Patera, rodeado
de paredes abruptas,
muestra una amplia
gama de colores creados
por la mezcla de lava con
materiales ricos en azufre.

Erupción
A causa de la débil gravedad de
Ío, las erupciones pueden arrojar
material a cientos de kilómetros
de distancia en el espacio.

Manto inferior
Alrededor del núcleo de
Ío hay una capa de roca
parcialmente fundida de
unos 1000 km de grosor.

Aunque llano por lo
general, Ío tiene más de
100 montañas, algunas
de hasta 18 km de altura.

Núcleo
Ío podría tener un
núcleo fundido de hierro
o de sulfuro de hierro, de
unos 1500 km de diámetro.

**Las fuerzas de marea hacen que
el suelo de Ío suba y baje hasta
100 m, cinco veces**
más que las mayores mareas
oceánicas de la Tierra.

2 trillones de vatios: **potencia de la corriente eléctrica** que fluye entre Ío y Júpiter.

Ío está expuesto a **tales niveles de radiación** que un astronauta en su superficie moriría al cabo de unas horas.

49

DATOS

Periodo orbital: 1,77 días terrestres	
Masa (Tierra = 1): 0,015	
Temperatura superficial: −163 °C	
Diámetro: 3643 km	

ÍO   LUNA

Manto superior fundido
Probablemente existe una capa de roca fundida de 50 km de grosor bajo la corteza del satélite.

Atmósfera
Ío posee una fina atmósfera de dióxido de azufre que de noche se congela sobre el suelo y se evapora de día. Desde su cara iluminada soplan fuertes vientos permanentes hacia la oscura.

Este volcán activo, llamado Pele, alberga un lago de lava en su cráter central.

Corteza
Ío posee una corteza rocosa de 40 km de grosor cubierta de lava solidificada y sustancias sulfurosas procedentes de erupciones. Los diferentes colores se deben a diversos compuestos de azufre.

Ío

Ío, el cuerpo más activo volcánicamente del Sistema Solar, escupe materia al espacio sin cesar con sus erupciones. Su rostro cubierto de lava lo convierte en un mundo único entre los otros satélites de Júpiter, de paisajes helados.

Las erupciones volcánicas de Ío no solo afectan al propio satélite, sino que lanzan al espacio grandes cantidades de material que forma una vasta rosquilla de partículas cargadas alrededor de Júpiter, llamada toro de plasma. Este permite que fluyan por el espacio entre Júpiter e Ío corrientes eléctricas que provocan tormentas de rayos en Júpiter y hacen resplandecer los gases que rodean Ío. Los científicos ya habían predicho la existencia de los volcanes de Ío antes de la llegada, en 1979, de la Voyager 1. Las impactantes imágenes de la Voyager confirmaron lo esperado: el vulcanismo de Ío es de tal magnitud que el suelo del satélite se renueva literalmente de arriba abajo.

Calentamiento de marea

La causa de la actividad volcánica de Ío es la gravedad. A lo largo de su órbita en torno a Júpiter, Ío sufre la atracción gravitatoria divergente de Júpiter y los demás satélites. Estas fuerzas de marea lo deforman constantemente, causando una fricción que calienta y funde su interior.

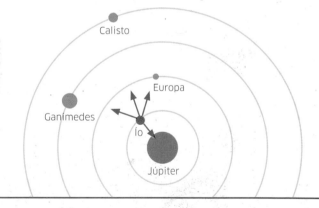

Calisto

Europa

Ganimedes

Ío

Júpiter

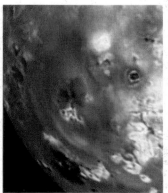 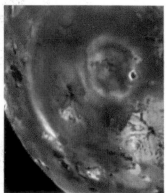

Rostro cambiante

El aspecto de Ío puede cambiar rápidamente a causa de las frecuentes erupciones. Estas dos imágenes tomadas con cinco meses de diferencia muestran que una erupción cubrió de material negro un área de 400 km de diámetro. El anillo rojo corresponde a material de otro volcán, Pele.

50 Sistema Solar ∘ **SATURNO**

764 Número de veces que el **volumen** de la Tierra cabría en el de Saturno.

Saturno

Los espectaculares anillos que lo rodean hacen de este planeta gigante una de las maravillas de nuestro Sistema Solar. Saturno es el segundo mayor planeta después de Júpiter y, como este, tiene una gran familia de satélites.

Saturno es un gigante gaseoso, un vasto globo giratorio compuesto por sustancias químicas que existen en la Tierra en forma de gas, como el hidrógeno. Este constituye el 96 % de Saturno, pero solo en las capas exteriores se encuentra en estado gaseoso; en las profundidades se vuelve líquido al ser comprimido por el peso del gas que lo cubre. Saturno tiene un diámetro casi igual que el de Júpiter, pero menos de un tercio de su masa y, por lo tanto, es mucho menos denso. De hecho, es el planeta menos denso de todos y también el menos esférico: rota tan rápido que se abulta en el ecuador, por lo que es más ancho que alto. Como Júpiter, posee una atmósfera exterior tormentosa y agitada por potentes vientos que disponen sus nubes en franjas horizontales.

Los polos de Saturno se vuelven azules en invierno, un efecto causado por la dispersión de la luz solar en un aire relativamente despejado de nubes.

Atmósfera
La atmósfera de Saturno se compone en su mayor parte de hidrógeno y helio, con nubes de hielo de amoníaco y agua en la parte superior. Vientos horizontales arrastran las nubes de color lechoso en franjas como las de Júpiter, pero con menos remolinos y tormentas.

Capa de hidrógeno líquido
El enorme peso de la atmósfera de Saturno comprime el hidrógeno de debajo y lo mantiene líquido, formando un vasto océano interno. Este mar de hidrógeno líquido no tiene superficie, sino que se funde gradualmente con la capa de gas adyacente.

Anillos
Los anillos de Saturno están formados por fragmentos de hielo sucio en órbita alrededor del planeta en un plano casi liso. El hielo refleja la luz solar y hace que los anillos brillen intensamente a menudo.

DATOS

Gravedad superficial (Tierra = 1): 1,02

Periodo de rotación: 10,7 horas

Año: 29 años terrestres

Satélites: Al menos 62

En Saturno, los rayos son **10 000 veces más potentes** que en nuestro planeta.

Saturno es el único planeta de todo el Sistema Solar **más ligero que el agua.**

1979 Año de la **primera visita de una nave espacial** a Saturno.

51

HEXÁGONO POLAR

CICLÓN POLAR

Vista cambiante

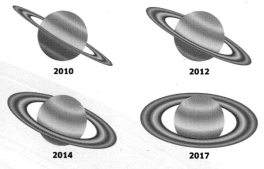

Como el eje de Saturno está inclinado, nuestra perspectiva de los anillos desde la Tierra varía mucho a medida que el planeta orbita en torno al Sol. De canto son casi invisibles y tardan unos 15 años en pasar de ser plenamente visibles a casi invisibles de nuevo.

2010

2012

2014

2017

Hexágono polar

Alrededor del polo norte, las nubes forman una misteriosa figura hexagonal que ha persistido durante décadas. Cada lado del hexágono supera el diámetro de la Tierra. Podría tratarse de una onda de larga duración, aunque no se observa nada semejante en el polo sur. En su centro hay un furioso ciclón, mostrado aquí en falso color, en el que la velocidad del viento puede alcanzar 530 km/h, cinco veces más que en un ciclón de la Tierra.

Núcleo
En el centro del planeta podría haber un núcleo de una mezcla de roca y los metales hierro y níquel.

Tormenta alargada

En 2011 afloró a la superficie neblinosa de Saturno una enorme tormenta que se propagó rápidamente hacia el este. En tan solo unos meses rodeó el perímetro del planeta, agitando las nubes en remolinos y ondas (aquí en falso color).

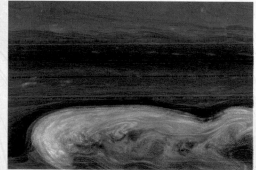

Misión a Saturno

En 2004 llegó a Saturno la nave Cassini, alimentada por energía nuclear y cargada de instrumental científico para estudiar el planeta y sus anillos y satélites. Los datos e imágenes que ha enviado desde entonces han transformado nuestro conocimiento del planeta. La Cassini liberó la sonda Huygens, que descendió con paracaídas a la superficie de Titán, el mayor satélite de Saturno.

Capa metálica líquida
A gran profundidad, la presión es tan intensa que el hidrógeno se convierte en un metal líquido. El núcleo podría estar rodeado por una capa adicional de helio líquido.

Manta térmica espacial dorada

Antena de radio

NAVE CASSINI

Anillos de Saturno

El vasto círculo de desechos helados en órbita en torno a Saturno podría ser el remanente de un satélite destruido en el pasado. Visibles incluso con telescopios pequeños, los anillos de Saturno tienen miles de kilómetros de diámetro, pero solo unos metros de grosor.

Cada partícula de estos anillos está en órbita en torno al planeta, atrapada por la gravedad del gigante gaseoso. Los trozos de hielo flotantes se atraen entre ellos por su gravedad y están afectados por la de los satélites. Estas fuerzas se combinan para concentrar el material a distancias determinadas del planeta, formando una serie de anillos y separaciones (divisiones) diferenciados. Todos los gigantes gaseosos poseen sistemas de anillos, pero los de Júpiter, Urano y Neptuno son mucho más difusos.

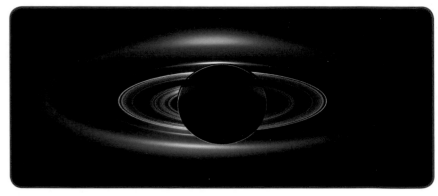

Vistos por la Cassini
La nave Cassini lleva estudiando en detalle los anillos desde su llegada en 2004. En julio de 2013 entró en la sombra de Saturno y tomó unas magníficas imágenes de sus anillos a contraluz. Estas imágenes revelan unos neblinosos anillos exteriores azules normalmente no visibles. El mayor de ellos –el anillo E– es una nube de granos de hielo microscópicos procedentes de géiseres del satélite de Saturno Encélado.

Sistema de anillos
A las secciones principales de los anillos de este planeta se les asignan letras, y a las divisiones entre ellas, nombres de astrónomos famosos. El tirón gravitatorio del satélite de Saturno Mimas origina la mayor división, llamada de Cassini.

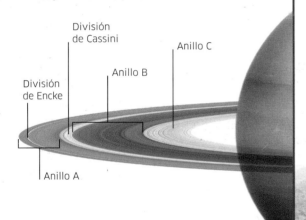

División de Cassini

Anillo C

Anillo B

División de Encke

Anillo A

Anillos principales
Esta recreación artística muestra la parte más densa de los principales anillos de Saturno: el anillo B. Aquí, los fragmentos de hielo entrechocan y se rompen ocasionalmente. Las nuevas superficies de hielo expuestas captan la luz solar y hacen que los anillos de Saturno sean mucho más brillantes que los oscuros y polvorientos de otros gigantes gaseosos.

Los cuerpos helados de los anillos van desde granos minúsculos hasta bloques del tamaño de una casa.

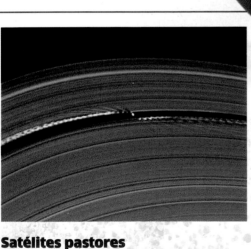

Satélites pastores
Algunos de los satélites de Saturno orbitan dentro de los anillos. La gravedad de estos «satélites pastores» despeja sus órbitas al separar los desechos helados. El satélite Dafnis (arriba) levanta ondas en los anillos en su periplo alrededor del planeta.

4400 millones de años: **edad** probable de los anillos de Saturno.

280 000 km: **diámetro de los anillos principales.**

10 m: **grosor de la mayor parte de los anillos de Saturno.**

53

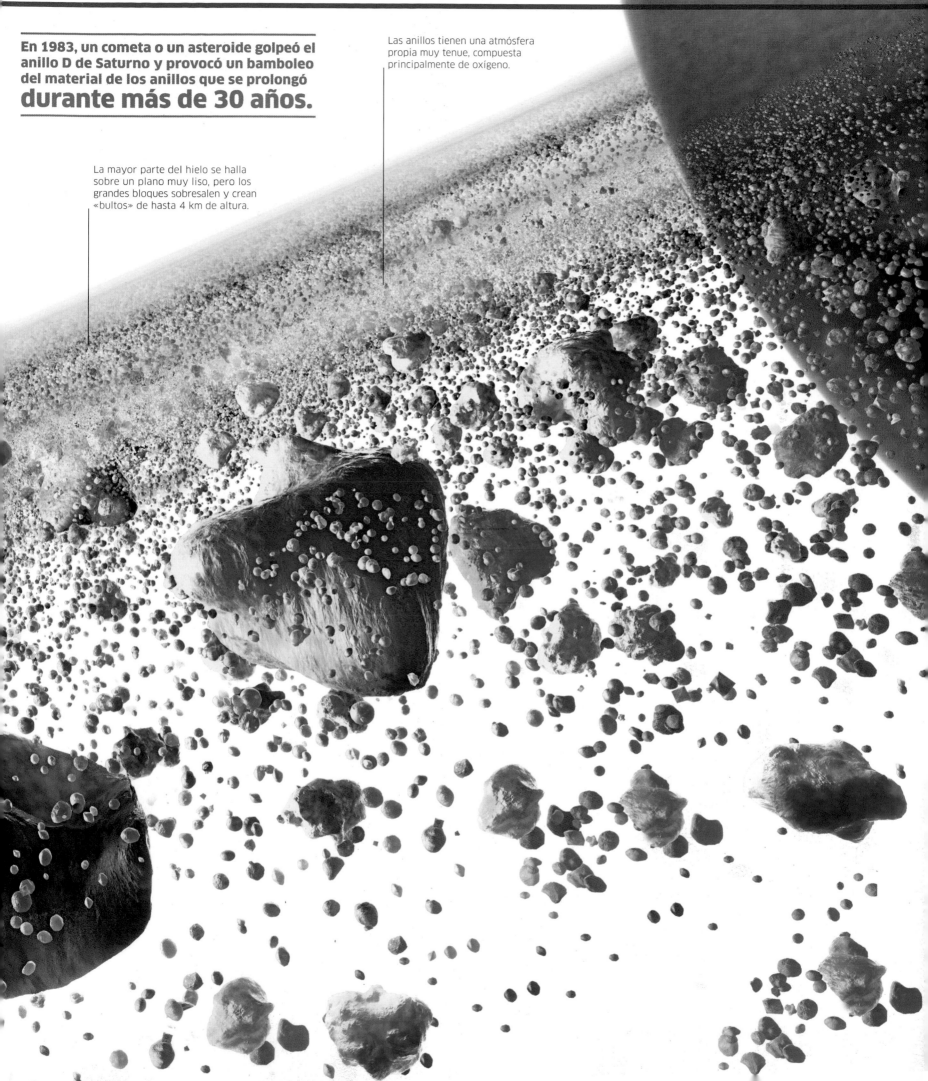

En 1983, un cometa o un asteroide golpeó el anillo D de Saturno y provocó un bamboleo del material de los anillos que se prolongó **durante más de 30 años.**

Las anillos tienen una atmósfera propia muy tenue, compuesta principalmente de oxígeno.

La mayor parte del hielo se halla sobre un plano muy liso, pero los grandes bloques sobresalen y crean «bultos» de hasta 4 km de altura.

56 Sistema Solar ○ **SATÉLITES DE SATURNO**

150 Número de pequeños satélites detectados hasta ahora en los anillos de Saturno.

Satélites de Saturno

Existen tantos satélites en órbita alrededor de Saturno que parecen formar una versión en miniatura del propio Sistema Solar.

Saturno tiene al menos 62 satélites conocidos, pero su número podría ser mucho mayor. Los más interiores forman parte del sistema de anillos, y algunos han acumulado tanto polvo en el ecuador que parecen platillos volantes. Más allá de los anillos están los satélites mayores, de cientos de kilómetros de diámetro y casi todos con una corteza helada. El mayor es Titán, más grande que el planeta Mercurio. Los satélites interiores y los mayores se desplazan en el sentido de la rotación de Saturno, lo cual sugiere que se formaron a la vez que el planeta. Más lejos aún existe una nube caótica de satélites minúsculos que orbitan en ángulos caprichosos.

Casi todos los satélites de Saturno están en rotación síncrona con su planeta, por lo que le muestran siempre el mismo hemisferio.

Órbitas de los satélites exteriores

Lejos de Saturno hay decenas de satélites con órbitas inclinadas no circulares. Muchos de ellos orbitan en sentido opuesto al de los satélites principales, lo cual sugiere que se formaron en otro lugar y fueron capturados por la gravedad de Saturno.

Saturno | Hiperión

Rea
El segundo mayor satélite de Saturno tiene una superficie helada con unas extrañas manchas descoloridas alrededor del ecuador, posible indicio de que tuviera anillos en el pasado.

Titán
Es el mayor satélite de Saturno y el segundo mayor del Sistema Solar. Posee una atmósfera densa y neblinosa que oculta la superficie.

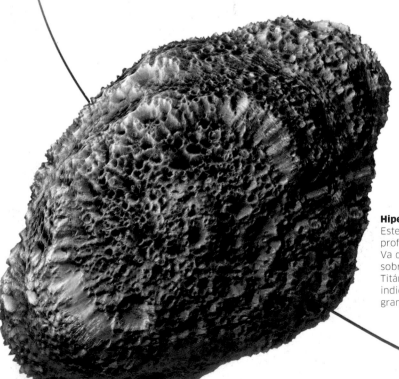

Hiperión
Este peculiar satélite tiene tantos cráteres profundos que parece una esponja de baño. Va dando tumbos por el espacio, debido sobre todo al efecto de la gravedad de Titán sobre su rotación. Las mediciones indican que está en parte vacío, con grandes huecos bajo la superficie.

53 Número de satélites de Saturno **nombrados** hasta la fecha.

Cada cuatro años, los satélites de Saturno Epimeteo y Jano **intercambian sus órbitas.**

Tanto Rea como Dione tienen una **atmósfera de oxígeno** muy fina.

57

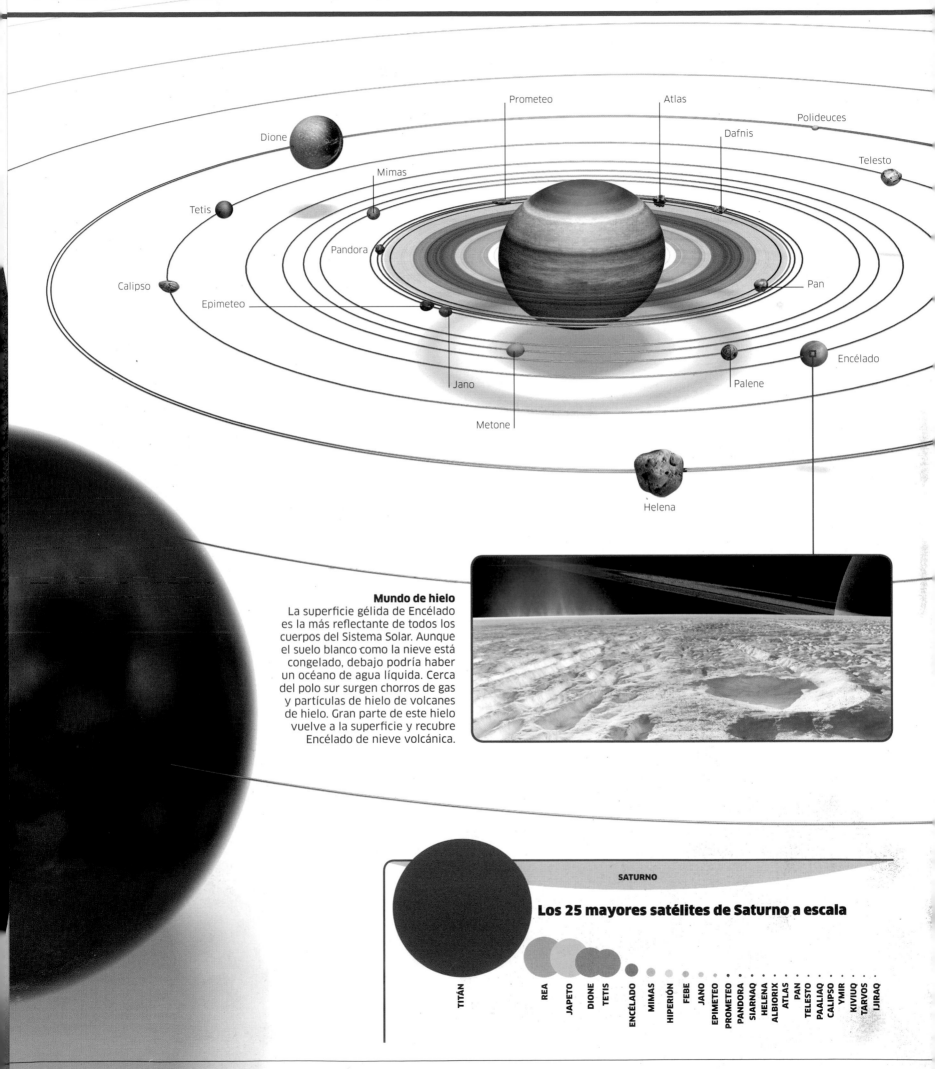

Prometeo

Atlas

Polideuces

Dione

Dafnis

Telesto

Mimas

Tetis

Pandora

Pan

Calipso

Epimeteo

Encélado

Jano

Palene

Metone

Helena

Mundo de hielo

La superficie gélida de Encélado es la más reflectante de todos los cuerpos del Sistema Solar. Aunque el suelo blanco como la nieve está congelado, debajo podría haber un océano de agua líquida. Cerca del polo sur surgen chorros de gas y partículas de hielo de volcanes de hielo. Gran parte de este hielo vuelve a la superficie y recubre Encélado de nieve volcánica.

SATURNO

Los 25 mayores satélites de Saturno a escala

TITÁN · REA · JAPETO · DIONE · TETIS · ENCÉLADO · MIMAS · HIPERIÓN · FEBE · JANO · EPIMETEO · PROMETEO · PANDORA · SIARNAQ · HELENA · ALBIORIX · ATLAS · PAN · TELESTO · PAALIAQ · CALIPSO · YMIR · KIVIUQ · TARVOS · IJIRAQ

60 Sistema Solar ○ **URANO**

42 años: **duración de una noche** en los polos norte y sur de Urano.

Urano

En 1781, el astrónomo William Herschel vio a través del telescopio de su jardín inglés lo que creyó era un cometa. Resultó ser algo mucho más apasionante: un nuevo planeta.

Urano es un gigante helado muy parecido a Neptuno, pero con el eje de rotación tumbado. En los dos siglos posteriores a su descubrimiento por Herschel se supo muy poco de este planeta, salvo que tiene satélites, anillos y un eje de rotación extremadamente inclinado. Solo una nave espacial, la Voyager 2, lo ha visitado, y las imágenes que envió en 1986 mostraban un monótono globo azul pálido con alguna traza de nubes. A diferencia de los demás planetas gigantes, Urano irradia relativamente poco calor; en cambio, posee un campo magnético fuerte, aunque asimétrico.

Satélites de Urano

Urano tiene 27 satélites conocidos. El mayor, Titania, mide 1577 km de diámetro. Los más pequeños son Trínculo y Cupido, de solo unos 18 km de diámetro. Todos llevan nombres de personajes de las obras de William Shakespeare y del poeta Alexander Pope.

- TITANIA
- OBERÓN
- UMBRIEL
- ARIEL
- MIRANDA
- PUCK
- SICORAX
- PORCIA
- JULIETA
- BELINDA
- CRÉSIDA
- ROSALINDA
- CALIBÁN
- DESDÉMONA
- BIANCA
- PRÓSPERO
- SETEBOS
- OFELIA
- CORDELIA
- STEFANO
- PERDITA
- MAB
- FRANCISCO
- MARGARITA
- FERNANDO
- CUPIDO
- TRÍNCULO

Satélites rocosos

El satélite de Urano Miranda tiene el aspecto de haber sido destruido por una colisión y reconstruido luego con las piezas mal colocadas. Así, al reasentarse la corteza se formaron vastas grietas y el mayor escarpe del Sistema Solar, Verona Rupes, con más de 5 km de altura.

RECREACIÓN ARTÍSTICA DE VERONA RUPES

DATOS

Gravedad superficial (Tierra = 1): 0,89

Periodo de rotación: 17,2 horas

Año: 84 años terrestres

Satélites: Al menos 27

Anillos

Urano está rodeado por un sistema de anillos estrechos, la mayoría de ellos descubiertos en 1977 al pasar por delante de una estrella. Más tarde se hallaron más anillos que comparten órbita con pequeños satélites.

Atmósfera

El hidrógeno y el helio son los principales gases de la atmósfera de Urano, pero también abunda el metano, que da al planeta su color azul pálido.

Manto

El agua, el metano y el amoniaco se combinan en una mezcla de hielo y líquido en el manto de Urano, en cuya base puede haber un mar de diamante.

63 Número de cuerpos como la Tierra que cabrían en Urano.

13 Número de anillos conocidos alrededor de Urano.

−224°C Temperatura de la atmósfera de Urano.

61

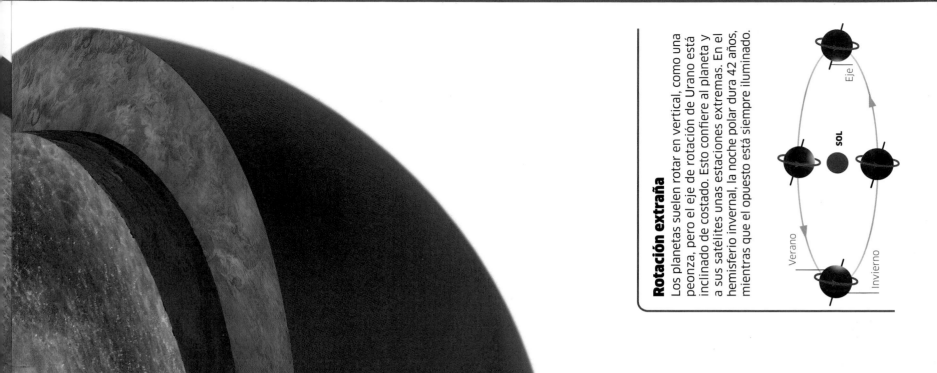

Rotación extraña

Los planetas suelen rotar en vertical, como una peonza, pero el eje de rotación de Urano está inclinado de costado. Esto confiere al planeta y a sus satélites unas estaciones extremas. En el hemisferio invernal, la noche polar dura 42 años, mientras que el opuesto está siempre iluminado.

Eje

SOL

Verano

Invierno

Núcleo

En el centro del planeta hay un núcleo de roca, hierro y níquel, probablemente fundidos, a una temperatura de más de 5000 °C.

Nubes de tormenta

Urano parecía uniforme y tranquilo cuando lo visitó la Voyager porque tenía el polo sur orientado hacia el Sol. Sin embargo, cuando el ecuador apunta hacia el Sol, su atmósfera cobra vida. Imágenes telescópicas recientes han revelado franjas de nubes horizontales como las de Júpiter, violentas tormentas y enormes ciclones polares.

64   Sistema Solar ◦ **PLANETAS MENORES**

La nube de Oort puede contener **más de un billón de cuerpos** de más de 1 km de diámetro.

Planetas menores

Miles de millones de objetos rocosos y helados orbitan alrededor del Sol, algunos cortando la órbita de los planetas, pero la mayoría más lejos. Llamados planetas menores, son restos de la formación del Sistema Solar y muchos de ellos son mundos fascinantes.

Existen planetas menores desperdigados por todo el Sistema Solar, pero la mayoría se agrupa de acuerdo con la similitud de sus órbitas. Los más cercanos al Sol son los asteroides, casi todos rocosos. A mayor distancia, los planetas menores suelen estar helados. Algunos poseen satélites y anillos, y los más grandes tienen forma esférica y se clasifican como planetas enanos. El más famoso de estos es Plutón, antes considerado un planeta.

Haumea
Este planeta enano es ovoide en vez de esférico. Por su pequeño tamaño, su forma no se aprecia a través del telescopio, pero pudo deducirse al observar que refleja distinta cantidad de luz a medida que rota. Sus dos satélites, Hi'aka y Namaka, se muestran en esta recreación artística.

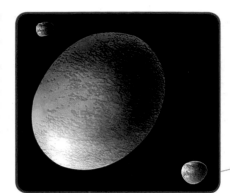

Eris
Este planeta enano, mayor que Plutón, fue descubierto en 2005. Pertenece al disco disperso, un grupo de objetos helados que se solapan con el disco del cinturón de Kuiper.

Cinturón de asteroides
La mayoría de los pequeños objetos rocosos orbita en torno al Sol entre las órbitas de Marte y Júpiter. El mayor asteroide conocido, Ceres, se clasifica como planeta enano.

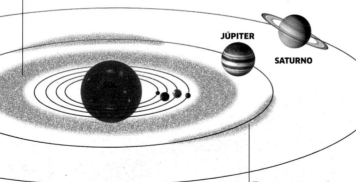

JÚPITER

SATURNO

URANO

NEPTUNO

SOL

Troyanos
Dos grupos de asteroides, llamados troyanos y griegos, comparten órbita con Júpiter.

Cinturón de Kuiper
Este grupo de cuerpos helados forma un cinturón que se extiende a 30-50 veces la distancia entre el Sol y la Tierra. Plutón es el mayor miembro del cinturón de Kuiper.

Centauros
Los cuerpos del espacio entre los planetas exteriores se llaman centauros. Probablemente proceden del cinturón de Kuiper y varios se comportan como grandes cometas.

1992 Año del descubrimiento del primer objeto más allá de Plutón.

248 años: tiempo que tarda Plutón en completar una órbita en torno al Sol.

–230 °C Temperatura media en la superficie de Plutón.

65

RECREACIÓN ARTÍSTICA DE PLUTÓN

La superficie de Plutón

Al encontrarse tan lejos del Sol, la mayoría de las sustancias que son gases en la Tierra son sólidas en Plutón. La escasa atmósfera de este planeta enano posiblemente se congela y evapora con el paso de las estaciones.

Ceres

Ceres, el mayor de los asteroides, tiene el tamaño suficiente para ser considerado un planeta enano. Este cuerpo de 950 km de diámetro es un mundo rocoso castigado, pero con zonas de hielo en la superficie, y en ocasiones libera vapor de agua al espacio. En 2015, la nave Dawn de la NASA fue la primera en visitarlo.

PLUTÓN

La Luna pesa aproximadamente **seis veces más** que el planeta enano Plutón.

La misión New Horizons

La nave de propulsión nuclear y 400 kg de peso New Horizons, de la NASA, visitó el planeta enano Plutón y sus cinco satélites en 2015. A continuación, se dirigió hacia otros objetos del cinturón de Kuiper para estudiar esos mundos oscuros y distantes.

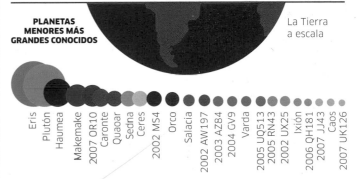

PLANETAS MENORES MÁS GRANDES CONOCIDOS

La Tierra a escala

Eris · Plutón · Haumea · Makemake · 2007 OR10 · Caronte · Quaoar · Sedna · Ceres · 2002 MS4 · Orco · Salacia · 2002 AW197 · 2003 AZ84 · 2004 GV9 · Varda · 2005 UQ513 · 2005 RN43 · 2002 UX25 · Ixión · 2006 QH181 · 2007 JJ43 · Caos · 2007 UK126

Tamaño

Aunque pequeños comparados con la Tierra, los planetas menores rivalizan en tamaño con los satélites del Sistema Solar. Cinco se consideran planetas enanos –Eris, Plutón, Haumea, Makemake y Ceres–, pero podría haber cientos de objetos del mismo tipo más allá de Neptuno.

Sistema Solar

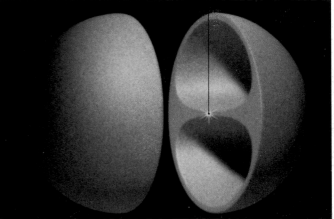

Nube de Oort

Más allá del cinturón de Kuiper existe una nube de cuerpos helados más o menos esférica que posiblemente se extiende a un cuarto de la distancia hasta la estrella más próxima. Muchos cometas podrían proceder de esta región gélida.

Estructura de un cometa

La nube de gas y polvo que rodea el núcleo se llama coma o cabellera. La mayor parte de esta, visible con luz ultravioleta, se compone de hidrógeno. Las colas siguen el movimiento del cometa en torno al Sol.

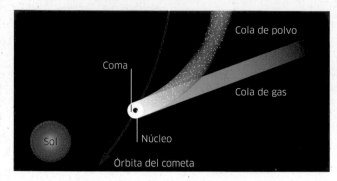

Alrededor del Sol

Las órbitas de los cometas suelen ser elípticas (ovales). Solo cuando se acercan al Sol los cometas desarrollan colas. El tiempo que emplean en completar una órbita varía enormemente: el Encke, un cometa de periodo corto, tarda solo tres años, pero los cometas de periodo largo pueden tardar millones de años.

ÓRBITA TÍPICA DE UN COMETA

TAMAÑO DEL COMETA 67P COMPARADO CON UNA CIUDAD

El cometa 67P

El cometa mejor estudiado de la historia es el 67P, de 5 km de diámetro, explorado por la nave europea Rosetta, que lo alcanzó en 2014. La Rosetta liberó la sonda llamada Philae para realizar el primer aterrizaje controlado en el núcleo de un cometa. Al aterrizar no se pudo lanzar el arpón que debía anclar la Philae al cometa, por lo que la sonda rebotó a cientos de metros en el espacio. Botó dos veces antes de posarse.

Cometas

Los cometas, parecidos a estrellas con colas relucientes, son un extraño y bello espectáculo. Periódicamente se adentran en el Sistema Solar interior y aparecen en el cielo nocturno para luego desvanecerse de nuevo en el espacio.

Durante miles de años, los cometas intrigaron y hasta atemorizaron a la gente, que consideraba su inesperada aparición un mal augurio. Hoy en día sabemos que estos visitantes del Sistema Solar exterior son simplemente antiguos restos de hielo y polvo sobrantes de la nube de escombros a partir de la cual se formaron los planetas hace miles de millones de años. Cuando se aproximan al Sol, el hielo se calienta y libera gas y polvo en forma de una gran nube y colas. Los cometas han cambiado poco desde que se formaron y por ello son un objetivo primordial para los científicos que estudian el Sistema Solar en sus inicios.

Corteza
Una corteza de polvo negro azabache hace que la superficie sea más oscura que el carbón. Los núcleos cometarios son unos de los objetos más oscuros del Sistema Solar.

Largas colas
Los cometas parecen surcar el espacio con sus colas por detrás, pero esto solo es una ilusión óptica. En realidad, las colas siempre se orientan en dirección opuesta al Sol, sea cual sea la trayectoria del cometa. Hay dos colas principales: una de gas (azul en esta fotografía del cometa Hale-Bopp) y otra de polvo (blanca). La cola de gas apunta casi directamente en sentido contrario al Sol, pero la de polvo se comba hacia la trayectoria del cometa.

570 millones de km: la cola de gas más larga de un cometa que se ha medido.

Los rastros de polvo de cometas que atraviesan la órbita terrestre provocan **lluvias de meteoros**.

El primer cometa del que se calculó la trayectoria orbital fue el **cometa Halley**.

67

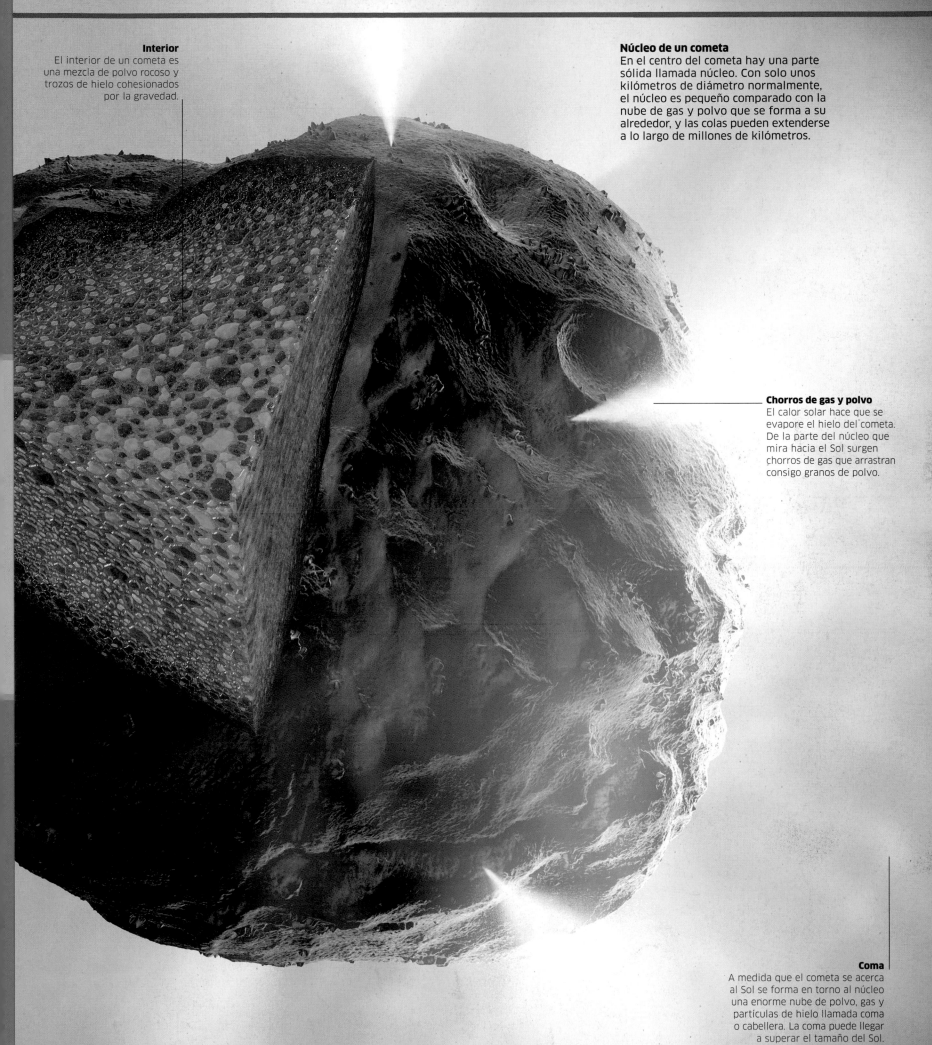

Interior
El interior de un cometa es una mezcla de polvo rocoso y trozos de hielo cohesionados por la gravedad.

Núcleo de un cometa
En el centro del cometa hay una parte sólida llamada núcleo. Con solo unos kilómetros de diámetro normalmente, el núcleo es pequeño comparado con la nube de gas y polvo que se forma a su alrededor, y las colas pueden extenderse a lo largo de millones de kilómetros.

Chorros de gas y polvo
El calor solar hace que se evapore el hielo del cometa. De la parte del núcleo que mira hacia el Sol surgen chorros de gas que arrastran consigo granos de polvo.

Coma
A medida que el cometa se acerca al Sol se forma en torno al núcleo una enorme nube de polvo, gas y partículas de hielo llamada coma o cabellera. La coma puede llegar a superar el tamaño del Sol.

¿Qué es una estrella?

Una estrella es una bola luminosa de gas muy caliente, básicamente hidrógeno, que genera cantidades ingentes de energía en su núcleo. Esa energía viaja por la estrella hasta llegar a la superficie, desde donde escapa al espacio en forma de luz, calor y otros tipos de radiación invisibles a nuestros ojos. Las estrellas son brillantes y calientes debido a la enorme cantidad de energía que generan.

PARTES DE UNA ESTRELLA

Las estrellas varían enormemente de tamaño, pero todas tienen las mismas partes: una región central sumamente caliente, o núcleo, que produce energía; una o más capas de gas a través de las cuales la energía viaja hacia fuera; una superficie muy caliente y atmósfera.

SOL

Una estrella mediana

El Sol es una estrella ordinaria cuya cercanía hace que nos parezca enorme. Las estrellas de su tamaño tienen dos capas a través de las cuales la energía fluye desde el núcleo: una interna en la que viaja por radiación y otra externa en la que lo hace por convección (corrientes ascendentes y descendentes). En estrellas mayores, ambas capas se invierten, mientras las pequeñas tienen solo una capa de convección. Como todas, el Sol tiene una superficie brillante que emite luz y calor.

Cómo brillan las estrellas

La energía producida por una estrella se libera por fusión nuclear en su núcleo. Este proceso consiste en la unión de los núcleos (partes centrales) de los átomos para formar núcleos de masa mayor y solamente puede darse a las altísimas temperaturas del núcleo de las estrellas.

Núcleos de hidrógeno (un solo protón)

Serie de reacciones de fusión

Energía

Núcleo de helio

Neutrón

Positrones y neutrinos (partículas subatómicas minúsculas)

FUSIÓN NUCLEAR EN ESTRELLAS DEL TAMAÑO DEL SOL

Fuerzas en las estrellas

La mayoría de las estrellas son estables gracias a un delicado equilibrio entre dos fuerzas: la gravedad, que empuja la materia hacia dentro, y la presión generada por la energía liberada por el núcleo, que la empuja hacia fuera.

 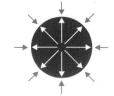

Fuerzas en equilibrio
En estrellas normales, el empuje de la gravedad hacia dentro compensa la presión hacia fuera.

Conversión en gigante roja
Los núcleos de las estrellas viejas se recalientan. El calor aumenta la presión hacia fuera y hace que la estrella se hinche.

Creación de agujeros negros
La gravedad puede provocar que, al morir una estrella muy grande, el núcleo se contraiga y dé lugar a un agujero negro.

LUZ ESTELAR

Además de luz visible, las estrellas emiten tipos de radiación invisible, como rayos ultravioleta y microondas, todos los cuales viajan como ondas. El espectro completo de estas distintas radiaciones, incluida la luz, se llama espectro electromagnético (EM). Las estrellas están demasiado lejos para visitarlas, pero podemos saber mucho sobre ellas a partir de la luz y demás radiaciones que emiten.

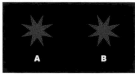

Brillo de las estrellas

El brillo, o magnitud, de una estrella puede expresarse según lo brillante que parece o lo brillante que de hecho es. Ambas cosas son distintas, ya que la distancia de las estrellas a la Tierra varía mucho. El brillo de las estrellas se mide mediante una escala en la que las cifras bajas indican estrellas brillantes, y las altas, estrellas más tenues.

Estas dos estrellas parecen igual de brillantes en el cielo nocturno, aunque en realidad la A es más brillante y lejana.

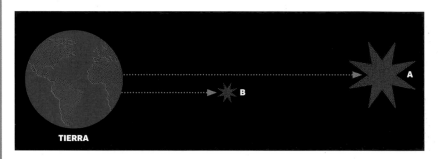

TIERRA

El espectro electromagnético

La luz viaja como una onda, y las ondas luminosas de diferente longitud se ven como colores: la luz roja tiene ondas más largas que la azul. Las estrellas emiten energía en una amplia gama de longitudes de onda, casi todas invisibles. Los astrónomos suelen estudiar las estrellas con longitudes de onda no visibles.

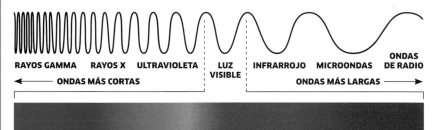

RAYOS GAMMA   RAYOS X   ULTRAVIOLETA   LUZ VISIBLE   INFRARROJO   MICROONDAS   ONDAS DE RADIO

ONDAS MÁS CORTAS   ONDAS MÁS LARGAS

Estudio de las estrellas

A través del espectro de una estrella conocemos muchos de sus elementos químicos. Cada elemento químico de la atmósfera de una estrella absorbe unas longitudes de onda particulares del espectro de radiación del gas más caliente de abajo, produciendo así un patrón único, como el de una huella dactilar. Los espacios oscuros en el espectro de la luz del Sol (arriba) se deben a 67 elementos distintos.

Estrellas variables

Algunas estrellas varían tanto de tamaño como de brillo regularmente. Estas estrellas vacilan sin cesar en el equilibrio entre las fuerzas opuestas de la gravedad y la presión, y se hinchan y encogen en ciclos regulares de entre unas pocas horas y algunos años. Son más luminosas (y calientes) cuando son pequeñas, y más oscuras (y frías) cuando son más grandes.

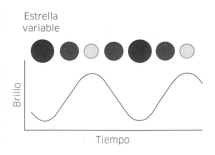

Estrella variable

Brillo

Tiempo

DISTANCIA DE LAS ESTRELLAS

Todas las estrellas, salvo el Sol, se encuentran a distancias increíbles de la Tierra y por eso se ven como puntitos luminosos en el cielo nocturno. Están tan lejos que se precisa una unidad especial para poder medir su distancia, el año luz, que es la distancia que recorre la luz en un año. Un año luz equivale a unos 9,5 billones de km.

Estrellas cercanas

En un radio de 12,5 años luz del Sol hay 32 estrellas, algunas de las cuales pertenecen a sistemas múltiples de dos o tres estrellas (sistemas binarios o ternarios). Muchas son estrellas pequeñas y oscuras llamadas enanas rojas, pero otras son grandes y deslumbrantes amarillas, anaranjadas y blancas. El diagrama de abajo muestra su posición en el espacio relativa al Sol, en el centro.

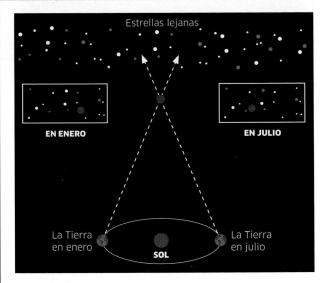

Estrellas lejanas

EN ENERO   EN JULIO

La Tierra en enero   La Tierra en julio

SOL

Medir la distancia

Existen varios métodos para medir la distancia de las estrellas. Una buena técnica es observar la misma estrella en dos épocas distintas del año, cuando la Tierra se halla en partes opuestas de su órbita alrededor del Sol. Si la estrella es cercana, su posición relativa a la de estrellas más lejanas parece desplazarse de uno a otro punto de vista, un efecto conocido como paralaje. Midiendo el desplazamiento se puede calcular su distancia exacta. Con este método los astrónomos calcularon que Proxima Centauri –la estrella más cercana al Sol– está a unos 4,2 años luz.

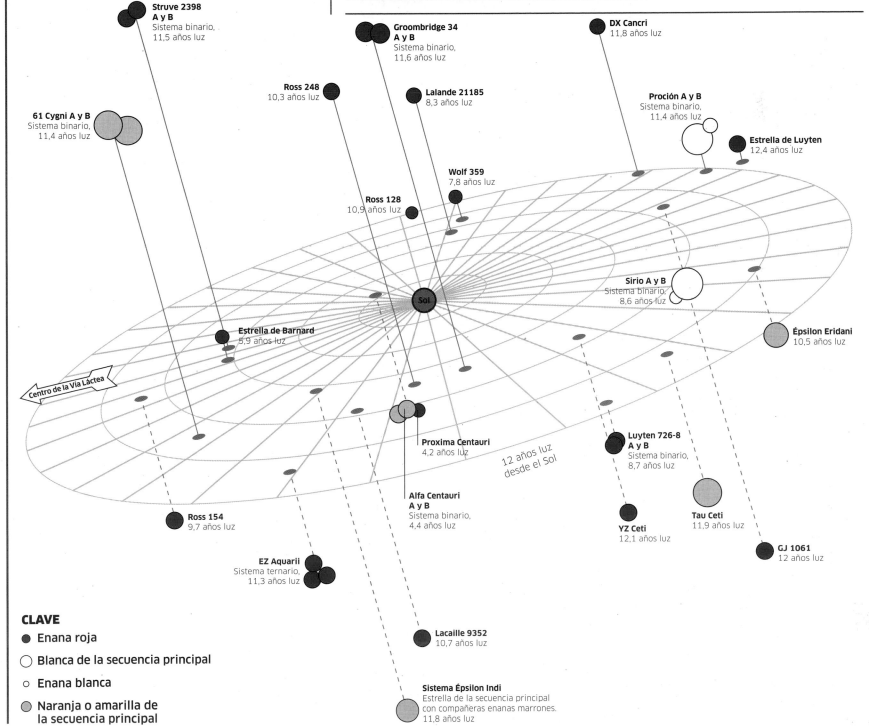

Struve 2398 A y B
Sistema binario, 11,5 años luz

Groombridge 34 A y B
Sistema binario, 11,6 años luz

DX Cancri
11,8 años luz

Ross 248
10,3 años luz

Lalande 21185
8,3 años luz

Proción A y B
Sistema binario, 11,4 años luz

61 Cygni A y B
Sistema binario, 11,4 años luz

Estrella de Luyten
12,4 años luz

Wolf 359
7,8 años luz

Ross 128
10,9 años luz

Sirio A y B
Sistema binario, 8,6 años luz

Épsilon Eridani
10,5 años luz

Sol

Estrella de Barnard
5,9 años luz

Centro de la Vía Láctea

Proxima Centauri
4,2 años luz

Luyten 726-8 A y B
Sistema binario, 8,7 años luz

12 años luz desde el Sol

Ross 154
9,7 años luz

Alfa Centauri A y B
Sistema binario, 4,4 años luz

YZ Ceti
12,1 años luz

Tau Ceti
11,9 años luz

GJ 1061
12 años luz

EZ Aquarii
Sistema ternario, 11,3 años luz

Lacaille 9352
10,7 años luz

CLAVE

- Enana roja
- Blanca de la secuencia principal
- Enana blanca
- Naranja o amarilla de la secuencia principal

Sistema Épsilon Indi
Estrella de la secuencia principal con compañeras enanas marrones.
11,8 años luz

Tipos de estrellas

En el cielo nocturno, todas las estrellas se ven como puntitos de luz diminutos, pero varían mucho en cuanto a tamaño, color, brillo y tiempo de vida.

Las más pequeñas son estrellas enanas con menos de la milésima parte del volumen del Sol, mientras que las más grandes poseen un volumen 8 mil millones de veces mayor que el de este y brillan miles de millones de veces más que las menores. Las características de una estrella dependen principalmente de cuánta materia contiene, es decir, de su masa. Cuanto más masiva sea una estrella, más caliente y brillante será, pero también más breve será su vida. Esto se debe a que las estrellas grandes consumen mucho más rápido su combustible nuclear. Los astrónomos clasifican las estrellas en función de su color, tamaño y brillo.

Estrellas gigantes

Las estrellas más grandes son estrellas viejas que se han hinchado, adquiriendo un brillo mucho mayor hacia el final de su vida. Las estrellas gigantes pueden tener un diámetro hasta 200 veces superior al del Sol y ser miles de veces más luminosas. Las supergigantes y las hipergigantes alcanzan un diámetro hasta 2000 veces mayor que el del Sol y llegan a ser mil millones de veces más brillantes.

Estrellas enanas

La mayoría de las estrellas son enanas, relativamente pequeñas y poco luminosas. Entre ellas hay estrellas algo mayores que el Sol o de tamaño similar, y muchas menores llamadas enanas rojas, así como enanas blancas: remanentes densos y pequeños de estrellas gigantes que han perdido sus capas exteriores.

ENANA
BLANCA

ENANA
ROJA

SOL

GIGANTE
NARANJA

GIGANTE
ROJA

SUPERGIGANTE
AZUL

Colores de las estrellas

Sus colores dependen de la temperatura de la superficie. Las estrellas más calientes producen una luz azulada, y las más frías, de color rojo anaranjado. Estos colores se pueden apreciar con prismáticos observando atentamente las estrellas en una noche despejada.

Color	Temperatura
Azul	45 000 °C
Blanco azulado	30 000 °C
Blanco	12 000 °C
Blanco amarillento	8000 °C
Amarillo	6500 °C
Naranja	5000 °C
Rojo	3500 °C

Gráfico estelar

Hace unos cien años, los astrónomos Ejnar Hertzsprung y Henry Russell idearon un modo de clasificar las estrellas que muestra además la fase de su vida que ha alcanzado cada una. Se trata de un gráfico con el eje horizontal para la temperatura y el vertical para el brillo. Casi todas, incluido el Sol, se hallan en una banda del gráfico denominada secuencia principal; son estrellas de pequeñas a medianas y de colores diversos. Las otras, gigantes y enanas, forman grupos aparte; son estrellas más viejas que habrían figurado en la secuencia principal hace millones de años.

Observar estrellas

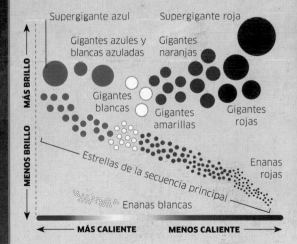

Las supergigantes son fáciles de observar en la famosa constelación de Orión, «el cazador». El hombro de Orión lo marca la supergigante roja llamada Betelgeuse, una de las mayores estrellas del cielo boreal. El pie de Orión es Rigel, una supergigante azul.

ORIÓN

HIPERGIGANTE AZUL

SUPERGIGANTE ROJA

Nebulosa de Orión

Esta colorida nube de gas es la región de formación de estrellas más próxima a la Tierra, a 1500 años luz de distancia. La nebulosa de Orión contiene estrellas jóvenes masivas que emiten enormes cantidades de energía, que hace resplandecer intensamente los gases que las rodean. Se puede ver fácilmente observando la constelación de Orión con prismáticos, pero los colores serán mucho menos vivos que aquí.

Estrellas del Trapecio

En el seno de la nebulosa de Orión existe un cúmulo de estrellas nuevas muy brillantes llamado el Trapecio. Estas estrellas son hasta 30 veces más masivas que el Sol, y su intensa energía ilumina gran parte de la nube que las rodea.

Esta nube de gas está separada de la parte principal de la nebulosa por oscuras vías de polvo e iluminada en su centro por una estrella joven.

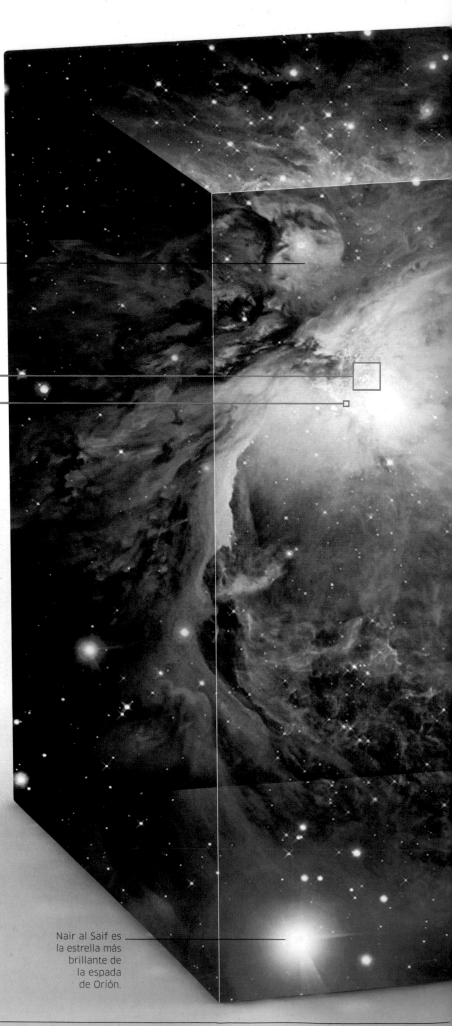

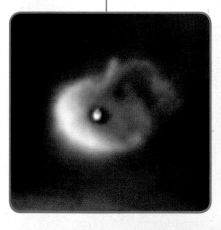

Protoestrellas

Las estrellas más jóvenes de la nebulosa de Orión siguen rodeadas de densos discos de gas. El telescopio espacial Hubble ha logrado fotografiar 30 de estos discos, conocidos como protoplanetarios, pues con el tiempo pueden formarse planetas a partir del gas y polvo que contienen.

Nacimiento estelar

Las nuevas estrellas y planetas se generan en vastas nubes de gas y polvo, en un proceso que puede durar millones de años.

Las nubes de gas que dan origen a las estrellas se conocen como nubes moleculares y se componen de hidrógeno. Si bien la mayor parte del hidrógeno se distribuye de manera muy difusa por el espacio, pueden formarse masas más densas, o «grumos», si algo perturba la nube. Cuando esto ocurre, dichos grumos de gas pueden empezar a comprimirse debido a la gravedad y atraer más gas, que se va concentrando. Con el tiempo, la zona del núcleo se vuelve tan densa y caliente que la estrella se enciende. Las estrellas recién nacidas pueden iluminar las nubes en las que se forman, creando un espectáculo deslumbrante de luz y color.

Nair al Saif es la estrella más brillante de la espada de Orión.

50 millones de años: tiempo que puede tardar en **formarse un sistema solar** en una nube de gas.

2000 Número aproximado de estrellas de la nebulosa de Orión.

75

La intensa radiación ultravioleta de las estrellas jóvenes hace que los átomos de las nubes de gas emitan luz. Cada elemento emite un color característico. El hidrógeno, por ejemplo, reluce en rojo. Los colores de esta fotografía han sido resaltados.

Región con forma de burbuja de gas caliente.

Los fortísimos vientos estelares de las estrellas masivas recién formadas crean arcos de gas y polvo.

Volutas de hidrógeno y polvo.

Las zonas oscuras son nubes de polvo que bloquean la luz.

Cómo se forma una estrella

Su formación comienza cuando una nube de gas y polvo se ve sometida a un fenómeno desencadenante, como el encuentro con una estrella próxima o una supernova cercana. Una vez iniciada la contracción de la nube, la gravedad se encarga del resto.

Se forman «grumos»
Se crean grumos de gas denso en una nube molecular (gran nube de gas y polvo oscuros y fríos).

El grumo se contrae
La gravedad hace que el grumo se contraiga y atraiga más gas de los alrededores.

Disco giratorio
El grumo comprimido forma un núcleo denso y caliente rodeado de un disco de materia giratorio. Los polos emiten chorros de gas.

La estrella se enciende
Cuando su centro se calienta lo suficiente, se inicia la fusión nuclear y nace una estrella. Aún hay un disco de materia en órbita a su alrededor.

El disco se dispersa
El material sobrante se dispersa, o bien se agrega para formar planetas, satélites y otros objetos.

Viveros estelares

En muchas regiones de nuestra galaxia nacen estrellas. La nebulosa Cabeza de Caballo parece la silueta que le da nombre con luz ordinaria, pero se ve rosa en la imagen de infrarrojos de abajo; la de Carina, cuatro veces mayor que la de Orión, es famosa por un inmenso pilar de gas y polvo llamado «Montaña Mística».

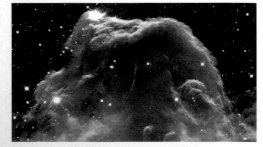

NEBULOSA CABEZA DE CABALLO

LA «MONTAÑA MÍSTICA» DE LA NEBULOSA DE CARINA

76 estrellas ○ **PLANETAS EXTRASOLARES**

1584 Año en que el erudito italiano **Giordano Bruno** predijo la existencia de planetas extrasolares.

Planetas extrasolares

El primer planeta extrasolar, o exoplaneta –un planeta en la órbita de una estrella ordinaria, fuera del Sistema Solar– se descubrió en 1995. Desde entonces se han encontrado más de mil de estos mundos, algunos similares a la Tierra y que podrían albergar vida.

Hasta la década de 1990 los únicos planetas conocidos eran los que orbitan alrededor del Sol. Se sospechaba que podía haber planetas en torno a otras estrellas, pero eran imposibles de detectar debido a las enormes distancias que nos separan de ellos. Sin embargo, con la mejora de los telescopios, los astrónomos comenzaron a notar ligeros cambios en el color o la intensidad de la luz de estrellas lejanas, indicativos de que podrían tener planetas que pasaban por delante de ellas. Tras estudios meticulosos, en 1995 se confirmó la existencia de un planeta extrasolar. Se han descubierto cientos de sistemas extrasolares, algunos de hasta siete planetas. Entre estos los hay pequeños y probablemente rocosos como la Tierra, así como gigantes con anillos de 200 veces el diámetro de los de Saturno. En nuestra galaxia puede haber cientos de miles de millones de planetas extrasolares.

Los astrónomos han estimado que puede
haber 11 000 millones
de planetas extrasolares habitables muy similares a la Tierra en nuestra galaxia.

El Sistema Kepler-62

En 2013, el telescopio espacial Kepler descubrió cinco planetas en órbita alrededor de la estrella Kepler-62, a mil cien billones de km de la Tierra. La imagen de abajo es una recreación artística de estos planetas, demasiado lejanos para fotografiarlos. Dos de ellos orbitan en la zona habitable, donde las temperaturas son adecuadas para la vida. Como todos los planetas extrasolares descubiertos recientemente, los de la Kepler-62 tienen nombres de catálogo, pero podrían recibir nombres propios en el futuro.

Nubes densas podrían envolver Kepler-62d, que probablemente tiene una atmósfera gruesa.

Abrasado por su estrella
El planeta Kepler-62b recorre una órbita muy próxima a su estrella, a la que circunda cada seis días. Su temperatura superficial es de 475 °C, probablemente demasiado elevada para la vida.

Tamaño marciano
Kepler-62c tiene un tamaño similar al de Marte. Es muy caliente, con una temperatura superficial de 300 °C.

El planeta más grande
El tamaño de Kepler-62d apunta a que tiene gravedad suficiente para retener una atmósfera gruesa. Su superficie es más caliente que el agua hirviendo.

El **mayor** planeta extrasolar conocido es unas **30 veces más grande** que Júpiter.

Fomalhaut, en la constelación de Piscis Austrinus, es **la estrella más brillante conocida que tiene un planeta.**

77

Zona habitable

Dos planetas del Sistema Kepler-62 orbitan en la región de habitabilidad planetaria (o bien zona «Ricitos de Oro»), donde las temperaturas hacen posible que exista agua líquida en la superficie de un planeta. Muchos científicos creen que el agua es esencial para que surja la vida.

ZONA HABITABLE

Kepler-62

62c   62b

62e

62d

62f

SISTEMA KEPLER-62

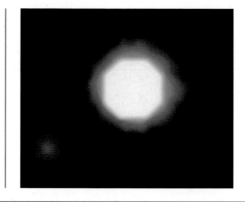

Primera fotografía de un planeta extrasolar

Esta imagen borrosa tomada en 2004 es la primera foto de un planeta extrasolar, que aparece como una mancha marrón junto a su mucho más luminosa estrella. Es un planeta del tipo conocido como «júpiter caliente», un gigante gaseoso abrasador, y está a unos 2000 billones de km de la Tierra.

Mundos remotos

Esta recreación artística muestra cómo se podría ver el Sistema Kepler-62 desde el planeta 62f. El planeta 62e cercano aparece grande sobre el cielo, con los otros tres planetas y la estrella Kepler-62 al fondo.

Kepler-62e podría ser un planeta rocoso con una atmósfera gruesa y posiblemente océanos o hielo en la superficie.

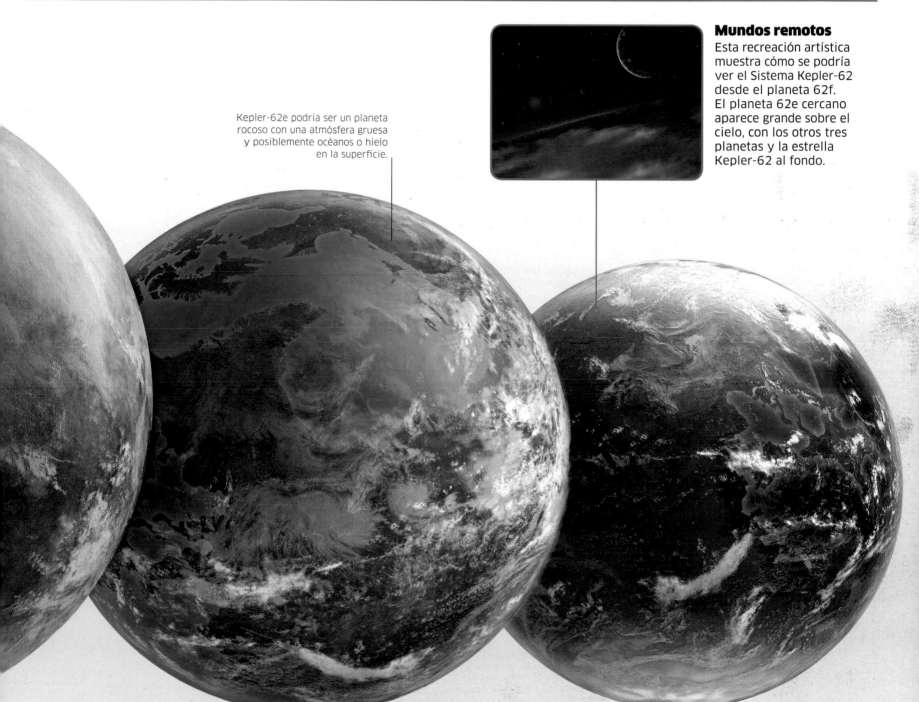

Parecido a la Tierra

Kepler-62e es uno de los planetas más semejantes a la Tierra que se conocen. Su temperatura superficial es de 0 °C, lo cual supone que puede tener agua líquida, una atmósfera nubosa e incluso vida.

Tierra fría

Kepler-62f es similar a 62e, aunque más frío. Podría tener agua superficial y hielo. Su año dura 267 días terrestres, y su gravedad superficial es probablemente más fuerte que la de la Tierra.

La atmósfera contiene
cantidades importantes
de vapor de agua.

Estrella naranja

La estrella enana naranja HD 189733 A tiene
tan solo un planeta conocido –el júpiter caliente
HD 189733 b, que completa una órbita alrededor
de ella cada 2,2 días. Este planeta se detectó por
el ligero oscurecimiento que causa en la luz de la
estrella cada vez que pasa entre esta y la Tierra.

La temperatura superficial del júpiter caliente
más cálido conocido supera los 2000 °C.

79

La temperatura de la atmósfera del planeta es de más de 1000 °C, incompatible con la vida tal como la conocemos.

Planeta azul

Esta recreación artística muestra uno de los planetas del tipo júpiter caliente más cercanos: HD 189733 b, a 63 años luz de la Tierra. Su azul profundo se debe a la gran cantidad de partículas de silicatos (lluvia de vidrio) presentes en su atmósfera.

Cada segundo se evaporan varios miles de kg de hidrógeno en la superficie de HD 189733 b.

Júpiteres calientes

Muchos de los planetas detectados fuera del Sistema Solar son de un tipo llamado «júpiter caliente»: extraños gigantes gaseosos de tamaño similar al de Júpiter o mayores, pero mucho más calientes por orbitar más cerca de su estrella.

Los planetas del tipo júpiter caliente orbitan a una distancia de entre 2 y 75 millones de km de su estrella, mucho más cerca que Júpiter, que lo hace a cientos de millones de km del Sol. Estos mundos cercanos a sus estrellas son abrasados por ellas y sufren unas condiciones meteorológicas extremas, que incluyen vientos fortísimos, temperaturas lo bastante altas para fundir el hierro y lluvia de vidrio fundido. Los científicos opinan que los planetas de este tipo se formaron más lejos de sus estrellas y después migraron hacia ellas, pues no habría habido suficiente material tan cerca de las estrellas para que se formaran planetas allí.

Muerte de los júpiteres calientes

Los planetas del tipo júpiter caliente tienen a menudo una muerte violenta. Algunos se precipitan en espiral hacia su estrella y se consumen, y otros lo pierden todo excepto un núcleo rocoso o metálico.

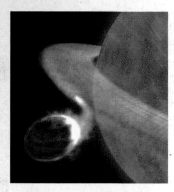

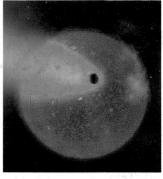

Presa de la gravedad
El júpiter caliente WASP-12 orbita tan cerca de su estrella que la gravedad lo deforma y le arranca su atmósfera.

Pérdida de atmósfera
Cientos de toneladas de la atmósfera de HD 209458 b se disipan en el espacio cada segundo, formando una larga cola de hidrógeno.

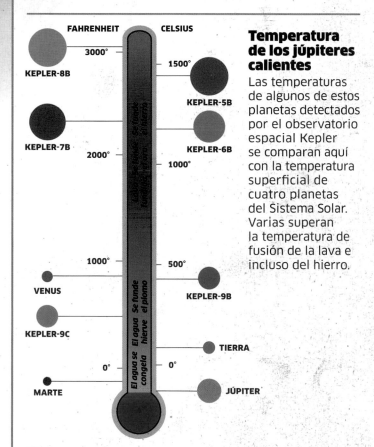

Temperatura de los júpiteres calientes

Las temperaturas de algunos de estos planetas detectados por el observatorio espacial Kepler se comparan aquí con la temperatura superficial de cuatro planetas del Sistema Solar. Varias superan la temperatura de fusión de la lava e incluso del hierro.

Órbitas irregulares

Ípsilon Andromedae b fue uno de los primeros planetas del tipo júpiter caliente detectados. Es uno de los cuatro que orbitan en torno a una estrella a 44 años luz de distancia. Aquí se ven las órbitas de tres, inclinadas en ángulos muy diversos.

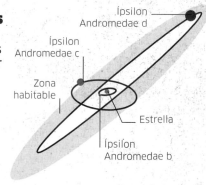

80 estrellas ○ **VIDA Y MUERTE DE LAS ESTRELLAS**

En el universo observable se produce una supernova **cada segundo** aproximadamente.

NUBE DE GAS

PROTOESTRELLA

PROTOESTRELLA

PROTOESTRELLA

Nacimiento de una estrella
Todas las estrellas tienen su origen en nubes de gas y polvo que se concentran por la acción de la gravedad para formar estructuras giratorias calientes conocidas como protoestrellas. Esas nubes se encuentran diseminadas en los brazos espirales de la Vía Láctea y en otras galaxias.

ENANA ROJA

Estrellas pequeñas
Las estrellas más pequeñas (con un cuarto de la masa del Sol como máximo) son relativamente frías y oscuras, y se conocen como enanas rojas. Pueden brillar durante cientos de miles de millones de años. A medida que envejecen, su temperatura superficial aumenta, y acaban convirtiéndose en enanas azules. Luego se enfrían hasta ser enanas blancas, y finalmente, enanas negras, frías y muertas.

Estrellas medianas
Las estrellas de masa similar a la del Sol duran entre miles de millones y decenas de miles de millones de años. Hacia el final de su vida se hinchan y convierten en gigantes rojas, que mueren de forma apacible, perdiendo sus capas exteriores para formar una nube fantasmal de restos llamada nebulosa planetaria.

En algún momento de los próximos 100 000 años, la supergigante roja Betelgeuse estallará en una supernova.

Estrellas masivas
Las estrellas con mayor masa –más de ocho veces la del Sol– son las de vida más corta: entre millones y cientos de millones de años. Generalmente blancas o azules durante la mayor parte de su existencia, enrojecen con la edad y mueren del modo más violento y espectacular posible.

Vida y muerte de las estrellas

Las estrellas brillan mientras son capaces de mantener el delicado equilibrio entre las fuerzas opuestas de su propia gravedad y de la presión de la energía procedente del núcleo. Durante cuánto tiempo lo consigan depende de la cantidad de materia con la que nazcan.

La vida de las estrellas masivas es relativamente corta, pues sus reacciones nucleares consumen el hidrógeno muy rápido. Las más masivas mueren en formidables explosiones llamadas supernovas. Las pequeñas tienen menos combustible, pero lo consumen lentamente y pueden brillar cientos de miles de millones de años antes de apagarse poco a poco. Las de masa media, como el Sol, siguen un camino intermedio y acaban convertidas en unos bellos objetos llamados nebulosas planetarias al morir.

Supergigante roja
Cuando una estrella masiva ha fusionado todo el hidrógeno de su núcleo, comienza a producir energía fusionando átomos de helio. El helio acaba agotándose también, pero el núcleo continúa uniendo átomos y formando elementos cada vez más pesados, hasta llegar al hierro. Cuando el núcleo se ha convertido en hierro, ya no puede producir energía suficiente para resistir el empuje de la gravedad de la estrella, que se colapsa violentamente y explota en una supernova.

Las estrellas más grandes pueden vivir tan solo **3 millones de años**.

El Sol **se convertirá en gigante roja** dentro de 5000 millones de años y podría crecer lo suficiente para **tragarse la Tierra**.

81

La luz de la estrella comienza a apagarse

ENANA AZUL

ENANA NEGRA

Tiempo de vida

Aquí se contrasta la duración de la vida de los tres tipos principales de estrellas: las de poca masa (fila superior); las de masa media, como el Sol (fila central) y las masivas (fila inferior). Las estrellas pequeñas son las más longevas; de hecho, viven tanto que ninguna enana roja en el universo ha alcanzado aún la fase de enana azul o negra.

Enana blanca
En el seno de la nebulosa planetaria está todo lo que queda del núcleo de una gigante roja: una estrella pequeña y brillante llamada enana blanca, que ilumina la nube que la rodea. Durante un periodo prolongado se enfría hasta convertirse en enana negra.

ENANA NEGRA

Gigante roja
Una gigante roja se forma cuando una estrella de masa media agota el hidrógeno de su núcleo, que pasa a emplear helio como combustible, con hidrógeno «en combustión» en una capa que rodea el núcleo. Al mismo tiempo, la estrella se expande hasta alcanzar un tamaño gigantesco.

Cuando ha consumido todo su combustible, la gigante roja pierde sus capas exteriores.

Nebulosa planetaria
Una nebulosa planetaria es una nube reluciente de material desprendido de una gigante roja, a menudo con formas hermosas y complejas. Las nebulosas planetarias duran solo unas decenas de miles de años.

Supernova
Cuando ya no puede producir energía mediante reacciones de fusión nuclear, una supergigante roja se desintegra en una explosión denominada supernova. Las capas exteriores de la estrella se disipan por el espacio, mientras el núcleo sigue contrayéndose a causa de la gravedad hasta que implosiona y forma o una estrella de neutrones o un agujero negro, de acuerdo con su masa.

Estrella de neutrones
Si el núcleo restante tiene entre 1,4 y 3 veces la masa del Sol, se contrae hasta el tamaño de una ciudad y se convierte en estrella de neutrones, un objeto increíblemente compacto compuesto por neutrones y que rota a una velocidad vertiginosa. Las estrellas de neutrones son tan densas que una sola cucharadita de su materia pesa unos diez millones de toneladas.

Agujero negro
Si el núcleo es más de tres veces más masivo que el Sol, se contrae hasta ser infinitamente menor que un átomo y forma un agujero negro, una región del espacio de la que nada (ni siquiera la luz) puede escapar.

Remanente de supernova
Las supernovas dejan atrás nubes de restos que se dispersan por el espacio lentamente. El material de estas nubes puede acabar formando nuevas estrellas, repitiéndose así el ciclo de nacimiento y muerte estelar.

Supergigantes rojas

Las mayores estrellas del universo son las supergigantes rojas, estrellas masivas que comienzan a aumentar de tamaño al envejecer.

Todas las estrellas producen energía por fusión nuclear. En el núcleo de la estrella, la temperatura y la presión son tan altas que fuerzan a unirse a los átomos de hidrógeno, dando lugar así a átomos de helio, un proceso que libera cantidades colosales de energía. Las estrellas masivas agotan el combustible del núcleo rápidamente y luego empiezan a hincharse al propagarse la fusión nuclear desde el núcleo. Las capas exteriores de las estrellas más masivas se expanden y forman una inmensa esfera de gas reluciente: una supergigante roja. Esta acaba desintegrándose en una explosión repentina y violenta llamada supernova, dejando tras de sí o una pequeña estrella de neutrones o un agujero negro.

Capa convectiva
Por la capa convectiva ascienden bolsas de gas caliente que se enfrían y vuelven a descender. Este proceso se conoce como convección.

Estructura
Esta ilustración muestra la estructura interna de una supergigante roja en los últimos momentos de su vida, antes de ser destruida por una explosión o supernova. El tamaño del núcleo, minúsculo comparado con el de la estrella, está aumentado. Una vez agotado el hidrógeno, el núcleo fusiona una serie de elementos más pesados, formando así capas sucesivas en el centro de la estrella. El elemento más pesado que puede fusionar una estrella es el silicio, que le sirve de combustible durante aproximadamente un día. Al intentar fusionar hierro, la estrella explota.

Capa de fusión del hidrógeno

Capa de fusión del helio

Capas exteriores
La parte exterior de la estrella consiste en hidrógeno poco denso, sin una superficie definida. El gas se disipa gradualmente en el vacío del espacio.

Nuestra supergigante roja local
Con un diámetro unas 880 veces superior al del Sol, la supergigante roja más cercana a la Tierra es Antares, a 550 años luz de distancia y fácilmente visible en el cielo nocturno. Aunque podría explotar en una supernova en cualquier momento del próximo millón de años, no supone ningún peligro para la Tierra.

TAMAÑO RELATIVO DEL SOL

La supergigante roja **Antares** es unas 57 000 veces más brillante que el Sol.

100 000 millones de °C: **temperatura** del núcleo de una supergigante justo antes de una **supernova**.

85

Vida y muerte de una supergigante

Dos poderosas fuerzas rigen la vida de una estrella: la gravedad, que atrae hacia dentro la materia estelar, y la presión, que la empuja hacia fuera. Estas fuerzas, normalmente en equilibrio, pueden descompensarse al final de la vida de la estrella.

1 QUEMA DEL HIDRÓGENO
Durante gran parte de la vida de una estrella, su núcleo convierte el hidrógeno en helio por fusión nuclear. La energía que esto libera mantiene la presión que empuja hacia fuera la materia estelar y compensa la fuerza opuesta de la gravedad.

2 QUEMA DEL HELIO
Una vez que el hidrógeno del núcleo se ha agotado, las estrellas masivas comienzan a utilizar helio. La combustión de hidrógeno pasa a una capa fuera del núcleo interno, y con ello, las capas exteriores se expanden.

3 NÚCLEO DE MÚLTIPLES CAPAS
Al agotarse el helio del núcleo, la estrella comienza a fusionar carbono para formar neón, y luego neón para formar oxígeno. En la zona del núcleo se forman una serie de capas que fusionan diferentes elementos.

4 CONTRACCIÓN
Cuando lo único que puede usar ya el núcleo es hierro, se produce el desastre. La fusión del hierro no logra mantener la presión hacia fuera, y el núcleo, incapaz de resistir a la gravedad, se reduce al tamaño de una ciudad en una fracción de segundo, precipitándose hacia dentro a un cuarto de la velocidad de la luz.

5 EXPLOSIÓN
La temperatura del núcleo se dispara, y se libera una oleada de partículas llamadas neutrinos. Las capas exteriores en contracción rebotan en estos, causando así una explosión catastrófica más luminosa que mil millones de Soles: una supernova.

Estrellas enormes

Si una supergigante roja típica ocupara el centro del Sistema Solar, se extendería hasta la zona entre las órbitas de Marte y Júpiter. Una gigante roja grande llegaría solo hasta la órbita de la Tierra aproximadamente.

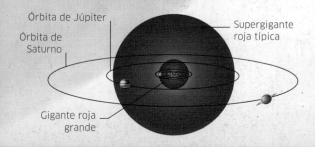

Órbita de Júpiter

Órbita de Saturno

Supergigante roja típica

Gigante roja grande

Núcleo
La fusión nuclear solo tiene lugar en el núcleo, donde elementos como el hidrógeno se fusionan para crear otros más pesados.

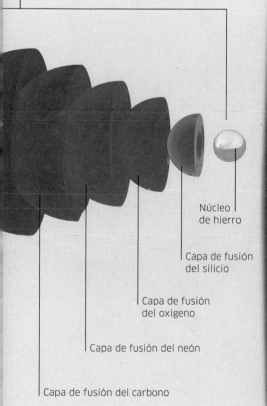

Núcleo de hierro

Capa de fusión del silicio

Capa de fusión del oxígeno

Capa de fusión del neón

Capa de fusión del carbono

Color cálido
La capa exterior de una supergigante roja tiene una temperatura de 3800 °C aproximadamente, mucho menor que la temperatura superficial de una estrella del tipo del Sol. La superficie más fría da a la estrella su color rojizo.

88   estrellas ○ **AGUJEROS NEGROS**

Los remolinos de nubes de **materia** en torno a agujeros negros supermasivos son los **objetos más luminosos del universo.**

Agujeros negros

Los agujeros negros son unos de los objetos más extraños del universo. Su atracción gravitatoria es tan fuerte que nada escapa de ellos, ni siquiera la luz.

Casi todos los agujeros negros se forman cuando una estrella masiva agota su combustible y muere en una explosión. El núcleo de la estrella muerta, incapaz de resistir la fuerza aplastante de su propia gravedad, se colapsa y se reduce en milisegundos hasta un tamaño infinitamente menor que el de un átomo. Se convierte en lo que los astrónomos llaman singularidad: un objeto tan imposiblemente pequeño que tiene tamaño cero, pero densidad infinita. Cualquier cosa que se aproxime a cierta distancia de la singularidad está condenada a ser succionada por la gravedad y desaparecer para siempre. El punto de no retorno crea un límite esférico alrededor de la singularidad llamado horizonte de sucesos.

Horizonte de sucesos
Nada que atraviese este límite desde el exterior podrá escapar jamás.

Solo en la Vía Láctea podría haber
decenas de millones
de agujeros negros.

Tipos de agujero negro
Hay dos tipos principales de agujero negro: estelar y supermasivo. Los agujeros negros estelares se forman cuando estrellas enormes explotan en supernovas al final de su vida. Los agujeros negros supermasivos son mucho más inmensos y se encuentran en el centro de las galaxias.

3000 años luz: **distancia** a la que se halla **el agujero negro que se supone más cercano.**

Se cree que los agujeros negros pueden **evaporarse y desaparecer** con el tiempo por pérdida de calor.

Algunos agujeros negros **rotan miles de veces** por segundo.

89

Efecto lente
Los agujeros negros curvan la luz. En esta recreación artística, la luz del disco de acreción se curva para formar un halo luminoso alrededor del agujero negro.

Singularidad
Oculta en el centro del agujero negro hay una singularidad, donde la materia se ha comprimido hasta alcanzar una densidad infinita.

Disco de acreción

Espaguetización
La atracción gravitatoria de un agujero negro es tal que un astronauta que se acercara a él sería estirado como un espagueti y hecho pedazos.

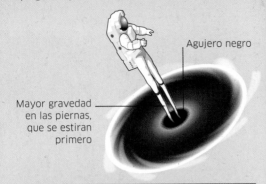

Agujero negro

Mayor gravedad en las piernas, que se estiran primero

Curvar la luz y contraer el tiempo
Los agujeros negros tienen una gravedad tan potente que curvan la luz como lentes gigantescas. Si la Tierra orbitara en torno a un agujero negro, un observador vería una imagen del planeta tan distorsionada como la de arriba. Además, según la teoría de la relatividad de Einstein, también ralentizan el tiempo. Si un astronauta pasara solo una hora cerca de uno de ellos, al volver a la Tierra habrían pasado muchos años.

Agujeros de gusano
Según la teoría de la relatividad, los objetos masivos deforman las cuatro dimensiones combinadas del espacio y el tiempo (el espacio-tiempo). Algunos han especulado que los agujeros negros pueden deformar tanto el espacio-tiempo que podrían crear atajos, llamados agujeros de gusano, entre distintas épocas o partes del universo, pero no hay pruebas directas de su existencia.

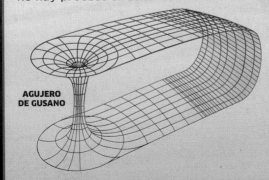

AGUJERO DE GUSANO

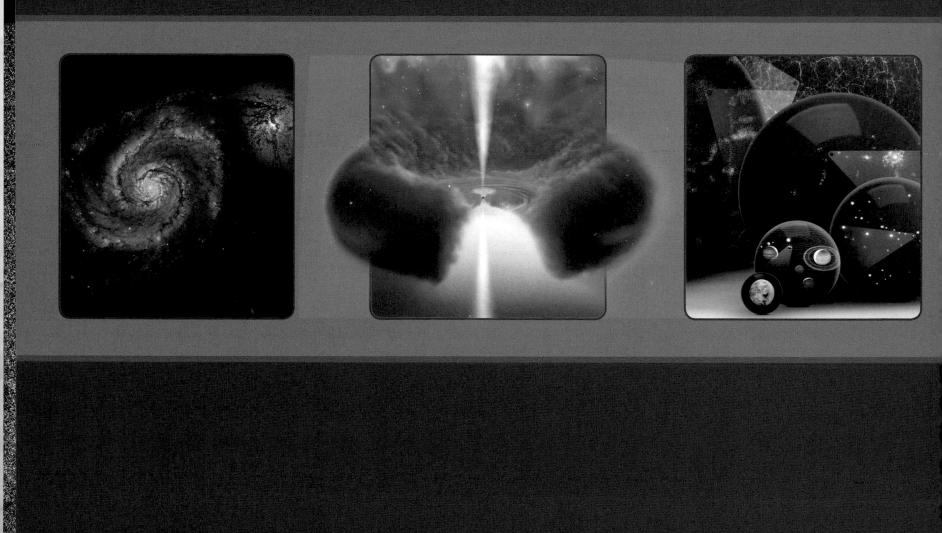

GALAXIAS

El Sol es tan solo una de quizá 200 000 millones de estrellas vinculadas por la gravedad para formar una galaxia, un vasto conjunto giratorio de estrellas, polvo, materia invisible y gas. En el universo hay miles de millones de galaxias, que se extienden en todas direcciones hasta donde podemos observar.

El cosmos

El cosmos, o universo, es todo lo que existe, no solo en la Tierra o el Sistema Solar, sino también en la inabarcable inmensidad del espacio. El cosmos comprende la galaxia a la que pertenece el Sol, incontables miles de millones de otras galaxias e interminables extensiones vacías entre galaxias. Mientras que los astrónomos estudian las estrellas y galaxias, los cosmólogos (científicos cuyo objeto de estudio es el universo) tratan de averiguar cómo y cuándo se originó el cosmos, por qué ha cambiado con el tiempo y cuál será su destino final.

¿DE QUÉ ESTÁ HECHO EL UNIVERSO?

El universo se compone de materia y energía. Son materia los objetos visibles como las estrellas, pero también una misteriosa sustancia invisible, detectable solo por su gravedad, llamada materia oscura. La energía comprende todas las formas de radiación, como la luz, y la energía oscura. No se sabe casi nada acerca de la energía oscura, excepto que está provocando que el universo se expanda cada vez más rápido.

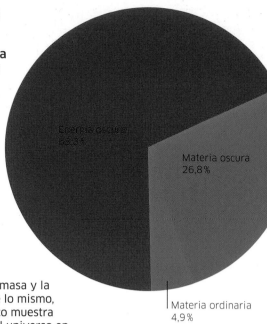

Energía oscura 68,3%

Materia oscura 26,8%

Materia ordinaria 4,9%

Masa-energía

Los científicos han descubierto que la masa y la energía son formas intercambiables de lo mismo, algo llamado masa-energía. Este gráfico muestra la división de la masa-energía total del universo en materia ordinaria, materia oscura y energía oscura.

TIERRA

SOL
8 minutos luz

ESTRELLA MÁS CERCANA AL SOL (PROXIMA CENTAURI)
4,2 años luz

SUPERGIGANTE ROJA MÁS CERCANA (ANTARES)
550 años luz

CENTRO DE LA VÍA LÁCTEA
27 000 años luz

GALAXIA ESPIRAL MÁS CERCANA (ANDRÓMEDA)
2,5 millones de años luz

GALAXIAS VISIBLES MÁS LEJANAS
Decenas de miles de millones de años luz

DISTANCIAS CÓSMICAS

Más allá del Sistema Solar, las distancias son tan inmensas que hacen falta unidades especiales para medirlas. Un año luz es la distancia que recorre la luz (a unos mil millones de km/h) en todo un año: cerca de 9,5 billones de km. Los objetos más lejanos que podemos observar marcan el límite del universo observable, pero el universo en su totalidad se extiende mucho más allá.

EL UNIVERSO EN EXPANSIÓN

Hace unos 90 años, los astrónomos descubrieron que las galaxias lejanas se alejan de nosotros a gran velocidad. No se trata de que vuelen por el espacio, sino que es el propio espacio el que se expande, haciendo que las galaxias más distantes se alejen a mayor velocidad. Este descubrimiento implicaba que el universo tuvo que haber sido antes mucho menor y que pudo comenzar con una repentina expansión a partir de un solo punto. Esta idea, conocida como teoría del Big Bang, es la mejor explicación de cómo comenzó el universo. Recientemente los científicos han descubierto que la expansión se está acelerando.

Espacio en expansión

Aunque el universo se está expandiendo, no lo hace *dentro de* algo, sino que se expande él mismo. Un modo de visualizar esta idea difícil de aprehender es imaginar un universo de dos dimensiones sobre la superficie de un globo: a medida que este se hincha, las galaxias se separan.

El espacio entre galaxias se expande, pero las galaxias conservan su tamaño.

Las galaxias estuvieron mucho más juntas en el pasado remoto.

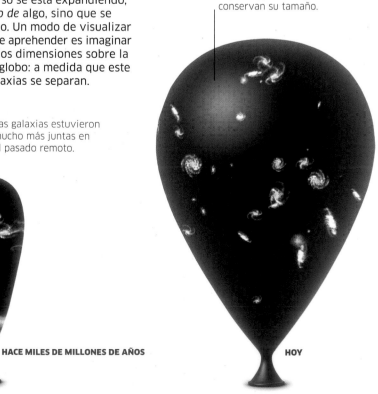

HACE MILES DE MILLONES DE AÑOS

HOY

Materia ordinaria

Todo lo que podemos ver o tocar, desde nuestro propio cuerpo hasta la Tierra, los planetas y las estrellas, se compone de lo que los astrónomos llaman materia ordinaria, compuesta a su vez de átomos. La mayor parte de la materia ordinaria del universo se concentra en galaxias como las de esta imagen del telescopio espacial Hubble.

Materia oscura

La mayor parte de la materia del universo no es materia ordinaria, sino materia oscura, imposible de ver y que no se compone de átomos. La materia oscura solo es detectable por la gravedad que ejerce. En esta imagen, que muestra un cúmulo de galaxias, el área de color azul indica dónde han calculado los astrónomos que se halla la materia oscura.

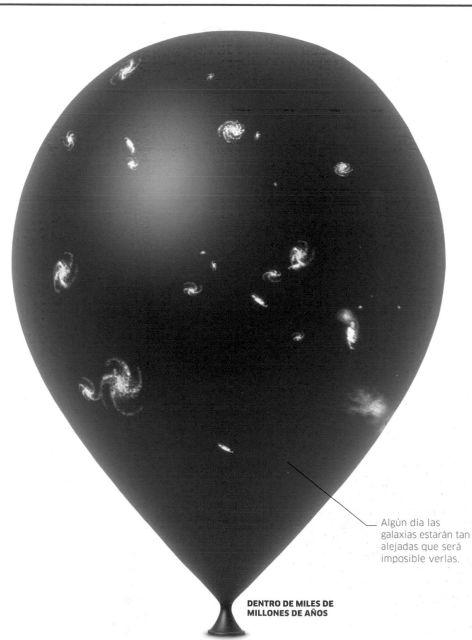

Algún día las galaxias estarán tan alejadas que será imposible verlas.

DENTRO DE MILES DE MILLONES DE AÑOS

◉ GRAVEDAD

La fuerza de la gravedad es la más importante a gran escala en el universo. Es la que mantiene en su lugar a los planetas en el Sistema Solar, a las estrellas en las galaxias, y a las galaxias agrupadas en cúmulos.

Ley de la gravedad

El científico inglés Isaac Newton descubrió cómo actúa la gravedad hace más de 300 años. Fue el primero en entender que esta fuerza mantiene a la Luna en órbita alrededor de la Tierra y a los planetas en torno al Sol.

MODELO DEL SISTEMA SOLAR INTERIOR

Espacio-tiempo

Aunque la ley de la gravedad permitió predecir con precisión los movimientos planetarios, no era perfecta. En 1915, el científico alemán Albert Einstein publicó una teoría más precisa, que afirma que la gravedad se produce porque los objetos masivos deforman el tejido del espacio y el tiempo, como una pelota pesada sobre una lámina de goma. Así, una estrella crea una «depresión» en el espacio-tiempo que hace que los planetas circulen a su alrededor.

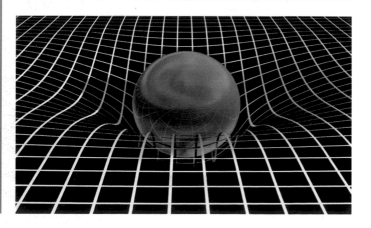

104 galaxias ∘ **GALAXIAS EN COLISIÓN**

Cuando dos galaxias se **unen**, puede suceder
lo mismo con los **agujeros negros de su centro**.

Galaxias en colisión

A veces, las galaxias vecinas se aproximan lo suficiente para que la fuerza de la gravedad las haga chocar. Precipitándose a millones de km/h, colisionan de forma explosiva mientras de sus nubes de gas nacen miles de nuevas estrellas.

Al estar tan separadas las estrellas dentro de las galaxias, estas pueden colisionar sin que choquen ninguna de sus respectivas estrellas. De hecho, en una colisión, las galaxias pueden pasar una a través de la otra. Sin embargo, el tirón gravitatorio hace estragos en su forma al deshacer los brazos espirales y lanzar miles de millones de sus estrellas al espacio. A menudo, la colisión ralentiza tanto el movimiento de las galaxias que estas vuelven a atravesarse una segunda vez o más. Con el tiempo, las dos galaxias pueden fundirse en una sola mayor.

La galaxia del Remolino tiene dos brazos espirales muy definidos. Fue la primera descrita como espiral.

Las franjas oscuras son «vías» de polvo que bloquea la luz de las estrellas que están detrás.

La galaxia del Remolino tiene un centro muy luminoso por ser lo que los astrónomos llaman una galaxia activa, en la que el gas y el polvo que giran alrededor de un agujero negro central emiten una enorme cantidad de luz.

Los cúmulos de cientos de miles de estrellas calientes recién nacidas brillan con una luz azulada.

Galaxia del Remolino

Hace unos 300 millones de años, esta galaxia fue golpeada por una galaxia enana que ahora parece colgar de uno de los brazos espirales. La galaxia enana, llamada NGC 5195, puede haber pasado ya dos veces a través de la galaxia del Remolino, cuyas nubes de gas ha removido, desencadenando así un brote de formación estelar. En una noche despejada, es posible contemplar esta colisión galáctica a través de un telescopio pequeño, en la constelación de Canes Venatici.

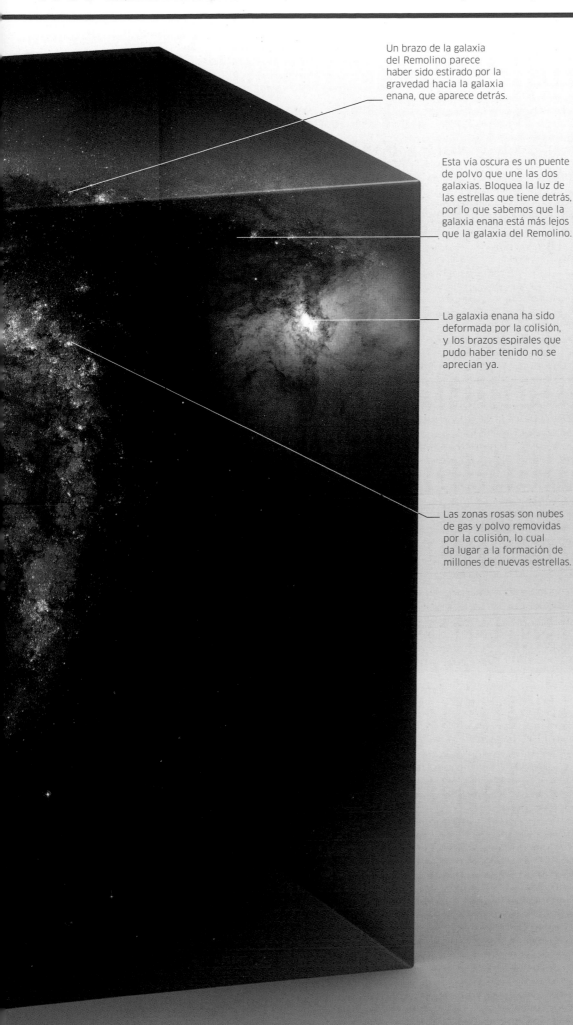

Un brazo de la galaxia del Remolino parece haber sido estirado por la gravedad hacia la galaxia enana, que aparece detrás.

Esta vía oscura es un puente de polvo que une las dos galaxias. Bloquea la luz de las estrellas que tiene detrás, por lo que sabemos que la galaxia enana está más lejos que la galaxia del Remolino.

La galaxia enana ha sido deformada por la colisión, y los brazos espirales que pudo haber tenido no se aprecian ya.

Las zonas rosas son nubes de gas y polvo removidas por la colisión, lo cual da lugar a la formación de millones de nuevas estrellas.

Galaxias extrañas

El universo contiene muchas galaxias de aspecto extraño que no encajan en la clasificación al uso. Los astrónomos atribuyen muchas de estas rarezas a colisiones, fusiones u otras interacciones entre dos o más galaxias.

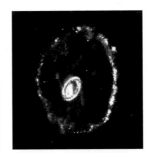

Galaxia Rueda de Carro

Este extraño objeto se creó hace 200 millones de años, cuando una galaxia espiral chocó con otra menor y generó tal onda de choque que las reorganizó en una región central luminosa y un anillo azulado.

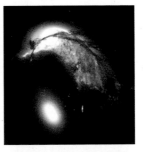

Galaxia de la Marsopa

La que fue una galaxia espiral está cambiando de forma a causa de la gravedad de la galaxia de abajo. Recuerda una marsopa o un delfín saltando sobre una pelota, con estrellas azules recién formadas en su «nariz».

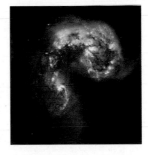

Galaxias Antenas

Estas curiosas galaxias espirales entrelazadas pasan por una fase de «brote estelar», en la que nubes de polvo y gas se comprimen y forman nuevas estrellas rápidamente. Las zonas de formación estelar relucen en rosa y azul.

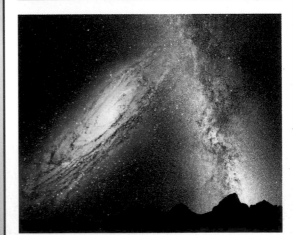

Futura fusión galáctica

Nuestra galaxia, la Vía Láctea, se acerca a la vecina galaxia de Andrómeda a 400 000 km/h. Dentro de miles de millones de años, ambas chocarán y acabarán por fusionarse. Esta recreación artística representa el inicio de dicha colisión como se vería desde la Tierra, con la galaxia de Andrómeda enorme en el cielo nocturno.

106 galaxias ○ **CÚMULOS DE GALAXIAS**

10 000 Número de galaxias en los cúmulos galácticos más poblados.

Cúmulos cercanos

Dispersos en todas direcciones desde el Grupo Local hay otros cúmulos de galaxias, algunos de los cuales se muestran abajo. Los cúmulos se agrupan en estructuras aún mayores llamadas supercúmulos.

Abell 1689
Este enjambre de galaxias es uno de los mayores cúmulos conocidos.

Cúmulo de Virgo
En el centro de este cúmulo hay dos galaxias elípticas que recuerdan unos ojos.

Cúmulo de Leo
Este cúmulo pertenece a la Gran Muralla, una gran estructura de galaxias.

Abell 1185
Este cúmulo contiene una galaxia atípica llamada la Guitarra (izquierda).

Lente gravitatoria

Los cúmulos de galaxias contienen tanta materia que su gravedad puede desviar la luz que pasa cerca, por lo que actúan como lentes gigantescas y pueden distorsionar la forma de galaxias más lejanas vistas desde la Tierra. Este efecto se conoce como lente gravitatoria.

Galaxia real

Cúmulo de galaxias que actúa como una lente

Imagen distorsionada vista desde la Tierra

Luz desviada por la lente

Galaxias deformadas
Los arcos con forma de plátano de la parte inferior izquierda de esta imagen del cúmulo Abell 2218 son galaxias situadas más allá del cúmulo que aparecen deformadas por la lente gravitatoria.

Grupo Local

Nuestra galaxia pertenece al cúmulo llamado Grupo Local, que consta de tres grandes galaxias espirales o espirales barradas (la Vía Láctea, Andrómeda y el Triángulo) y más de 50 galaxias enanas e irregulares, repartidas en una región de unos 10 millones de años luz de diámetro. Muchas de las galaxias menores se acumulan en torno a las dos espirales mayores.

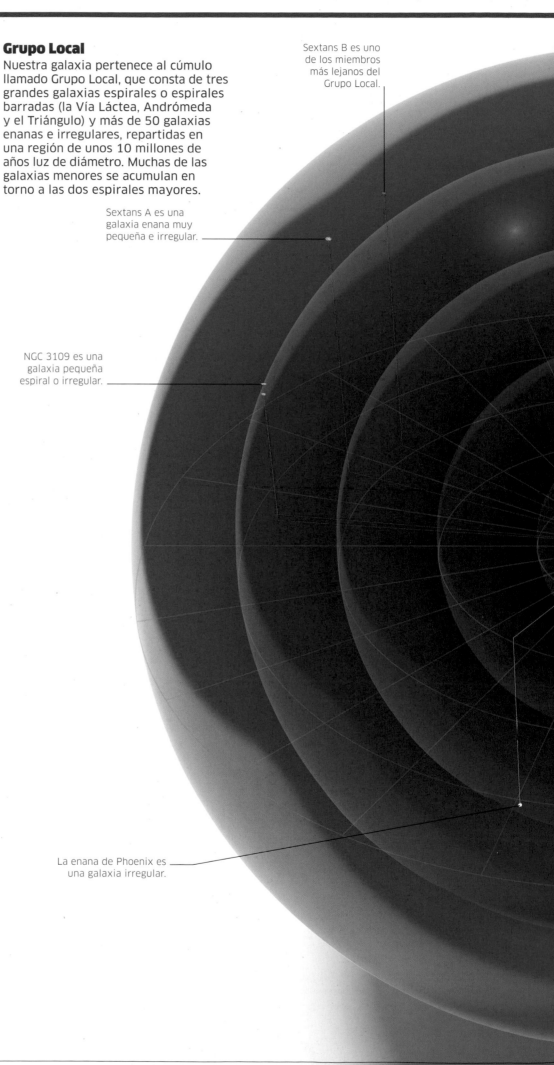

Sextans B es uno de los miembros más lejanos del Grupo Local.

Sextans A es una galaxia enana muy pequeña e irregular.

NGC 3109 es una galaxia pequeña espiral o irregular.

La enana de Phoenix es una galaxia irregular.

90 % de la masa de los cúmulos galácticos es **materia oscura.**

La galaxia del Triángulo es el objeto más lejano visible a simple vista.

Hay **miles de millones** de cúmulos galácticos en todo el universo.

107

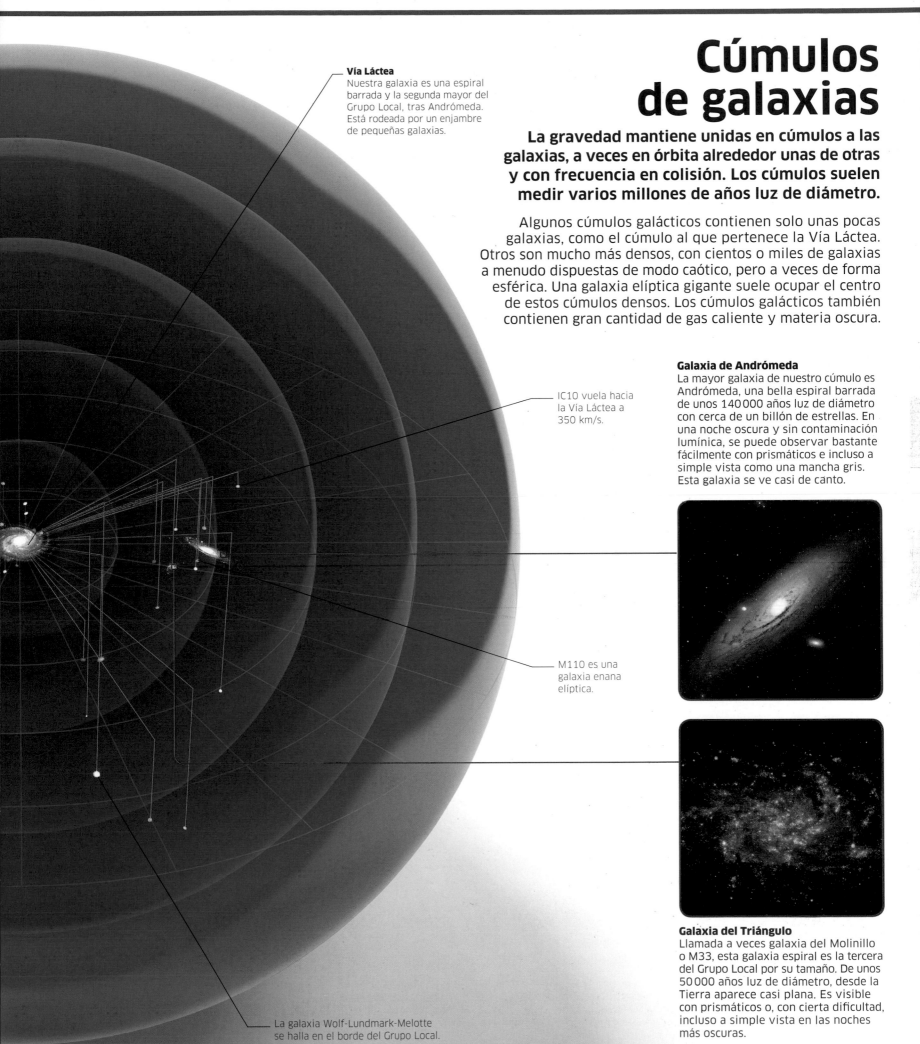

Cúmulos de galaxias

La gravedad mantiene unidas en cúmulos a las galaxias, a veces en órbita alrededor unas de otras y con frecuencia en colisión. Los cúmulos suelen medir varios millones de años luz de diámetro.

Algunos cúmulos galácticos contienen solo unas pocas galaxias, como el cúmulo al que pertenece la Vía Láctea. Otros son mucho más densos, con cientos o miles de galaxias a menudo dispuestas de modo caótico, pero a veces de forma esférica. Una galaxia elíptica gigante suele ocupar el centro de estos cúmulos densos. Los cúmulos galácticos también contienen gran cantidad de gas caliente y materia oscura.

Vía Láctea
Nuestra galaxia es una espiral barrada y la segunda mayor del Grupo Local, tras Andrómeda. Está rodeada por un enjambre de pequeñas galaxias.

IC10 vuela hacia la Vía Láctea a 350 km/s.

M110 es una galaxia enana elíptica.

La galaxia Wolf-Lundmark-Melotte se halla en el borde del Grupo Local.

Galaxia de Andrómeda
La mayor galaxia de nuestro cúmulo es Andrómeda, una bella espiral barrada de unos 140 000 años luz de diámetro con cerca de un billón de estrellas. En una noche oscura y sin contaminación lumínica, se puede observar bastante fácilmente con prismáticos e incluso a simple vista como una mancha gris. Esta galaxia se ve casi de canto.

Galaxia del Triángulo
Llamada a veces galaxia del Molinillo o M33, esta galaxia espiral es la tercera del Grupo Local por su tamaño. De unos 50 000 años luz de diámetro, desde la Tierra aparece casi plana. Es visible con prismáticos o, con cierta dificultad, incluso a simple vista en las noches más oscuras.

La forma del espacio

Las tres dimensiones del espacio están «curvadas» por el tirón gravitatorio de toda la materia del universo hasta una cuarta dimensión que no podemos ver. Como esto resulta difícil de visualizar, los científicos recurren a la metáfora de una lámina de goma bidimensional para explicarlo. Antes pensaban que la lámina podía curvarse de una de tres maneras, según la densidad de la materia del universo; hoy sabemos que el universo observable tiene forma «plana».

Cerrado
Un universo denso se curvaría hasta crear una forma cerrada. En este universo, viajar en línea recta llevaría de vuelta al punto de partida.

Abierto
Un universo de baja densidad se extendería en una forma abierta. En tal caso, sería de tamaño infinito y no tendría límite exterior.

Plano
Nuestro universo parece tener la concentración de masa justa para ser «plano». Esto sugiere que se expandirá siempre y que, como el abierto, podría tener un tamaño infinito.

6

2

1

❶ Tierra
Nuestro mundo es un pequeño planeta rocoso en el inmenso vacío del espacio. Nuestro planeta vecino más próximo, Venus, se encuentra aproximadamente a 15 minutos viajando a la velocidad de la luz.

❷ Sistema Solar
La Tierra forma parte de un grupo de objetos que orbitan en torno al Sol. Neptuno, el planeta más lejano, está a 4,5 horas a la velocidad de la luz, pero el Sistema Solar tiene más de tres años luz de diámetro.

❸ Estrellas locales
La estrella más cercana al Sol está a unos 4 años luz. En un radio de 16 años luz del Sol hay 43 sistemas estelares con un total de 60 estrellas, y algunos de estos sistemas también pueden contener planetas.

❹ La Vía Láctea
El Sol y sus estrellas vecinas ocupan una fracción minúscula de la Vía Láctea, un vasto disco giratorio con 200 000 millones de estrellas y gigantescas nubes de gas y polvo. Su diámetro supera los 100 000 años luz.

100 000 millones de billones: **número** estimado de **estrellas** en el universo observable.

109

El universo

Todo en el universo pertenece a algo mayor. La Tierra forma parte del Sistema Solar, que se encuentra en la galaxia de la Vía Láctea, un minúsculo fragmento del universo.

La escala del universo supone un desafío para la imaginación. Los astrónomos emplean la luz para medir las distancias, pues nada puede atravesar el vasto espacio interestelar a mayor velocidad. No obstante, un año luz (la distancia que recorre la luz en un año, o 10 billones de km) es muy poco aplicado a las mayores estructuras del universo conocido. Solo una fracción del universo es visible para nosotros, aquella cuya luz ha tenido tiempo de alcanzar la Tierra desde el Big Bang. Las dimensiones reales del espacio se desconocen, e incluso su tamaño podría ser infinito.

Límite del universo observable.

Brazo de Orión de la Vía Láctea.

5 Supercúmulo de Virgo
Nuestra galaxia es únicamente una más entre las decenas de miles de un enorme grupo conocido como supercúmulo de Virgo. Este conjunto de galaxias tiene más de 100 000 millones de años luz de diámetro.

6 Complejos de supercúmulos
Los supercúmulos forman una red de estructuras masivas llamadas filamentos que ocupan el 5 % del universo visible. Entre ellos hay una serie de inmensos vacíos semejantes a burbujas.

7 Universo observable
La parte del universo que podemos contemplar tiene cerca de 93 000 millones de años luz de diámetro, con la Tierra en su centro. Contiene millones de supercúmulos, y lo que hay más allá se desconoce.

Tanto la Vía Láctea como las galaxias cercanas están siendo atraídas hacia una misteriosa concentración de masa en el espacio intergaláctico llamada **Gran Atractor.**

El resplandor del Big Bang

Existe un leve recuerdo del Big Bang por todo el espacio: la radiación liberada cuando el universo tenía unos 380 000 años y era aún extremadamente caliente. La imagen de la derecha es un mapa de dicha radiación en todo el cielo. Las variaciones de intensidad, representadas en color, se deben a pequeñas variaciones de densidad del cosmos temprano. Al actuar sobre estas variaciones, la gravedad creó la distribución desigual de la materia que vemos hoy en el universo, con cúmulos de galaxias separados por inmensos vacíos.

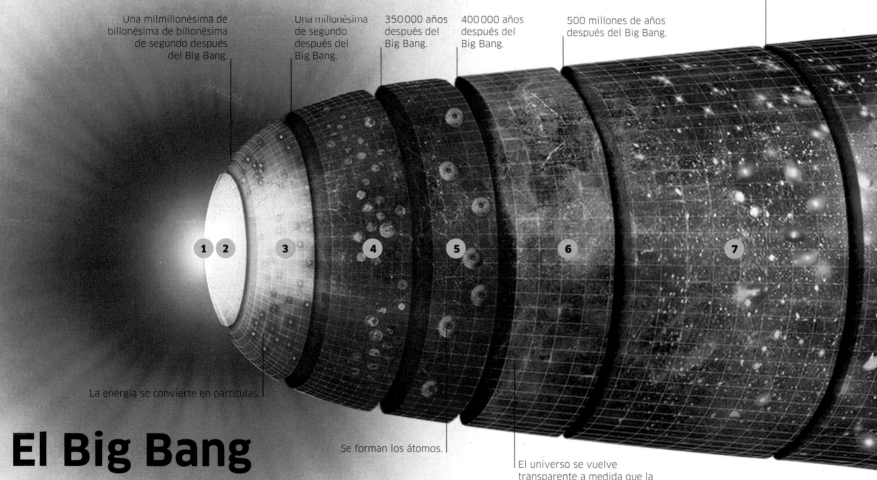

3000 millones de años después del Big Bang.

Una milmillonésima de billonésima de billonésima de segundo después del Big Bang.

Una millonésima de segundo después del Big Bang.

350 000 años después del Big Bang.

400 000 años después del Big Bang.

500 millones de años después del Big Bang.

La energía se convierte en partículas.

Se forman los átomos.

El universo se vuelve transparente a medida que la luz atraviesa libremente el espacio.

El Big Bang

Hace aproximadamente 14 000 millones de años, el universo surgió como de la nada, de un estado inicial minúsculo de densidad y temperatura extremas, y se expandió billones de billones de veces en un instante, en lo que se conoce como el Big Bang.

En el primer milisegundo de existencia, la intensa energía del cosmos recién nacido produjo un inmenso número de partículas subatómicas (menores que los átomos). Algunas se combinaron para formar núcleos (centros) de átomos, el fundamento de toda la materia que vemos hoy en el universo. Sin embargo, solo cuando el universo alcanzó unos 380 000 años de edad se formaron los átomos, y las galaxias y estrellas lo hicieron cientos de millones de años después. Además de producir energía y materia, el Big Bang dio lugar a las cuatro fuerzas fundamentales que rigen el modo en que se comporta todo en el universo, desde la fuerza de la gravedad hasta las fuerzas que mantienen unidos los átomos. Desde el Big Bang, el universo ha seguido expandiéndose y enfriándose, y probablemente seguirá haciéndolo siempre.

1 El universo comienza como un punto de energía infinitamente menor que un átomo e inimaginablemente caliente.

2 En una minúscula fracción de segundo se expande hasta el tamaño de una ciudad, y luego el ritmo de expansión se ralentiza. No fue una explosión de materia en el espacio, sino una expansión del espacio mismo.

3 Hasta este punto, el universo solo es energía. A partir de esta energía se forma una masa en la que bullen una serie de minúsculas partículas y antipartículas (iguales a sus partículas correspondientes, pero con carga eléctrica opuesta). La mayoría se anulan y reconvierten en energía, pero algunas permanecen.

4 La materia restante comienza a formar protones y neutrones.

La edad del universo es ahora de cerca de una millonésima de segundo. En unos minutos, los neutrones y muchos de los protones empiezan a unirse para formar núcleos atómicos.

5 Unos 380 000 años más tarde, el universo se ha enfriado lo suficiente para que los núcleos atómicos se combinen con electrones y empiecen a formar átomos de hidrógeno y helio.

6 El cosmos es una gran nube de átomos de hidrógeno y helio. La luz atraviesa con mayor facilidad el espacio, y el universo se vuelve transparente. La gravedad actúa sobre pequeñas variaciones de la nube de gas, y este se concentra en partes que con el tiempo se convertirán en galaxias.

7 Unos 550 millones de años después del Big Bang, en las partes con mayor

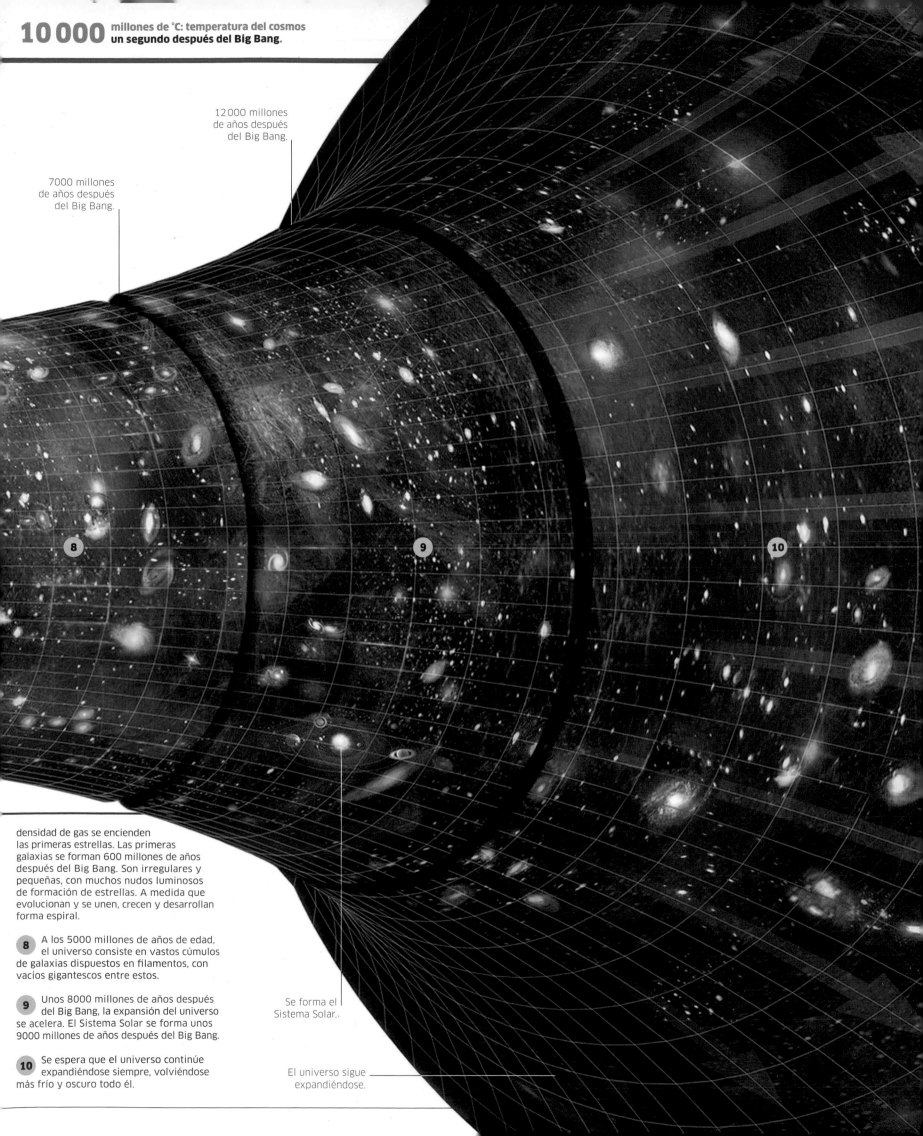

10 000 millones de °C: temperatura del cosmos un segundo después del Big Bang.

12 000 millones de años después del Big Bang.

7000 millones de años después del Big Bang.

8

9

10

densidad de gas se encienden las primeras estrellas. Las primeras galaxias se forman 600 millones de años después del Big Bang. Son irregulares y pequeñas, con muchos nudos luminosos de formación de estrellas. A medida que evolucionan y se unen, crecen y desarrollan forma espiral.

8 A los 5000 millones de años de edad, el universo consiste en vastos cúmulos de galaxias dispuestos en filamentos, con vacíos gigantescos entre estos.

9 Unos 8000 millones de años después del Big Bang, la expansión del universo se acelera. El Sistema Solar se forma unos 9000 millones de años después del Big Bang.

Se forma el Sistema Solar.

10 Se espera que el universo continúe expandiéndose siempre, volviéndose más frío y oscuro todo él.

El universo sigue expandiéndose.

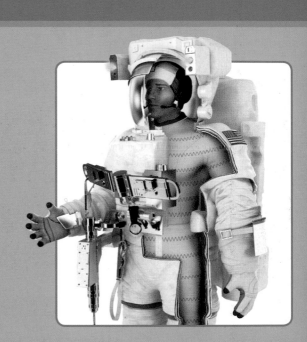

ASTRONÁUTICA

Las estrellas y los planetas se estudian desde hace siglos, pero hasta 1957 no se puso en órbita el primer objeto construido por el hombre, que marcó el inicio de la era espacial. Desde entonces se han lanzado miles de cohetes, cientos de personas se han convertido en astronautas y doce hombres han pisado la Luna.

TRANSBORDADORES

El transbordador, o lanzadera, espacial ha sido la única nave reutilizable que ha surcado el espacio. Tras despegar en vertical como un cohete, volvía a la Tierra donde aterrizaba como un avión. Entre 1981 y su retirada en 2011 funcionaron cinco transbordadores. El objeto de muchas de sus misiones fue la construcción de la Estación Espacial Internacional (EEI).

La parte principal del sistema del transbordador era el orbitador.

Los cohetes aceleradores caían a tierra tras el lanzamiento para su recogida y reutilización.

DESPEGUE DEL ATLANTIS DESDE EL CENTRO ESPACIAL KENNEDY (EE UU)

Soyuz
Las naves rusas Soyuz llevan operando desde la década de 1960 y actualmente llevan astronautas a la EEI.

Orión
Para futuros viajes a la Luna, los asteroides y Marte, la nave Orión será lanzada por el cohete estadounidense SLS.

SpaceX Dragon
La SpaceX Dragon fue la primera nave de construcción privada que visitó la EEI, con la que se ensambló en 2012.

Boeing CST-100
Diseñada para ser reutilizada diez veces, esta nave futura llevará tripulaciones de hasta siete personas a la EEI.

Exploración espacial

El espacio comienza a tan solo 100 km sobre nuestras cabezas. Alcanzarlo supone un viaje breve (menos de diez minutos en cohete), pero peligroso y complicado. Hace solamente unos 60 años que enviamos naves al espacio para explorar el Sistema Solar, pero llevamos explorando el cielo con telescopios desde hace más de 400 y nuestra curiosidad acerca del universo se remonta a milenios atrás.

BASES DE LANZAMIENTO

Existen unas 30 bases de lanzamiento en la Tierra, nueve de las cuales aparecen abajo. La latitud ideal para los lanzamientos es el ecuador, donde los cohetes reciben el impulso adicional de la rotación terrestre. La mayor base es la de Baikonur, de donde parten naves a la EEI.

VANDENBERG
EE UU

CABO CAÑAVERAL/
CENTRO ESPACIAL
JOHN F. KENNEDY
EE UU

KOUROU
GUAYANA
FRANCESA

YASNI
RUSIA

BAIKONUR
KAZAJSTÁN

JIUQUAN
CHINA

XICHANG
CHINA

SRIHARIKOTA
INDIA

TANEGASHIMA
JAPÓN

LANZADORES

El fin de los cohetes no es explorar el espacio por sí mismos, sino poner en órbita otros vehículos menores, como satélites artificiales o naves con destino a otros planetas. El vehículo menor suele ir en la punta del cohete. Construidos para un solo uso, los cohetes se destruyen al caer a la Tierra y arder. Cuanto mayor sea el cohete, más pesado y complejo puede ser su cargamento. Casi todos los cohetes que llevan naves espaciales son estadounidenses, rusos y europeos.

EE UU
Rusia
China
Japón
India

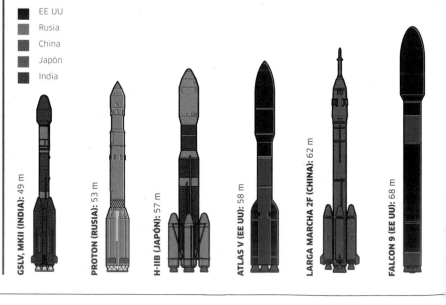

GSLV, MKII (INDIA): 49 m

PROTON (RUSIA): 53 m

H-IIB (JAPÓN): 57 m

ATLAS V (EE UU): 58 m

LARGA MARCHA 2F (CHINA): 62 m

FALCON 9 (EE UU): 68 m

EXPLORADORES

Más de 130 naves espaciales han dejado con éxito la Tierra para explorar el Sistema Solar. Todas han sido robóticas, salvo las tripuladas Apolo que visitaron la Luna. Impulsadas por energía solar o sustancias químicas radiactivas, estas naves pueden funcionar años, escudriñando planetas desde su órbita o aterrizando en ellos para explorar la superficie. Envían datos y, a menudo, espectaculares imágenes a la Tierra.

Apolo
Entre 1969 y 1972, doce astronautas estadounidenses pisaron nuestro satélite. Caminaron y condujeron por la superficie lunar y trajeron a la Tierra muestras de suelo y roca.

Curiosity
El rover Curiosity, del tamaño de un automóvil, aterrizó en Marte en 2012. Incorpora un láser para analizar las rocas marcianas y cámaras para buscar lugares que visitar.

Cassini
Tras dos décadas de desarrollo y un viaje de siete años, la Cassini se situó en la órbita de Saturno en 2004. Desde entonces estudia tanto el planeta como sus anillos y satélites.

Galileo
Es la única nave que ha orbitado alrededor de Júpiter, entre 1995 y 2003. Acabó cayendo en la atmósfera de Júpiter y finalmente fue destruida.

Voyager
En 1977, dos Voyager dejaron la Tierra. Entre las dos sobrevolaron los cuatro gigantes gaseosos: Júpiter, Saturno, Urano y Neptuno. En 2020 ambas naves habrán salido del Sistema Solar.

MESSENGER
Dos naves han visitado Mercurio. La Mariner 10 lo sobrevoló en 1974-1975. Tras tres sobrevuelos, la MESSENGER entró en órbita en 2011. En 2015 se provocó su colisión y la misión acabó.

Venera
Entre 1961 y 1983, la URSS envió una serie de sondas Venera a Venus. Diez lograron atravesar las nubes ácidas del planeta y aterrizaron en su superficie.

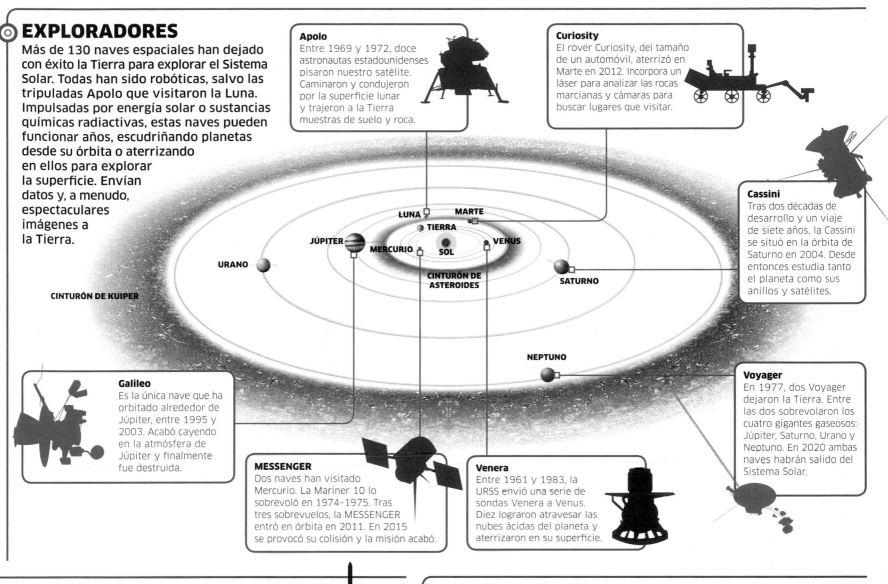

CINTURÓN DE KUIPER · LUNA · MARTE · TIERRA · JÚPITER · MERCURIO · SOL · VENUS · URANO · SATURNO · NEPTUNO · CINTURÓN DE ASTEROIDES

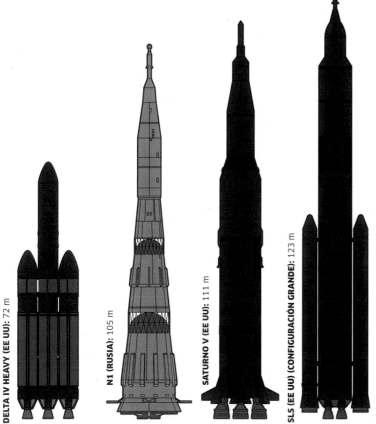

DELTA IV HEAVY (EE UU): 72 m · N1 (RUSIA): 105 m · SATURNO V (EE UU): 111 m · SLS (EE UU) (CONFIGURACIÓN GRANDE): 123 m

VER LO INVISIBLE

Además de luz visible, los objetos del espacio producen otros tipos de radiación invisibles para nosotros. Todos los tipos de radiación se desplazan como ondas. Los astrónomos usan telescopios espaciales para captar ondas de distinta longitud, desde las ondas de radio, las más largas, hasta los rayos gamma, de onda muy corta.

Telescopio de infrarrojos
Al captar el calor (rayos infrarrojos) que producen las nebulosas de formación estelar, estas son fáciles de observar con un telescopio de infrarrojos.

Telescopio de rayos X
Con un telescopio de rayos X pueden verse objetos que emiten gran cantidad de energía, como la zona en torno a un agujero negro.

LUZ VISIBLE · ULTRAVIOLETA · RAYOS X
ONDAS DE RADIO · MICROONDAS · INFRARROJO · RAYOS GAMMA

Radiotelescopio
Las ondas de radio son las más largas y han revelado galaxias de otro modo invisibles.

Telescopio de microondas
Los telescopios que captan microondas permiten ver el resplandor del Big Bang.

Telescopio óptico
Este telescopio emplea luz visible, pero aumenta la imagen y permite ver más lejos que a simple vista.

Hace 20 000 años

En África, se graba en hueso el posible primer registro de las fases lunares. Los agricultores plantan con arreglo a los ciclos del Sol y de la Luna.

Hace 5000–1000 años

Para los pueblos antiguos, astronomía y religión están unidas. Se erigen monumentos megalíticos alineados con el Sol o con las constelaciones, como el de Stonehenge.

Explorar el espacio

La historia de la astronomía y el estudio de los cielos abarcan miles de años, conectando los antiguos lugares de culto con los observatorios y naves espaciales de alta tecnología del siglo XXI.

Desde los albores de la historia se ha observado el cielo nocturno y fantaseado con las lucecitas que lo tachonan. Hace relativamente poco se comprendió que las estrellas son similares a nuestro Sol, aunque mucho más lejanas. Así como los antiguos navegantes exploraron nuevas tierras, los actuales exploradores han emprendido la aventura de descubrir el espacio. Pocas personas han visitado otros mundos, pero muchas sondas robóticas han ido a los planetas en nuestro lugar.

1926: Cohetes

El ingeniero estadounidense Robert Goddard lanza con éxito el primer cohete propulsado con combustible líquido, que logra alcanzar 12 m de altura antes de caer. Durante los 15 años siguientes lanza 34 cohetes, algunos de los cuales se elevan hasta 2 km.

GODDARD CON UN COHETE

MOSCA DEL VINAGRE

1947: animales en el espacio

EE UU adapta cohetes alemanes V2 capturados, utilizados como armas mortíferas en la Segunda Guerra Mundial, para enviar seres vivos al espacio. Los primeros fueron moscas del vinagre, seguidas por monos. El objetivo de las misiones era comprobar cómo respondía el cuerpo de los animales en el espacio.

TRANSBORDADOR ESPACIAL COLUMBIA

1976–1977: Marte y más allá

Dos robots espaciales estadounidenses, Viking 1 y 2, llegan a Marte, realizan pruebas del suelo y envían imágenes en color. En 1977 se lanza la sonda espacial Voyager 2, que sobrevolará Júpiter, Saturno, Urano y Neptuno.

1971–1973: Vivir en el espacio

Las estaciones espaciales permiten a los astronautas pasar semanas en órbita. La primera, en 1971, fue la soviética Salyut 1, seguida de la Skylab (EE UU) en 1973.

ESTACIÓN ESPACIAL SKYLAB

1981: Transbordador espacial

Comienzan las misiones del transbordador, un orbitador tripulado reutilizable. Las naves seguirán en servicio hasta 2011. En 1986, la URSS empieza a construir la estación espacial Mir.

1990: Hubble

Se pone en órbita el telescopio espacial Hubble, que revela maravillas del espacio nunca antes vistas.

PILAR Y CHORROS DE LA NEBULOSA DE CARINA

2009–2012: Observatorio Kepler

Se lanza el observatorio Kepler, de la NASA, con un equipo especial que mide la luz y busca planetas en estrellas lejanas.

RECREACIÓN ARTÍSTICA DEL KEPLER

Las **huellas** dejadas por los astronautas en la Luna serán visibles durante al menos **100 millones de años**.

18 Número de **astronautas que han muerto** en misiones de vuelo espacial.

117

STONEHENGE (INGLATERRA)

DIBUJO DE COPÉRNICO DEL SISTEMA SOLAR

Década de 1540: una nueva idea

El astrónomo polaco Nicolás Copérnico escribe un libro sobre una teoría nueva e impactante: el Sol, y no la Tierra, ocupa el centro del Sistema Solar.

TELESCOPIO DE ISAAC NEWTON

Década de 1890: Ciencia ficción

Llegan al mercado las primeras novelas de ciencia ficción. *La guerra de los mundos* y *La máquina del tiempo*, ambas escritas por H. G. Wells, despiertan el interés del público por la exploración espacial y a la vez inspiran proyectos científicos serios.

Década de 1600: Telescopios

Galileo Galilei, astrónomo italiano, mejora el diseño del telescopio y permite así ver con claridad el Sistema Solar. El científico inglés Isaac Newton explica cómo la gravedad mantiene a los planetas en órbita alrededor del Sol.

1957: El Sputnik

Los científicos soviéticos logran poner en órbita el primer satélite artificial, el Sputnik 1, y un mes más tarde lanzan el Sputnik 2, a bordo del cual viaja Laika, el primer perro en salir al espacio y que muere al final de la misión como estaba previsto.

1961: El hombre llega al espacio

El cosmonauta ruso Yuri Gagarin es la primera persona que viaja al espacio y orbita alrededor de la Tierra en un vuelo de poco más de 100 minutos. En la misma década, los soviéticos efectúan el primer paseo espacial (1965) y el primer aterrizaje en la Luna de una nave espacial (1966).

ESTATUA DE YURI GAGARIN EN MOSCÚ (RUSIA)

LUNOJOD 1

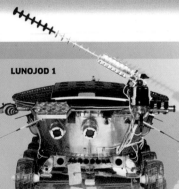

1970: Primer rover

La URSS lanza el primer vehículo de exploración lunar, el Lunojod 1, con control remoto y ocho ruedas que, tras alunizar, envía fotografías y toma muestras de su suelo durante 11 días.

1969: Hombres en la Luna

La nave estadounidense Apolo 11 lleva a los primeros hombres hasta la Luna, Neil Armstrong y Buzz Aldrin, que permanecen allí casi 24 horas, recogen rocas y fotografían la superficie.

COMETA 67P

2014: Aterrizaje en un cometa

La sonda espacial Rosetta libera un módulo robótico que realiza el primer aterrizaje en un cometa, el 67P, y envía imágenes e información sobre el agua que contiene.

Hacia el futuro

En las décadas venideras, la investigación espacial se centrará en la búsqueda de planetas lejanos que puedan albergar vida. Antes de 2050 podría enviarse una misión tripulada a Marte.

118 astronáutica ○ **TELESCOPIOS**

798 Número de segmentos del espejo primario del Telescopio Europeo Extremadamente Grande.

Telescopios

Los primeros telescopios eran poco más que tubos de madera que se sostenían en la mano, y aun así permitieron descubrir montañas en la Luna y satélites en torno a Júpiter. Los actuales nos permiten observar lugares remotos del espacio, a miles de millones de años luz de distancia.

Como los ojos, los telescopios captan la luz y la enfocan para formar una imagen. Sin embargo, a diferencia de nuestros ojos, pueden centrarse en objetivos minúsculos y sumar la luz que reciben a lo largo de un periodo prolongado. Cuanto mayor sea el telescopio, más luz podrá captar y más definida será la imagen. Con un gran telescopio podemos enfocar galaxias lejanas o los volcanes de Marte. Los primeros telescopios tenían lentes de vidrio, pero como las lentes grandes se comban por su propio peso, los astrónomos recurrieron a los espejos para construir telescopios mayores. En los más grandes se disponen decenas de segmentos para formar un espejo curvo gigante. La atmósfera terrestre enturbia nuestra visión del espacio, y por esta razón los grandes telescopios profesionales se instalan en montañas de aire seco y en calma, o se lanzan al espacio.

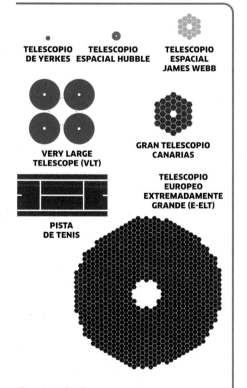

TELESCOPIO DE YERKES

TELESCOPIO ESPACIAL HUBBLE

TELESCOPIO ESPACIAL JAMES WEBB

VERY LARGE TELESCOPE (VLT)

GRAN TELESCOPIO CANARIAS

PISTA DE TENIS

TELESCOPIO EUROPEO EXTREMADAMENTE GRANDE (E-ELT)

Captar la luz

Una parte clave del telescopio es el espejo o la lente que capta la luz. La mayor lente de telescopio del mundo (la del Yerkes, en EE UU) solo mide 1 m de diámetro. Los espejos de segmentos hexagonales dispuestos como las celdillas de un panal pueden ser mucho más grandes. El espejo del E-ELT tendrá la superficie de casi cuatro pistas de tenis.

El espejo secundario recibe luz del primario y la refleja a un tercer espejo.

El espejo adaptativo cambia de forma para contrarrestar la pérdida de nitidez debida a la atmósfera.

El espejo principal, o primario, se compone de 798 segmentos hexagonales de 1,45 m de diámetro cada uno.

El quinto espejo envía la luz a la plataforma de instrumentos.

Los láseres crean estrellas artificiales para ayudar al telescopio a reducir el difuminado.

El espejo terciario envía la luz al espejo adaptativo de arriba.

Unos mecanismos amortiguadores en la base del edificio evitan que las vibraciones causadas por terremotos lejanos sacudan el telescopio.

10 000 **Número** aproximado **de astrónomos** profesionales en todo el mundo.

Los mayores telescopios captan **100 millones de veces más luz** que el ojo humano.

119

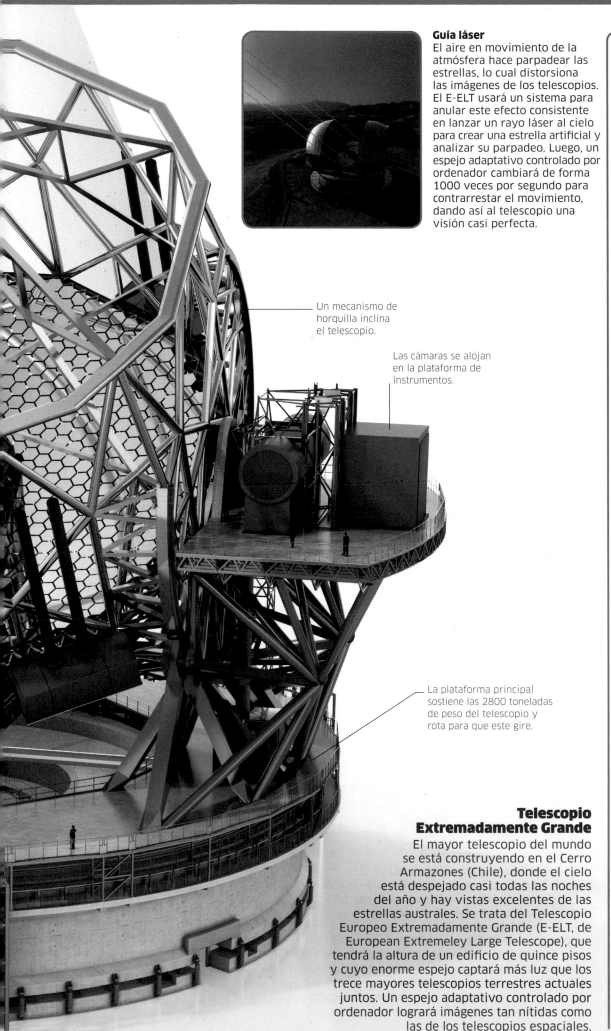

Guía láser

El aire en movimiento de la atmósfera hace parpadear las estrellas, lo cual distorsiona las imágenes de los telescopios. El E-ELT usará un sistema para anular este efecto consistente en lanzar un rayo láser al cielo para crear una estrella artificial y analizar su parpadeo. Luego, un espejo adaptativo controlado por ordenador cambiará de forma 1000 veces por segundo para contrarrestar el movimiento, dando así al telescopio una visión casi perfecta.

Un mecanismo de horquilla inclina el telescopio.

Las cámaras se alojan en la plataforma de instrumentos.

La plataforma principal sostiene las 2800 toneladas de peso del telescopio y rota para que este gire.

Telescopio Extremadamente Grande

El mayor telescopio del mundo se está construyendo en el Cerro Armazones (Chile), donde el cielo está despejado casi todas las noches del año y hay vistas excelentes de las estrellas australes. Se trata del Telescopio Europeo Extremadamente Grande (E-ELT, de European Extremeley Large Telescope), que tendrá la altura de un edificio de quince pisos y cuyo enorme espejo captará más luz que los trece mayores telescopios terrestres actuales juntos. Un espejo adaptativo controlado por ordenador logrará imágenes tan nítidas como las de los telescopios espaciales.

Telescopios sencillos

Los telescopios usan una lente o un espejo para captar la luz de objetos lejanos y enfocarla para crear una imagen. En un telescopio simple, la imagen se ve por un ocular que la aumenta. Los telescopios que emplean lentes para captar la luz se llaman refractores; los que usan espejos, reflectores.

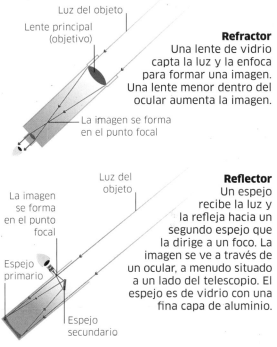

Luz del objeto

Lente principal (objetivo)

Refractor

Una lente de vidrio capta la luz y la enfoca para formar una imagen. Una lente menor dentro del ocular aumenta la imagen.

La imagen se forma en el punto focal

Luz del objeto

Reflector

Un espejo recibe la luz y la refleja hacia un segundo espejo que la dirige a un foco. La imagen se ve a través de un ocular, a menudo situado a un lado del telescopio. El espejo es de vidrio con una fina capa de aluminio.

La imagen se forma en el punto focal

Espejo primario

Espejo secundario

Bajo otra luz

Los telescopios captan longitudes de onda de energía distintas de la luz. Cada longitud de onda revela diferentes detalles de los objetos. Una galaxia típica, como Andrómeda (abajo), emite energía en muchas longitudes de onda. Así, los rayos X proceden de zonas calientes, y las ondas de radio, de zonas más frías.

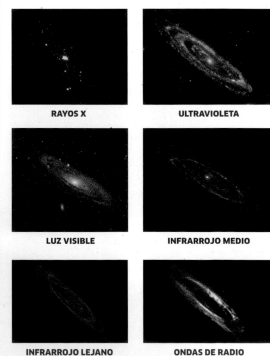

RAYOS X   ULTRAVIOLETA

LUZ VISIBLE   INFRARROJO MEDIO

INFRARROJO LEJANO   ONDAS DE RADIO

120

13,2 m: longitud del Hubble, aproximadamente la de **un autobús**.

40 millones: **número** aproximado **de estrellas** que observa Gaia al día.

Antena de comunicaciones

La puerta de apertura se cierra durante las misiones de reparación para proteger los espejos.

Una estructura muy resistente de fibra de carbono mantiene perfectamente recto el Hubble.

Luz de un objeto en el espacio

El telescopio Hubble

El Hubble fue puesto en órbita por un transbordador espacial en 1990 a una altura de 570 km y circunda el planeta una vez cada 97 minutos. Ha recibido cinco visitas de astronautas para repararlo, la última en 2009, cuando se instaló una nueva cámara. Con el tiempo, concluirá su vida útil y será reemplazado por el telescopio espacial James Webb.

Espejo secundario

Paneles solares

Telescopios espaciales

Las estrellas se ven mejor desde el espacio, sin el obstáculo de la atmósfera terrestre. Los telescopios espaciales funcionan de modo muy similar a los terrestres, pero obtienen imágenes mucho más nítidas de objetos lejanos y están operativos día y noche, y durante todo el año.

Se han lanzado al espacio decenas de telescopios, que orbitan en torno a la Tierra como satélites, o del Sol, aunque cerca de la Tierra. Además de luz visible, captan tipos de radiación invisibles para nosotros o que no pueden atravesar la atmósfera, como rayos X o radiación ultravioleta. Cada telescopio espacial está diseñado para una tarea específica. El Kepler, por ejemplo, busca planetas extrasolares, y el Gaia confecciona un mapa en 3D de las estrellas de los alrededores del Sol. Los telescopios espaciales necesitan mantenimiento igual que los terrestres, pero solo el Hubble fue diseñado para ser reparado en el espacio por astronautas.

1000 millones: número aproximado de píxeles de la **cámara del Gaia**, la mayor que hay en el espacio.

120 gigabytes: **cantidad de datos** que envía el Hubble a la Tierra cada semana.

El espejo del James Webb captará **siete veces** más luz que el del Hubble.

121

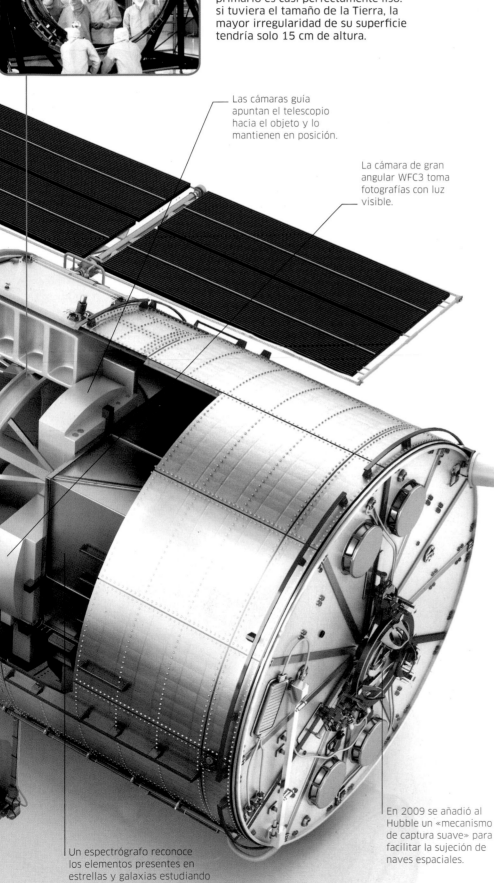

Espejo primario
El espejo primario de 2,4 m de diámetro del Hubble recoge la luz y la refleja a un espejo secundario. Este refleja a su vez el haz de luz a través de un agujero del centro del primario hacia una serie de cámaras e instrumentos científicos. El espejo primario es casi perfectamente liso: si tuviera el tamaño de la Tierra, la mayor irregularidad de su superficie tendría solo 15 cm de altura.

Las cámaras guía apuntan el telescopio hacia el objeto y lo mantienen en posición.

La cámara de gran angular WFC3 toma fotografías con luz visible.

Un espectrógrafo reconoce los elementos presentes en estrellas y galaxias estudiando el color de su luz.

En 2009 se añadió al Hubble un «mecanismo de captura suave» para facilitar la sujeción de naves espaciales.

Mirar hacia el pasado
Observar el espacio es como mirar hacia atrás en el tiempo. El Hubble nos ha permitido adentrarnos en el espacio hasta contemplar galaxias jóvenes de los inicios del universo. El James Webb mirará aún más lejos, hasta ver galaxias recién nacidas.

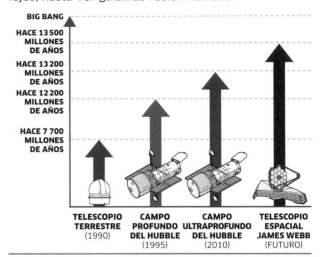

BIG BANG

HACE 13 500 MILLONES DE AÑOS

HACE 13 200 MILLONES DE AÑOS

HACE 12 200 MILLONES DE AÑOS

HACE 7 700 MILLONES DE AÑOS

TELESCOPIO TERRESTRE (1990)

CAMPO PROFUNDO DEL HUBBLE (1995)

CAMPO ULTRAPROFUNDO DEL HUBBLE (2010)

TELESCOPIO ESPACIAL JAMES WEBB (FUTURO)

Logros del Hubble
Los astrónomos han procesado los datos del Hubble para crear bellas imágenes de galaxias, regiones de formación estelar como la nebulosa del Águila y estrellas moribundas como la nebulosa Ojo de Gato.

GALAXIA DEL SOMBRERO

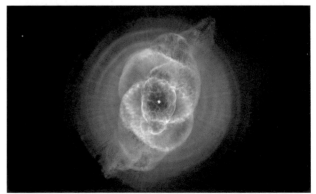

NEBULOSA OJO DE GATO

NEBULOSA DEL ÁGUILA

Plataforma de lanzamiento
El viaje espacial del SLS comenzará en el Centro Espacial John F. Kennedy (Florida, EE UU). Las misiones lunares Apolo y el transbordador espacial usaron ya la plataforma de lanzamiento 39B.

Space Launch System (SLS)
El SLS, más alto que la estatua de la Libertad, es el nuevo cohete gigante que está construyendo la NASA para vuelos espaciales en la década de 2020. Podría llevar naves tripuladas a la Luna, a algunos asteroides cercanos a la Tierra y a Marte. La configuración de la imagen tiene una fase de cohete principal y dos cohetes aceleradores a los lados. Dentro de la punta se halla la nave Orión, con su propio motor cohete. Configuraciones más altas, con una fase más, permitirán al SLS lanzar cargas mayores.

Cómo funcionan los cohetes
La mayor parte del cuerpo de un cohete consiste en los depósitos que contienen el combustible y un oxidante (sustancia química necesaria para que arda el combustible). Tras la ignición, las dos sustancias reaccionan de forma explosiva y producen gases calientes que salen por la tobera y crean la fuerza de empuje que propulsa al cohete.

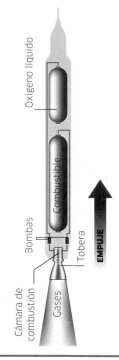

Oxígeno líquido

Combustible

Bombas

Tobera

EMPUJE

Cámara de combustión

Gases

Cohetes

Para escapar de la atracción gravitatoria de la Tierra y salir al espacio se requiere una cantidad descomunal de energía. Los únicos vehículos capaces de ello son los cohetes, que utilizan la potencia explosiva de su combustible para poner en órbita satélites artificiales y naves espaciales. La mayor parte del peso de un cohete corresponde al combustible, que se consume casi por completo en los primeros minutos, a razón de hasta 15 toneladas por segundo.

Los cohetes se usaron como armas durante cientos de años antes de ser lo bastante seguros y controlables para alcanzar el espacio. Desde el primer vuelo espacial, en 1944, los cohetes se han vuelto mayores y más complejos. Un cohete actual es en realidad varios cohetes en uno, con distintas «fases» o «etapas» apiladas. Cuando se le acaba el combustible a la fase inferior, esta se desprende, aligerando así el conjunto, y se enciende la fase de encima. La carga útil suele ir en la fase superior, bajo la punta del cohete. Casi todos los cohetes se construyen para volar al espacio una sola vez y se destruyen al caer sus partes a la Tierra.

Cohete de escape
El cono de la punta es un pequeño cohete diseñado para transportar el módulo tripulado en caso de emergencia.

Motores de giro del cohete de escape

Módulo de la tripulación
Esta es la única parte de la nave Orión que volverá a la Tierra, descendiendo con un paracaídas para caer sobre el océano.

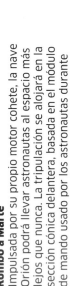

Rumbo a Marte
Impulsada por su propio motor cohete, la nave Orión podrá llevar astronautas al espacio más lejos que nunca. La tripulación se alojará en la sección cónica delantera, basada en el módulo de mando usado por los astronautas durante las misiones Apolo a la Luna.

2500 toneladas: peso del cohete SLS, equivalente a **7,5 reactores comerciales.**

44 millones de CV: potencia conjunta de los dos **cohetes aceleradores** del SLS.

2 Número medio de **lanzamientos de cohetes** desde la Tierra por semana.

123

Peso de la carga

Cuanto más pese la carga de un cohete, más combustible hará falta para elevarlo, lo cual le añade aún más peso. El cohete Saturno V utilizado en las misiones Apolo a la Luna llevaba una carga equivalente a 24 elefantes, pero el cohete en conjunto pesaba como 400 elefantes.

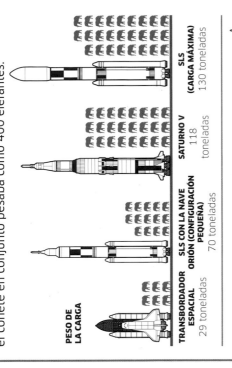

SLS (CARGA MÁXIMA)
130 toneladas

SATURNO V
118 toneladas

SLS CON LA NAVE ORIÓN (CONFIGURACIÓN PEQUEÑA)
70 toneladas

TRANSBORDADOR ESPACIAL
29 toneladas

PESO DE LA CARGA

Empuje

La fuerza que impulsa un cohete se llama empuje. Para alcanzar una órbita terrestre baja, un cohete debe generar empuje suficiente para viajar a 29 000 km/h, nueve veces más rápido que una bala.

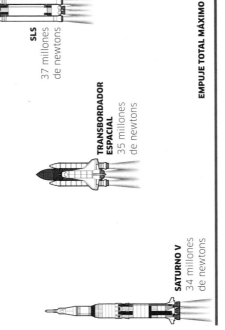

SLS
37 millones de newtons

TRANSBORDADOR ESPACIAL
35 millones de newtons

SATURNO V
34 millones de newtons

EMPUJE TOTAL MÁXIMO

Motores principales

En la base del cohete hay cuatro motores RS-25, del mismo tipo que se usó para los transbordadores espaciales. En conjunto, los motores principales y los cohetes aceleradores del SLS producen tanta potencia como 13 400 motores de tren.

Módulo de servicio
La sección central de la nave Orión lleva combustible y otras provisiones.

Motor de la nave
El motor de la Orión podrá llevar la nave a Marte en tres o cuatro meses.

Cohetes aceleradores
Dos cohetes aceleradores aportan la mayor parte del empuje necesario para el despegue. En dos minutos generan una potencia suficiente para 92 000 viviendas todo un día.

Primer viajero espacial

En 1961, el piloto ruso Yuri Gagarin se convirtió en el primer ser humano en viajar al espacio, en un vuelo de dos horas en torno a la Tierra en la nave Vostok 1. Desde entonces, más de 500 personas han visitado el espacio.

La carrera para llevar al primer hombre al espacio empezó en octubre de 1957, cuando se lanzó la nave soviética no tripulada Sputnik 1, el primer satélite artificial. Un mes después se lanzó la Sputnik 2 con Laika, una perra callejera moscovita que murió durante la misión, pues la nave no estaba diseñada para volver a la Tierra. Unos tres años más tarde, Yuri Gagarin realizó su histórico vuelo, y antes de seis semanas después de su regreso, EE UU declaró su intención de llevar hombres a la Luna. Los primeros viajeros del espacio fueron pilotos de aviación habituados a vuelos peligrosos y físicamente extenuantes, entrenados en el uso de asientos eyectables y paracaídas. No obstante, incluso para pilotos expertos los vuelos espaciales eran letales: la mitad de las aproximadamente 100 misiones no tripuladas anteriores al viaje de Gagarin fracasaron, y antes de la Vostok 1 nadie tenía la certeza de que un ser humano pudiera salir al espacio y volver vivo a la Tierra.

El módulo de descenso estaba cubierto por un escudo térmico para protegerlo de las temperaturas de unos 3000 °C al reentrar en la atmósfera.

Aislamiento para reducir el ruido y la vibración.

Depósitos de aire para la cabina

MÓDULO DE SERVICIO

Antena de radio

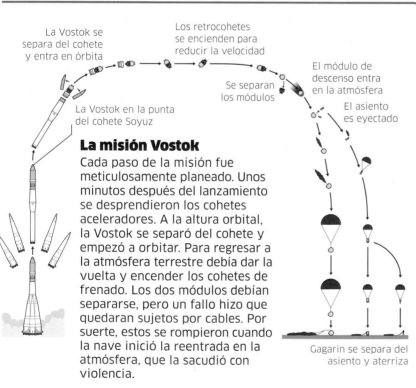

La Vostok se separa del cohete y entra en órbita

Los retrocohetes se enciende para reducir la velocidad

Se separan los módulos

El módulo de descenso entra en la atmósfera

El asiento es eyectado

La Vostok en la punta del cohete Soyuz

La misión Vostok

Cada paso de la misión fue meticulosamente planeado. Unos minutos después del lanzamiento se desprendieron los cohetes aceleradores. A la altura orbital, la Vostok se separó del cohete y empezó a orbitar. Para regresar a la atmósfera terrestre debía dar la vuelta y encender los cohetes de frenado. Los dos módulos debían separarse, pero un fallo hizo que quedaran sujetos por cables. Por suerte, estos se rompieron cuando la nave inició la reentrada en la atmósfera, que la sacudió con violencia.

Gagarin se separa del asiento y aterriza

Alrededor del mundo

Gagarin despegó del cosmódromo (centro espacial) de Baikonur, en Kazajstán, y rodeó el planeta en dirección este, tardando 108 minutos en completar una sola órbita. Los módulos de la Vostok se separaron cuando se hallaba sobre África, y poco después Gagarin aterrizó en un campo de hierba cerca de la ciudad rusa de Engels.

1963 Año del **primer vuelo espacial de una mujer**
(la ingeniera rusa Valentina Tereshkova).

125

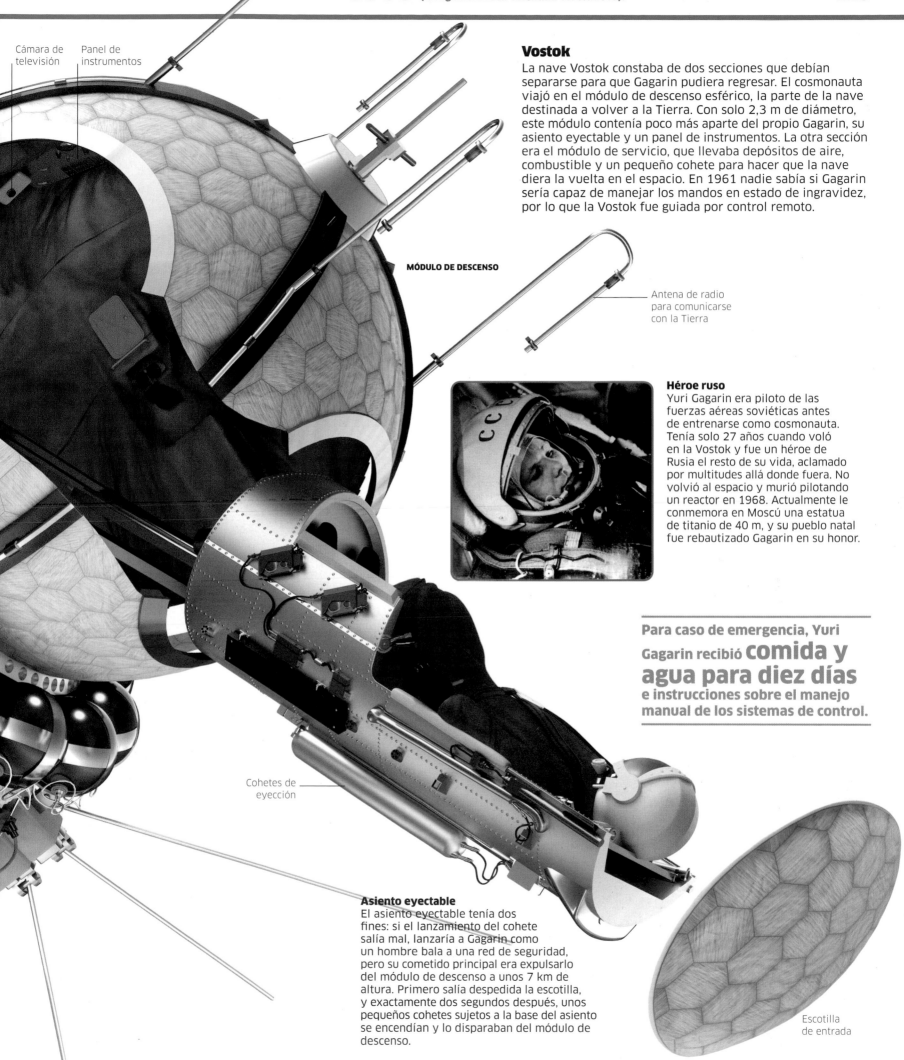

Cámara de
televisión

Panel de
instrumentos

Vostok

La nave Vostok constaba de dos secciones que debían separarse para que Gagarin pudiera regresar. El cosmonauta viajó en el módulo de descenso esférico, la parte de la nave destinada a volver a la Tierra. Con solo 2,3 m de diámetro, este módulo contenía poco más aparte del propio Gagarin, su asiento eyectable y un panel de instrumentos. La otra sección era el módulo de servicio, que llevaba depósitos de aire, combustible y un pequeño cohete para hacer que la nave diera la vuelta en el espacio. En 1961 nadie sabía si Gagarin sería capaz de manejar los mandos en estado de ingravidez, por lo que la Vostok fue guiada por control remoto.

MÓDULO DE DESCENSO

Antena de radio
para comunicarse
con la Tierra

Héroe ruso

Yuri Gagarin era piloto de las fuerzas aéreas soviéticas antes de entrenarse como cosmonauta. Tenía solo 27 años cuando voló en la Vostok y fue un héroe de Rusia el resto de su vida, aclamado por multitudes allá donde fuera. No volvió al espacio y murió pilotando un reactor en 1968. Actualmente le conmemora en Moscú una estatua de titanio de 40 m, y su pueblo natal fue rebautizado Gagarin en su honor.

Para caso de emergencia, Yuri Gagarin recibió **comida y agua para diez días** e instrucciones sobre el manejo manual de los sistemas de control.

Cohetes de
eyección

Asiento eyectable

El asiento eyectable tenía dos fines: si el lanzamiento del cohete salía mal, lanzaría a Gagarin como un hombre bala a una red de seguridad, pero su cometido principal era expulsarlo del módulo de descenso a unos 7 km de altura. Primero salía despedida la escotilla, y exactamente dos segundos después, unos pequeños cohetes sujetos a la base del asiento se encendían y lo disparaban del módulo de descenso.

Escotilla
de entrada

126 astronáutica • **SONDAS ESPACIALES**

6 Número de **satélites de Saturno descubiertos** por la Cassini.

Tipos de naves

La mayoría de naves espaciales se limita a sobrevolar su objetivo u orbitar en torno a este, pero algunas aterrizan. Estas pueden permanecer en un lugar o desplazarse. Las sondas como la Huygens son liberadas por un orbitador para entrar en la atmósfera de un planeta o un satélite. Todas las naves cuentan con una fuente de energía, sistemas de comunicaciones e instrumental científico.

DEEP IMPACT

Sobrevuelo e impactador

Al sobrevolar el Tempel 1 en julio de 2005, Deep Impact lanzó un impactador para «bombardear» la superficie del cometa y desprender gas y polvo.

CURIOSITY

Rover

Cuatro rovers han recorrido Marte. El más reciente, el Curiosity, llegó en agosto de 2012. Su tarea es investigar si Marte es, o fue, idóneo para la vida.

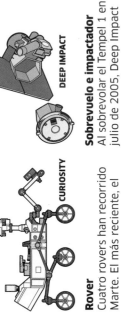

GALILEO

Orbitador y sonda

Entre 1995 y 2003, la nave Galileo orbitó alrededor de Júpiter, liberó una sonda para estudiar los 160 km exteriores de su atmósfera y pasó cerca de sus satélites mayores.

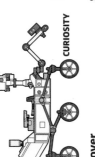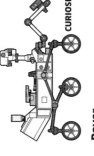

PHILAE

Aterrizador

Transportado por la nave Rosetta, este aterrizador se posó en el núcleo de un cometa a finales de 2014. Philae tomó las primeras imágenes de un cometa.

VOYAGER 2

Sobrevuelo

La Voyager 2, lanzada en 1977, sobrevoló Júpiter, Saturno, Urano y Neptuno. Es la única nave que ha visitado los dos planetas más exteriores y se dirige hacia el espacio profundo.

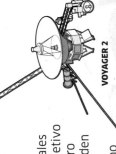

Paracaídas principal

El paracaídas principal, hecho de tela de nailon, se abrió a unos 165 km de la superficie, cuando la sonda viajaba a 290 km/h. Fue desechado a los 15 minutos, y un paracaídas menor lo reemplazó en los últimos 125 km del descenso.

Unos cables de suspensión de kevlar de unos 24 m sujetaban la sonda a la tela del paracaídas.

Sonda Huygens

Esta sonda, bautizada en honor al científico y matemático holandés Christiaan Huygens (el descubridor de Titán), fue diseñada para aterrizar sobre un medio sólido o líquido, ya que nadie sabía cómo sería la superficie de Titán. Casi tres meses después de ser liberada por la Cassini en diciembre de 2004, la Huygens inició el descenso hacia Titán. Durante su caída, protegida por un escudo térmico, sus instrumentos estudiaron la atmósfera. La sonda recogió y envió datos a lo largo del descenso y durante hora y media después de aterrizar sobre una superficie blanda, pero sólida.

La tela media 8,2 m de diámetro desplegada.

La Voyager 1 es la **nave espacial más alejada de la Tierra** y ha abandonado para siempre el Sistema Solar.

12 Número de asteroides visitados por naves espaciales.

5 mil millones de km y 9,5 años: el viaje de la New Horizons a Plutón.

127

Sondas espaciales

Las naves robóticas pueden funcionar durante años en lugares remotos y en condiciones extremas que los seres humanos no podrían soportar.

Cada nave espacial se diseña para una misión específica, ya sea orbitar alrededor de Marte, como la Mars Express, o acompañar a un cometa en su viaje alrededor del Sol, como la Rosetta. Una vez llegada la nave a su destino, los instrumentos de a bordo llevan a cabo pruebas y registran las condiciones de esos mundos lejanos. Algunas naves, como la Cassini-Huygens, son dos en una. La Cassini, la mayor de las dos, partió de la Tierra hacia Saturno en 1997 con la sonda Huygens anclada a un costado. Tras siete años de viaje llegaron al planeta, y la sonda inició su propia misión descendiendo en paracaídas a Titán, el mayor de los satélites de Saturno.

La Huygens por dentro

En el interior de la Huygens había una plataforma en cuya parte inferior iban fijos los instrumentos que analizaban los gases atmosféricos y los materiales del suelo de Titán. Otro instrumento medía la velocidad de la sonda y determinaba las características del lugar de aterrizaje.

Cubierta superior

Plataforma de instrumentos

El gas se analizaba aquí

Tapa

Baterías

Brida

La brida triple permitía a la Huygens caer derecha, aún con viento fuerte, y también la ayudaba a rotar despacio para que su cámara pudiera captar la superficie y las nubes de Titán.

Sonda

Los instrumentos del interior comenzaban a funcionar una vez abierto el paracaídas principal y desprendido el escudo térmico.

Cuatro antenas de radar median la altura sobre el suelo.

Los gases de la atmósfera entraban en la sonda por agujeros de la cubierta inferior.

Escudo térmico

Un escudo cubierto de placas de cerámica resistente al calor protegió a la Huygens al entrar en la atmósfera de Titán e iniciar el frenado. Cumplida su tarea, se desprendió.

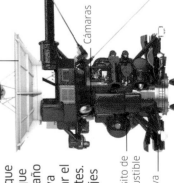

Cómo llegó

De camino a Saturno, la Cassini-Huygens recibió ayuda dos veces de Venus, una de la Tierra, y otra de Júpiter. Demasiado pesada para viajar directamente, se acercó a estos planetas, que la impulsaron con su gravedad para darle la velocidad necesaria para llegar a Saturno.

Llegada a Saturno (julio de 2004)

Sobrevuelo de Júpiter

Órbita de Saturno

Órbita de Júpiter

Lanzamiento (octubre de 1997)

Primer sobrevuelo de Venus

Segundo sobrevuelo de Venus

Sobrevuelo de la Tierra

Nave Cassini

La Cassini es la cuarta nave que visita Saturno y la primera que orbita en torno a él. Del tamaño de un autobús pequeño, lleva 12 instrumentos para analizar el planeta y sus anillos y satélites. Está tan lejos que los mensajes entre ella y la Tierra tardan más de una hora.

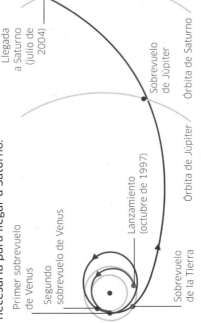

Antena de radio

Cámaras

Fuente energética radiactiva

Depósito de combustible

Motores cohete principales

Rovers

La mayoría de las naves que aterrizan en otros mundos tienen que permanecer donde se han posado. En cambio, los rovers están construidos para explorar. Estos robots reciben órdenes por radio desde la Tierra, pero están programados para encontrar su propio camino.

Los rovers más pequeños tienen el tamaño de un horno de microondas, y los mayores, el de un coche. Obtienen su energía de paneles solares, y un ordenador interno hace las veces de «cerebro». Están repletos de instrumental científico, desde cámaras especiales hasta laboratorios químicos de a bordo, y usan antenas de radio para enviar sus datos y hallazgos a un centro de control en la Tierra.

Una antena de radio comunica con la Tierra.

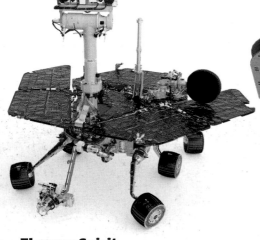

El rover Spirit

El Spirit (en la imagen), fue uno de los dos vehículos idénticos que aterrizaron en lugares opuestos de Marte en 2004. Dejó de funcionar en 2010, pero su gemelo Opportunity sigue operativo. Recibe órdenes de la Tierra por la mañana y envía datos de vuelta por la tarde, después de haber terminado de explorar, fotografiar y analizar rocas.

Un «brazo» extensible, con codo, muñeca y un puñado de herramientas es capaz de alcanzar y tocar objetos.

Perforadora

El Opportunity emplea un taladro para pulverizar la superficie de las rocas y obtener muestras más profundas para su análisis químico. La roca de la imagen, apodada «Marquette Island», del tamaño de un balón de baloncesto, es diferente de las rocas que la rodean. Pudo ser eyectada por un cráter de impacto distante.

Ruedas

Las cuatro ruedas de las esquinas tienen motores que las hacen rotar para que el rover pueda girar sin avanzar.

20 minutes: tiempo que tarda en llegar a la Tierra un **mensaje de un rover de Marte**.

7,5 meses: duración aproximada del **viaje de la Tierra a Marte**.

100 vatios: **consumo energético del Opportunity**, casi como una bombilla doméstica.

129

Cámara panorámica

Cuatro cámaras sobre un mástil a la altura de la cabeza hacen las veces de ojos. Dos *pancams* toman fotografías en color del paisaje marciano que sirven a los científicos para decidir qué lugares visitar. Dos *navcams* obtienen imágenes en 3D del suelo que ayudan al rover a planear su ruta.

Cómo se orientan

A los rovers se les asignan destinos, pero son ellos quienes deciden la ruta a seguir con ayuda de sus cámaras y ordenadores para determinar la más segura. Recorren solo unos centímetros por segundo y se detienen cada pocos segundos para reevaluar la ruta. La velocidad máxima del Opportunity es 0,18 km/h, pero su velocidad media es la quinta parte.

RODERAS DEL OPPORTUNITY

Récords de los rovers

El Opportunity ostenta el récord de la máxima distancia recorrida por un rover. El primer vehículo de este tipo que visitó otro mundo fue el soviético Lunojod 1, que aterrizó en la Luna en 1970. Los vehículos de exploración lunar o LRV (de *Lunar Roving Vehicle*) de las misiones Apolo de la NASA, no eran robóticos, sino tripulados, diseñados para transportar astronautas y equipo.

OPPORTUNITY (2004-2015)
41,4 KM

LUNOJOD 2 (1973)
39 KM

LRV DE LA APOLO 17 (1972)
35,74 KM

LRV DE LA APOLO 15 (1971)
27,8 KM

LRV DE LA APOLO 16 (1972)
27,1 KM

LUNOJOD 1 (1970-1971)
10,5 KM

CURIOSITY (2012-2015)
8,8 KM

SPIRIT (2004-2010)
7,7 KM

SOJOURNER (1997)
0,1 KM

YUTU (2013-2014)
0,1 KM

— EN MARTE

— EN LA LUNA

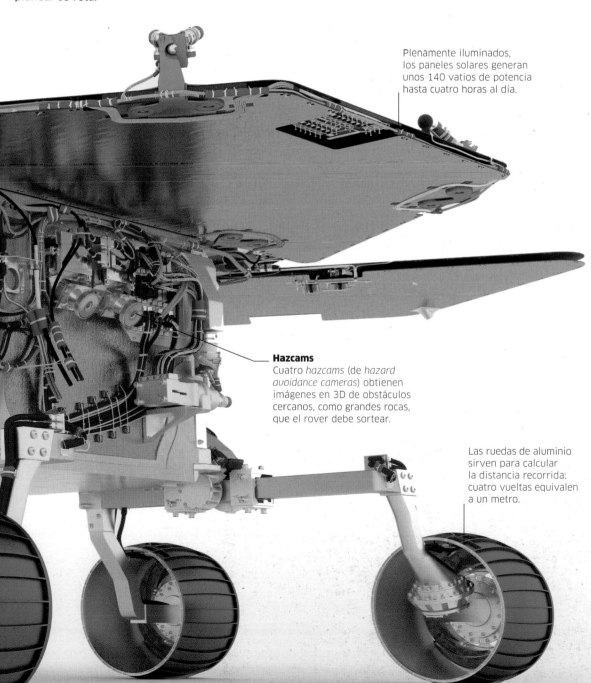

Plenamente iluminados, los paneles solares generan unos 140 vatios de potencia hasta cuatro horas al día.

Hazcams

Cuatro *hazcams* (de *hazard avoidance cameras*) obtienen imágenes en 3D de obstáculos cercanos, como grandes rocas, que el rover debe sortear.

Las ruedas de aluminio sirven para calcular la distancia recorrida: cuatro vueltas equivalen a un metro.

En equilibrio

Las ruedas están conectadas al chasis por medio de un mecanismo de suspensión de tipo *rocker-bogie*, un ingenioso sistema para sobrepasar obstáculos manteniendo el chasis nivelado.

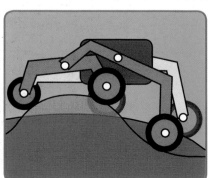

Los pernos explosivos separan los módulos para el descenso.

Regreso a la Tierra

Solo el módulo de descenso vuelve a la Tierra; los otros dos salen despedidos y arden en la atmósfera. Los cohetes propulsores del módulo de descenso controlan su regreso antes de que lo frenen una serie de paracaídas. Tres horas y media después de dejar la Estación Espacial Internacional, el módulo aterriza en campo abierto en Kazajstán. Se ayuda a salir a la tripulación y se la evacúa en helicóptero.

Módulo de descenso

Los astronautas permanecen en él durante el despegue y el regreso a la Tierra. La forma de casco del módulo lo estabiliza durante el descenso en paracaídas y lo mantiene en el ángulo correcto al aterrizar a 5,4 km/h.

Esta antena transmite pulsos para calcular la posición de la nave al acoplarse a la Estación Espacial Internacional.

Módulo orbital

En órbita, la tripulación vive en este módulo provisto de cuarto de baño, equipo de comunicaciones y almacén.

Escotilla

Los astronautas pasan por esta escotilla para acceder a la Estación Espacial Internacional.

Asientos

Periscopio

Mecanismo de anclaje para el acoplamiento con la Estación Espacial Internacional

Cabina

Los tres miembros de la tripulación se sientan codo con codo durante el despegue y el regreso. Ante ellos está el panel de mandos de guía y navegación, y encima de este, la escotilla de entrada al módulo orbital.

355 Número de personas que han volado en transbordador espacial.

131

Naves espaciales tripuladas

Los primeros hombres entraron en órbita alrededor de la Tierra en la década de 1960. Solo 24 fueron más allá, hasta la Luna. Hay astronautas de muchos países, pero solo han sido lanzados al espacio por tres estados.

Rusia y EE UU llevan unos 50 años enviando misiones tripuladas, mientras que China lanzó en 2003 su primera nave espacial tripulada. Los primeros vehículos llevaban un solo astronauta, y los posteriores dos o tres, siempre en un espacio muy reducido. La Soyuz actual es una nave para tres personas y de un único uso. Durante 30 años, la alternativa fue el transbordador espacial, capaz de llevar más tripulantes con mayor comodidad y volver intacto. En la actualidad se están desarrollando nuevas naves reutilizables, algunas de las cuales llevarán turistas al espacio.

Antena de radio para comunicarse con la Tierra y la estación espacial

Cohetes propulsores Sirven para realizar pequeñas maniobras en el espacio.

Paneles solares Los dos grandes paneles solares, uno a cada lado, están conectados a baterías recargables.

Depósito de combustible líquido

Módulo de servicio Esta zona no tripulada contiene los motores, el combustible, los sistemas de navegación y otros instrumentos.

Soyuz
La nave Soyuz rusa es el vehículo más seguro y barato para llevar hasta tres personas de ida y vuelta a una órbita terrestre baja, y el único capaz de llevar astronautas a la Estación Espacial Internacional (EEI). Consta de tres partes: los módulos de descenso y orbital usados por la tripulación, y el módulo de servicio, que contiene los motores y el equipo.

Vehículos espaciales

Bodega de la carga

SpaceShipTwo

White Knight

Gemini
Fue una de las primeras naves de EE UU tripuladas y puso en órbita a diez tripulaciones de dos miembros en 1965-1966. En ella se realizó el primer paseo espacial de EE UU.

Transbordador espacial
Los cinco transbordadores espaciales llevaron tripulaciones de hasta ocho miembros entre 1981 y 2011. En total, la flota completó 21 030 órbitas en torno a la Tierra.

SpaceShipTwo
Eata nave de propiedad privada está diseñada para el futuro turismo espacial. Se desprende del avión White Knight y usa un cohete para ascender hasta el límite del espacio.

Dragon V2
Esta nave reutilizable, capaz de al menos diez vuelos, llevará a tripulaciones futuras de ida y vuelta a la EEI. Lanzada por un cohete Falcon 9, para aterrizar se posará sobre sus patas.

Transbordador espacial

Fue la primera nave espacial reutilizable, diseñada para llevar entre 2 y 8 astronautas al espacio y de vuelta a la Tierra.

La flota de cinco transbordadores de la NASA estuvo en servicio 30 años, con 135 lanzamientos y un total de 3,6 años de vuelo. Lanzados por dos cohetes desechables de combustible sólido, entraban en órbita en 8 minutos, acelerando de 0 a 25 000 km/h. El programa concluyó en 2011, habiendo durado 15 años más de los previstos.

134 astronáutica ○ **PROGRAMA APOLO**

195 horas y 18 minutos: **duración total** de la **primera misión Apolo** a la Luna.

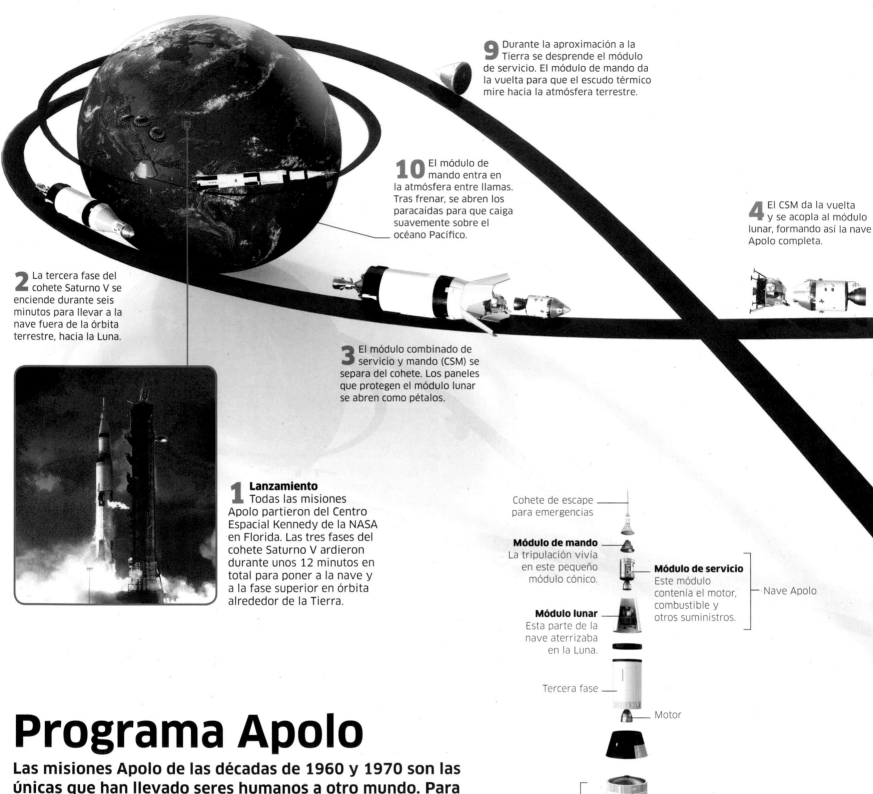

9 Durante la aproximación a la Tierra se desprende el módulo de servicio. El módulo de mando da la vuelta para que el escudo térmico mire hacia la atmósfera terrestre.

10 El módulo de mando entra en la atmósfera entre llamas. Tras frenar, se abren los paracaídas para que caiga suavemente sobre el océano Pacífico.

4 El CSM da la vuelta y se acopla al módulo lunar, formando así la nave Apolo completa.

2 La tercera fase del cohete Saturno V se enciende durante seis minutos para llevar a la nave fuera de la órbita terrestre, hacia la Luna.

3 El módulo combinado de servicio y mando (CSM) se separa del cohete. Los paneles que protegen el módulo lunar se abren como pétalos.

1 **Lanzamiento**
Todas las misiones Apolo partieron del Centro Espacial Kennedy de la NASA en Florida. Las tres fases del cohete Saturno V ardieron durante unos 12 minutos en total para poner a la nave y a la fase superior en órbita alrededor de la Tierra.

Cohete de escape para emergencias

Módulo de mando
La tripulación vivía en este pequeño módulo cónico.

Módulo de servicio
Este módulo contenía el motor, combustible y otros suministros.

Nave Apolo

Módulo lunar
Esta parte de la nave aterrizaba en la Luna.

Tercera fase

Motor

Programa Apolo

Las misiones Apolo de las décadas de 1960 y 1970 son las únicas que han llevado seres humanos a otro mundo. Para alcanzar la Luna hizo falta una nave espacial extraordinaria de tres partes y los mayores cohetes que se han usado nunca.

Entre 1969 y 1972, la NASA lanzó seis misiones Apolo con éxito y llevó a la Luna a doce astronautas. En cada misión, una tripulación de tres hombres recorrió un total de 1,5 millones de km por el espacio en una trayectoria con forma de ocho hasta la Luna y de vuelta a la Tierra. Lanzados por el gigantesco cohete Saturno V –que había que construir de nuevo para cada viaje–, los astronautas volaban en una nave Apolo de tres partes (fases o etapas), que se separaban. El módulo lunar con aspecto de araña llevaba a dos hombres hasta la superficie, mientras el otro permanecía en el módulo de mando cónico en el que volverían a casa. Anejo a este se encontraba el módulo de servicio, cilíndrico, con el motor cohete de la nave, combustible y suministros.

Segunda fase

Primera fase

Motores

Saturno V

Con 111 m de altura, el cohete lanzador Saturno V era más alto que la estatua de la Libertad de Nueva York. El cuerpo principal se componía de una serie de tres cohetes, llamados etapas o fases. La nave Apolo, minúscula en comparación, estaba arriba. Los cohetes principales se encendían en secuencia: cada fase propulsaba las secciones superiores a mayor altura y velocidad antes de agotar su combustible y caer a la Tierra.

15 toneladas: cantidad de **combustible quemado por segundo** durante el lanzamiento.

300 **Número total de horas** que pasaron en la Luna los astronautas del Apolo.

En 1970, la Apolo 13 fue **dañada por una explosión** camino de la Luna y tuvo que volver a la Tierra.

135

Módulos de mando y servicio

Los módulos de mando y servicio volaban como una sola unidad (CSM) durante la mayor parte de cada misión. Los astronautas vivían en el módulo de mando, la parte delantera cónica con cinco ventanas de triple acristalado para ver la Luna, la Tierra y las maniobras de acoplamiento. La parte habitable era minúscula y con instalaciones mínimas, sin cuarto de baño: en vez de inodoro, los astronautas empleaban bolsas de plástico o un tubo especial conectado con el espacio.

Sala de control

El centro neurálgico de las misiones Apolo era la sala de control del Centro Espacial Lyndon B. Johnson en Houston (EE UU), donde científicos e ingenieros observaban la nave durante las 24 horas del día y se comunicaban por radio con la tripulación en todo momento, excepto cuando la nave se encontraba detrás de la Luna.

5 La nave Apolo se dirige a la Luna, en un viaje de unos tres días. Frena para situarse en la órbita lunar.

El programa Apolo costó **24 000 millones de dólares** y en él trabajaron hasta 400 000 personas.

7 El módulo lunar se separa del CSM y se posa en la Luna. El CSM permanece en órbita con un astronauta a bordo.

8 La mitad superior del módulo lunar vuelve a la órbita lunar y se ensambla con el CSM, al que regresa la tripulación. El módulo lunar se abandona en el espacio, y el CSM se dirige a la Tierra.

6 Una vez segura la nave en la órbita lunar, dos astronautas acceden por una escotilla al módulo lunar, listos para el descenso a la Luna.

Módulo lunar

Seis naves Apolo se posaron en la Luna entre 1969 y 1972, en la mayor aventura en que hayan participado jamás seres humanos. Los doce hombres que exploraron la superficie lunar regresaron cargados con bolsas de valiosísimas muestras de roca.

La carrera por llegar a la Luna acabó el 20 de julio de 1969, cuando Neil Armstrong, astronauta estadounidense, fue la primera persona en pisar su suelo. Armstrong voló hasta la superficie lunar con su colega Buzz Aldrin en el módulo lunar Apolo 11, apodado *Eagle* («Águila»), mientras Michael Collins seguía en órbita en el módulo de mando Apolo. Armstrong tuvo que hacerse con el control manual del *Eagle* en los últimos minutos de un descenso espeluznante tras darse cuenta de que el lugar de alunizaje previsto no era seguro. Alunizó con combustible para solo 30 segundos y luego hizo su célebre anuncio al mundo: «Houston, aquí la base Tranquilidad. El *Eagle* ha aterrizado».

Antena de radar para medir distancias

Telescopio

Escotilla
Los astronautas pasaban del módulo lunar al resto de la Apolo por una escotilla superior.

Controles

Escotilla de salida y entrada a la superficie lunar

Los astronautas bajaban a la superficie lunar por esta escalera.

La fase de ascenso despega

La fase de descenso se queda

Motor para el descenso a la Luna

Las patas de base ancha impedían que el módulo lunar se hundiera en el suelo polvoriento.

Despegue
Llegado el momento de partir, se encendía el motor de ascenso, que elevaba la fase de ascenso hasta la órbita lunar, donde la nave se ensamblaba con los módulos de mando y servicio. Los dos astronautas lunares regresaban al módulo de mando y guardaban sus muestras de roca y cámaras. Luego la fase de ascenso se desprendía y se estrellaba en la Luna.

El último hombre que pisó la Luna fue
Eugene Cernan, el 14 de diciembre de 1972.

80 horas: tiempo total que pasaron **fuera del módulo
lunar** los doce astronautas que visitaron la Luna.

137

MÓDULO DE SERVICIO   MÓDULO DE MANDO   MÓDULO LUNAR

El módulo de servicio
albergaba el motor
principal de la nave
Apolo y llevaba aire,
agua y combustible.

Unas sondas detectaban el
suelo justo antes de alunizar.

La nave Apolo

La nave Apolo constaba de tres partes. La
tripulación viajaba en el módulo de mando.
Una vez en la Luna, dos astronautas pasaban
al módulo lunar para descender a la superficie.
El tercero les esperaba en órbita, en el módulo
combinado de mando y servicio. El módulo de
mando era la única parte que volvía a la Tierra.

Más de 500 millones
**de personas vieron por televisión en
directo a Neil Armstrong cuando salió
del módulo lunar y pisó la Luna.**

Propulsores
Unos pequeños
propulsores a chorro
mantenían estable
la fase de ascenso
durante los vuelos
hacia y desde la
superficie lunar.

Módulo lunar

Aunque por su diseño con forma
de araña el módulo lunar parezca
frágil, solo volaba por el espacio
vacío, por lo que no necesitaba
tener forma aerodinámica. La parte
superior –la fase de ascenso– fue
el hogar de los astronautas durante
el tiempo que pasaron en la Luna.
La cabina era minúscula, ruidosa,
polvorienta y tan iluminada por el
Sol que era imposible dormir. La
fase de descenso llevaba la nave
a la superficie y luego servía de
plataforma de lanzamiento para
que la fase de ascenso volviera
a la órbita lunar.

La gravedad lunar

La gravedad de la Luna es solo un sexto de
la de la Tierra. En la Luna no solo todo pesa
seis veces menos que en la Tierra, sino que
es seis veces más fácil escalar sus montes y,
como comprobó el comandante de la Apolo
16 John Young, se puede saltar seis veces
más alto sobre la superficie.

Unas mantas espaciales metálicas
protegían los depósitos de combustible
y otras partes vitales de los cambios
extremos de temperatura.

Recuerdos

En la Luna quedaron vehículos y equipo del
programa Apolo, entre ellos seis fases de
descenso y tres rovers lunares. David Scott
y James Irwin, de la Apolo 15, dejaron otros
recuerdos: una lista con los nombres de
14 astronautas estadounidenses y rusos que
perdieron la vida y la figurita de un astronauta.

Cuatro patas ajustables
garantizaban que el módulo
lunar estuviera nivelado
sobre la superficie.

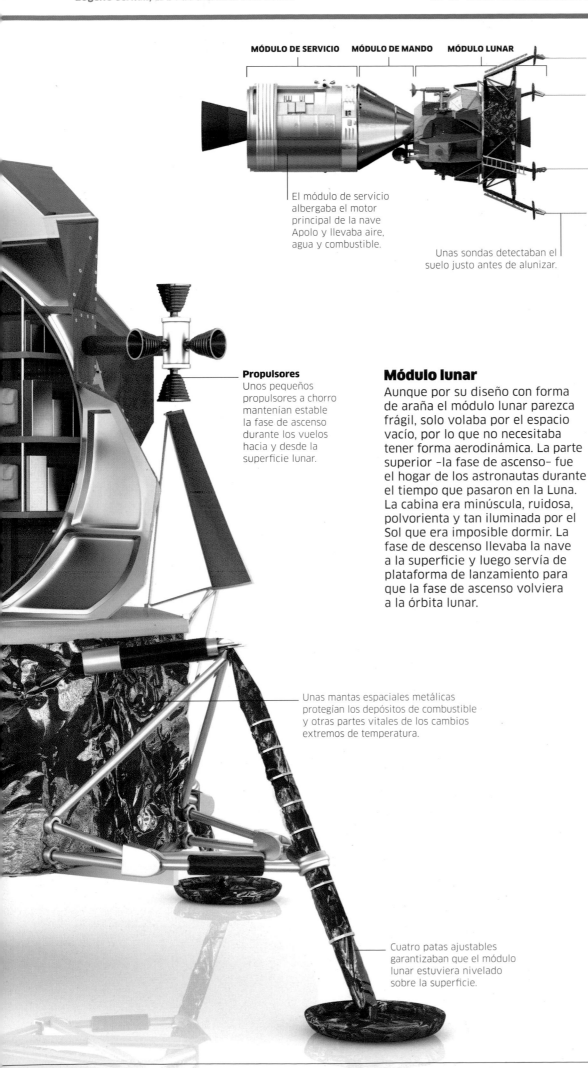

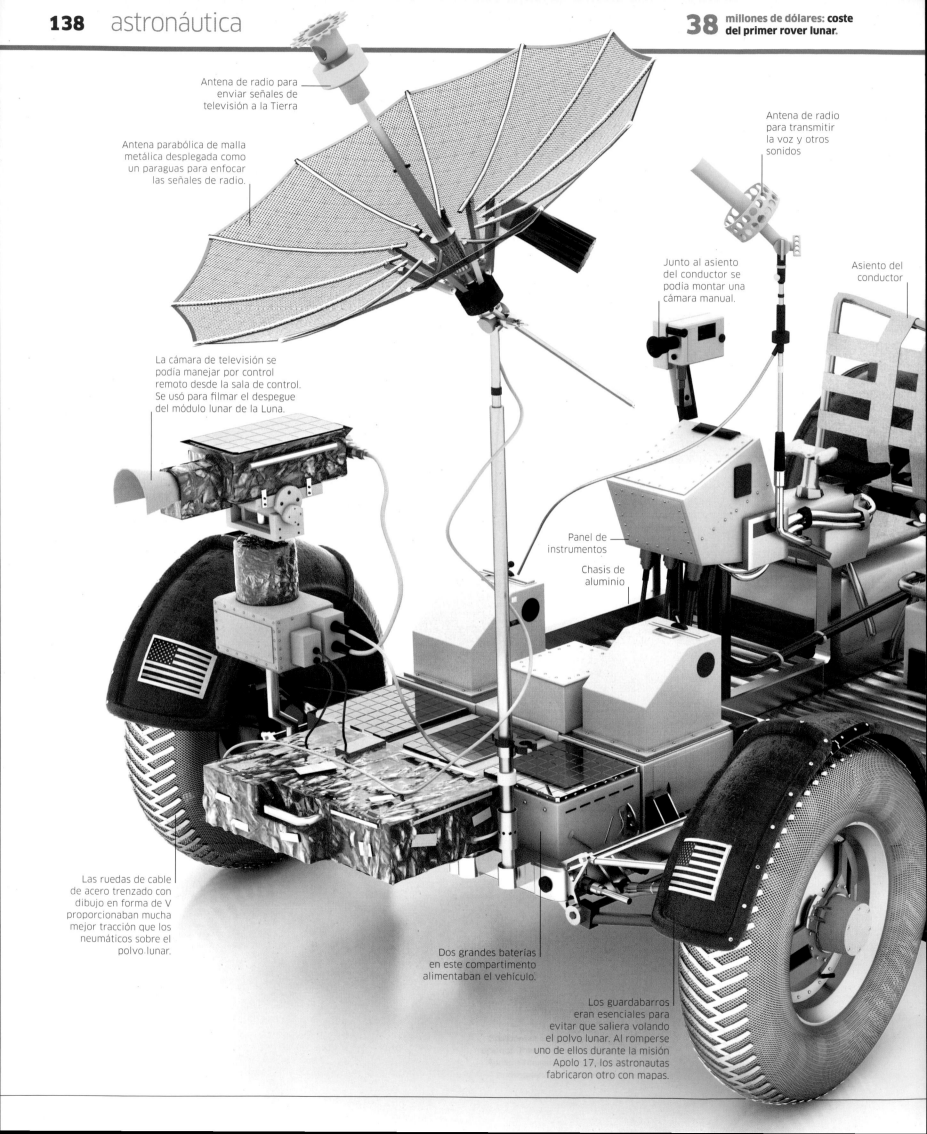

Antena de radio para enviar señales de televisión a la Tierra

Antena de radio para transmitir la voz y otros sonidos

Antena parabólica de malla metálica desplegada como un paraguas para enfocar las señales de radio.

Junto al asiento del conductor se podía montar una cámara manual.

Asiento del conductor

La cámara de televisión se podía manejar por control remoto desde la sala de control. Se usó para filmar el despegue del módulo lunar de la Luna.

Panel de instrumentos

Chasis de aluminio

Las ruedas de cable de acero trenzado con dibujo en forma de V proporcionaban mucha mejor tracción que los neumáticos sobre el polvo lunar.

Dos grandes baterías en este compartimento alimentaban el vehículo.

Los guardabarros eran esenciales para evitar que saliera volando el polvo lunar. Al romperse uno de ellos durante la misión Apolo 17, los astronautas fabricaron otro con mapas.

90 km: distancia total recorrida por los tres todoterrenos lunares.

19 km/h: velocidad máxima alcanzada por el LRV en la Luna.

7,6 km: máxima distancia recorrida por un todoterreno desde el lugar de alunizaje.

139

El compartimento trasero contenía equipo para recoger muestras, como cepillos, martillo, recogedor y rastrillo.

Los asientos eran de tubo de aluminio con red de tiras de nailon y cinturones de velcro.

Asidero

El espacio bajo los asientos permitía a los astronautas reunir hasta 27 kg de muestras de roca.

Todoterreno lunar

Los primeros astronautas del Apolo tuvieron que explorar la Luna a pie. Los participantes en las últimas tres misiones contaron con el LRV (Lunar Roving Vehicle), un vehículo todoterreno alimentado por baterías que les permitió recorrer kilómetros.

Construido con los materiales más ligeros posible, el LRV pesaba solo 35 kg en la baja gravedad lunar, aproximadamente el doble que una bicicleta de montaña en la Tierra. Cuatro robustas ruedas de metal, cada una con motor, dirección y freno propios, le permitían pasar sobre cráteres y rocas sin perder tracción sobre el polvo suelto de la Luna. Los astronautas de la Apolo 11 solo podían caminar unos 100 m desde el lugar de alunizaje con sus pesados trajes; en cambio, con este vehículo, los de la Apolo 17 recorrieron un total de 36 km mientras exploraban y recogían muestras. Se enviaron tres LRV a la Luna, y allí quedaron todos. Su última tarea fue filmar con una cámara de a bordo el despegue de sus conductores rumbo a la Tierra.

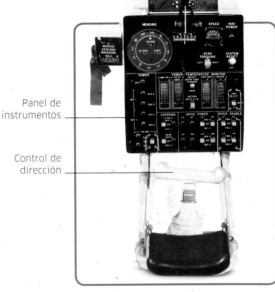

Panel de instrumentos

Control de dirección

Mandos
El panel de instrumentos mostraba la velocidad, la dirección, la inclinación, la reserva de batería y la temperatura. El LRV no tenía volante, sino un asa con forma de T que servía para girar, acelerar y frenar. También contaba con un soporte para mapas y con espacio para guardar herramientas y muestras de roca.

Desplegar el LRV
El LRV estaba diseñado para doblarse y quedar plano para viajar a la Luna sujeto a un costado del módulo lunar. Un astronauta debía subir por la escalera y abrir los cierres que sujetaban el LRV para bajarlo.

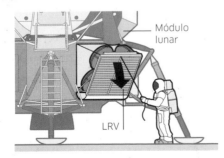

Módulo lunar

LRV

1 BAJAR EL LRV
Para bajar el LRV al suelo, los astronautas debían tirar de una serie de cintas en una secuencia meticulosa. Para el resto se usaban poleas.

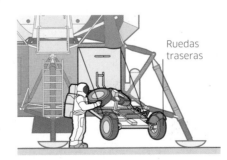

Ruedas traseras

2 SE DESPLIEGA EL CHASIS
Al bajar el LRV, las ruedas traseras se desplegaban y se fijaban en su lugar automáticamente. Entonces, los asientos quedaban mirando hacia arriba.

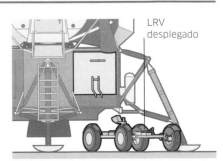

LRV desplegado

3 SE DESCONECTA EL LRV
Las ruedas delanteras también se desplegaban y fijaban automáticamente. Por último, los astronautas levantaban manualmente los asientos y otras partes.

140 astronáutica ○ **TRAJE ESPACIAL**

25 **Número de veces que se usa un traje**
en la Estación Espacial Internacional.

Traje espacial

Un traje espacial actual es mucho más que una prenda protectora: es como una nave espacial que se lleva puesta y que crea un ambiente seguro para el cuerpo humano.

En los inicios de la exploración espacial, los trajes espaciales eran de una sola pieza y a la medida de cada astronauta. Hoy, los astronautas que trabajan fuera de la Estación Espacial Internacional llevan un traje de talla única que consta de muchas piezas. Sobre los pantalones se monta una pieza superior semirrígida y encima se colocan el casco, los guantes, las botas y la mochila. Por debajo se lleva una prenda cómoda de una pieza, con tubos por los que fluye agua para mantener fresco el cuerpo. Por fuera del traje van los controles, los cables que sujetan al astronauta a la estación espacial y las herramientas necesarias.

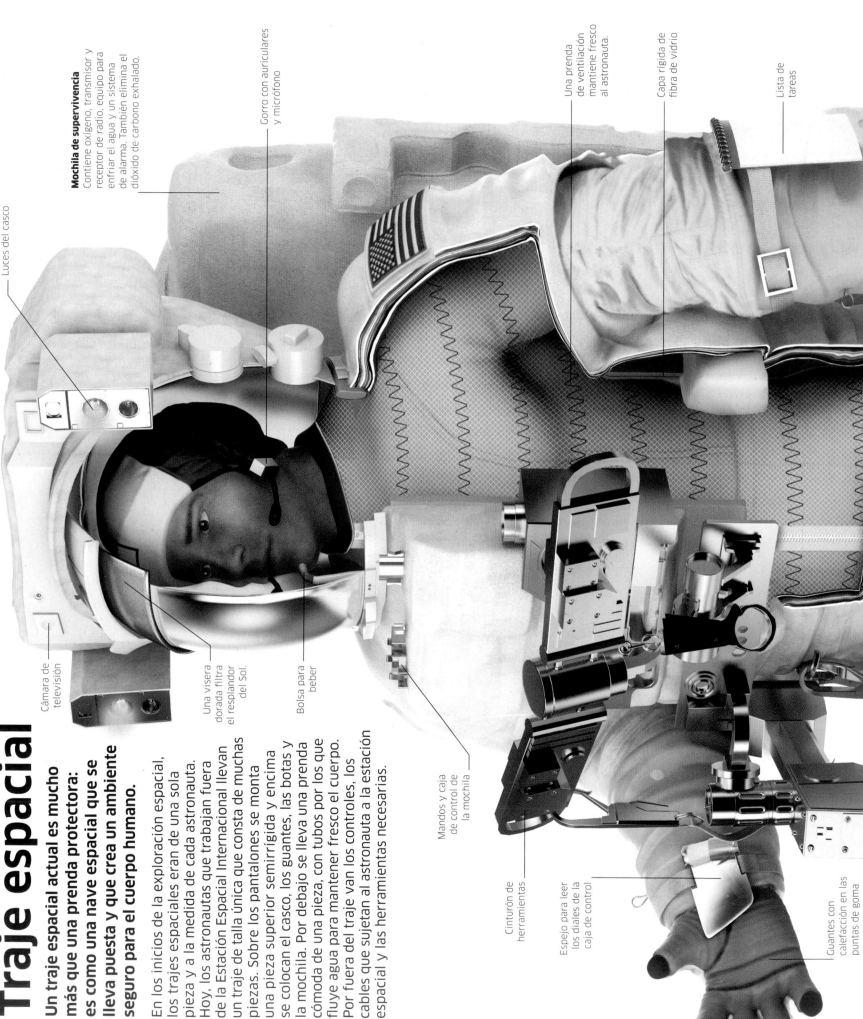

Mochila de supervivencia
Contiene oxígeno, transmisor y receptor de radio, equipo para enfriar el agua y un sistema de alarma. También elimina el dióxido de carbono exhalado.

Gorro con auriculares y micrófono

Una prenda de ventilación mantiene fresco al astronauta.

Capa rígida de fibra de vidrio

Lista de tareas

Luces del casco

Cámara de televisión

Una visera dorada filtra el resplandor del Sol.

Bolsa para beber

Mandos y caja de control de la mochila

Cinturón de herramientas

Espejo para leer los diales de la caja de control

Guantes con calefacción en las puntas de goma

12 millones de dólares: precio de **un solo traje espacial.**

Un traje espacial actual pesa 127 kg en la Tierra, pero **carece de peso en el espacio.**

92 m: **longitud total de los tubos de agua** de la prenda de ventilación que se lleva bajo el traje espacial.

141

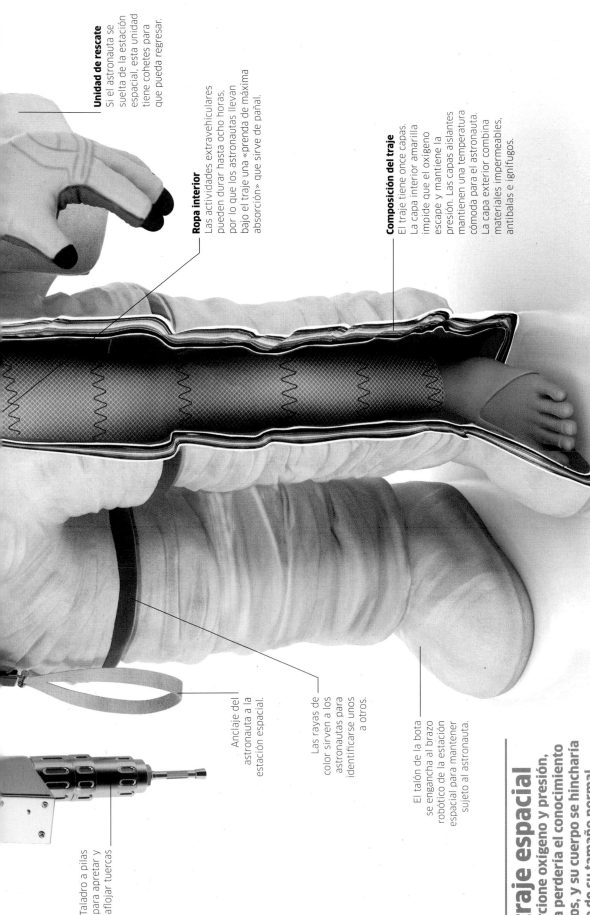

Unidad de rescate
Si el astronauta se suelta de la estación espacial, esta unidad tiene cohetes para que pueda regresar.

Ropa interior
Las actividades extravehiculares pueden durar hasta ocho horas, por lo que los astronautas llevan bajo el traje una «prenda de máxima absorción» que sirve de pañal.

Composición del traje
El traje tiene once capas. La capa interior amarilla impide que el oxígeno escape y mantiene la presión. Las capas aislantes mantienen una temperatura cómoda para el astronauta. La capa exterior combina materiales impermeables, antibalas e ignífugos.

Taladro a pilas para apretar y aflojar tuercas

Anclaje del astronauta a la estación espacial.

Las rayas de color sirven a los astronautas para identificarse unos a otros.

El talón de la bota se engancha al brazo robótico de la estación espacial para mantener sujeto al astronauta.

Sin un traje espacial

que le proporcione oxígeno y presión, un astronauta perdería el conocimiento en 15 segundos, y su cuerpo se hincharía hasta el doble de su tamaño normal.

Traje actual
El traje que se usa hoy para los paseos espaciales en la Estación Espacial Internacional se llama unidad de movilidad extravehicular.

Casco de plástico resistente a los impactos

El blanco destaca sobre la negrura del espacio.

Gorro de comunicaciones bajo el casco

Primer traje del transbordador
Los primeros astronautas del transbordador llevaron en 1981 un traje basado en el presurizado de las fuerzas aéreas de EE UU. Más tarde llegó la versión de color naranja vivo.

Casco presurizado

Capas internas del traje Apolo (no se muestran las exteriores «blancas»)

Apolo
Los astronautas que fueron a la Luna a finales de la década de 1960 usaron el mismo traje flexible para volar y para caminar sobre la Luna.

Casco

El nailon cubierto de aluminio da al traje color plateado.

Mercury
Los astronautas del programa Mercury, entre 1961 y 1963, llevaban trajes presurizados con cintas y cremalleras para ajustarlos al cuerpo.

Evolución de los trajes espaciales

Los primeros astronautas, que nunca salieron de sus naves, llevaban trajes presurizados como los de los pilotos de caza. Cuando empezaron a realizar actividades extravehiculares, sus trajes fueron cambiando. Hoy llevan trajes de vuelo durante el viaje, ropa normal cómoda en la estación espacial y un traje espacial para las actividades extravehiculares.

Paseo espacial

El vacío sin aire del espacio es letal para el cuerpo humano. Sin su traje, un astronauta tardaría menos de un minuto en morir.

Al no haber en el espacio presión atmosférica para mantener el agua líquida, los fluidos corporales hervirían a los pocos segundos si el astronauta no llevara un traje espacial presurizado. Este también le protege del calor abrasador del Sol y del frío extremo a la sombra. En la imagen, un astronauta ruso trabaja en la Estación Espacial Internacional. En órbita alrededor de la Tierra a 8 km/s, da la vuelta al planeta cada 92 minutos, sumergiéndose en la negra y gélida noche cada 46 minutos antes de emerger de nuevo a la luz deslumbrante del día.

Estaciones espaciales

Solo tres personas han pasado más de un año seguido en el espacio, todas ellas a bordo de una estación espacial. Estas naves en órbita permiten a los astronautas vivir y trabajar fuera del planeta durante largos periodos.

Desde 1971 han orbitado en torno a la Tierra diez estaciones espaciales tripuladas. La primera, Salyut 1, era pequeña y pudo ser lanzada completa, pero las estaciones espaciales de mayor tamaño se construyen en órbita uniendo módulos que se fabrican en la Tierra y se lanzan al espacio por separado. Así se construyó la Estación Espacial Internacional (EEI), cuyas primeras partes fueron ensambladas en 1998 por astronautas. Es el mayor objeto hecho por el hombre que orbita en torno a la Tierra, visible a simple vista como una estrella que recorre el cielo en unos minutos. Se usa para la investigación científica, pero las estaciones espaciales algún día podrían servir de escala para misiones a otros planetas.

Estación Espacial Internacional

La EEI es tan espaciosa como una casa de seis habitaciones. La mayor parte la ocupan zonas de trabajo, como los laboratorios. La tripulación de seis miembros trabaja nueve horas al día, cinco días a la semana, llevando a cabo experimentos y haciendo ejercicio para mantenerse en forma.

Kibo
El mayor módulo es este laboratorio científico japonés utilizado para experimentos muy diversos.

Canadarm2
Este brazo robótico con siete articulaciones motorizadas mueve tanto equipo como astronautas.

Harmony
Este módulo estadounidense tiene cuatro habitáculos para dormir.

Columbus
Los astronautas usan este laboratorio europeo para estudiar el efecto de la ingravidez en los animales, las plantas y el cuerpo humano.

El tamaño de la EEI

La EEI es del tamaño aproximado de un campo de fútbol y más del doble de larga que un Boeing 747, el avión de pasajeros más largo del mundo. Pesa unas 450 toneladas, casi como unos 375 automóviles de tamaño medio.

BOEING 747
71 m de largo

ESTACIÓN ESPACIAL INTERNACIONAL
109 m de largo

Órbita

Viajando a 27600 km/h, la EEI rodea el planeta cada 90 minutos aproximadamente, cruzando del hemisferio norte al hemisferio sur y a la inversa en cada órbita. Debido a la rotación de la Tierra, pasa sobre zonas distintas del planeta cada vez, siguiendo las líneas azules de abajo.

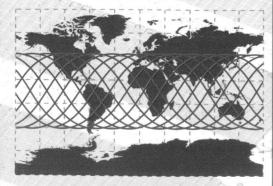

En el laboratorio
En el laboratorio estadounidense Destiny, un astronauta actualiza a Robonaut, primer robot humanoide espacial. Considerado un miembro más de la tripulación, este realiza tareas sencillas y rutinarias en el interior. Algún día acompañará a los astronautas en los paseos espaciales.

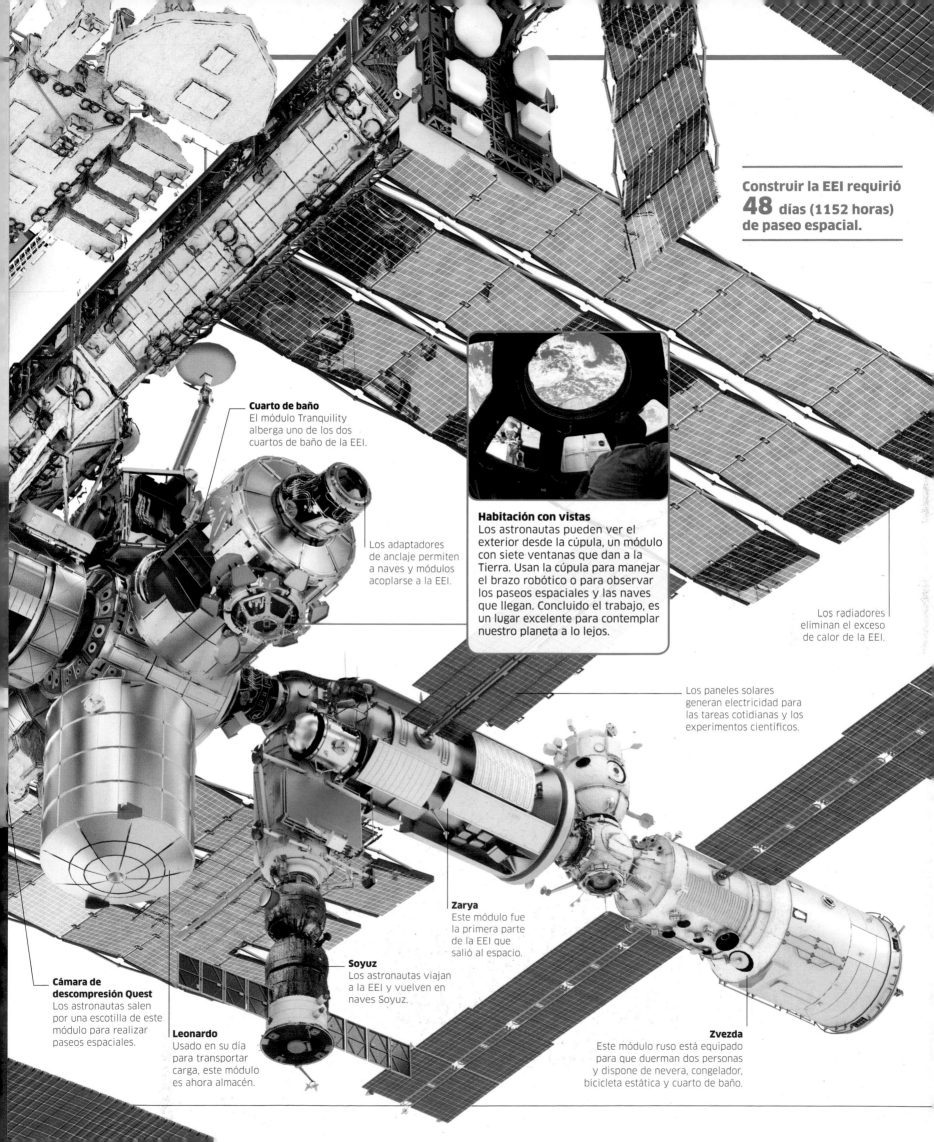

Construir la EEI requirió
48 días (1152 horas)
de paseo espacial.

Cuarto de baño
El módulo Tranquility
alberga uno de los dos
cuartos de baño de la EEI.

Los adaptadores
de anclaje permiten
a naves y módulos
acoplarse a la EEI.

Habitación con vistas
Los astronautas pueden ver el
exterior desde la cúpula, un módulo
con siete ventanas que dan a la
Tierra. Usan la cúpula para manejar
el brazo robótico o para observar
los paseos espaciales y las naves
que llegan. Concluido el trabajo, es
un lugar excelente para contemplar
nuestro planeta a lo lejos.

Los radiadores
eliminan el exceso
de calor de la EEI.

Los paneles solares
generan electricidad para
las tareas cotidianas y los
experimentos científicos.

Zarya
Este módulo fue
la primera parte
de la EEI que
salió al espacio.

**Cámara de
descompresión Quest**
Los astronautas salen
por una escotilla de este
módulo para realizar
paseos espaciales.

Soyuz
Los astronautas viajan
a la EEI y vuelven en
naves Soyuz.

Leonardo
Usado en su día
para transportar
carga, este módulo
es ahora almacén.

Zvezda
Este módulo ruso está equipado
para que duerman dos personas
y dispone de nevera, congelador,
bicicleta estática y cuarto de baño.

Búsqueda de vida

El universo es inmenso. Solo en la Vía Láctea puede haber hasta 100 000 millones de estrellas con planetas, y nuestra galaxia solo es una entre quizá 200 000 millones. Por eso parece improbable que la Tierra sea el único lugar donde hay vida. Grandes telescopios de todo el mundo escrutan el espacio en busca de indicios de vida en otro lugar. No se espera tropezar con hombrecillos verdes; de hecho, la vida, si se encuentra, podría ser difícil de reconocer. Lo que buscan los científicos es más bien una señal de radio inexplicable, un rastro de agua oculta o una roca que podría contener fósiles minúsculos.

¿HAY ALGUIEN AHÍ?

En 1961, el astrónomo Frank Drake creó un método para estimar cuántas civilizaciones podrían estar emitiendo señales de radio en nuestra galaxia. La fórmula, conocida como ecuación de Drake, usa siete factores, expresados por símbolos, que hay que multiplicar. Los valores de algunos factores solo pueden suponerse, por lo que la ecuación no da más que una idea muy aproximada de las posibilidades de hallar extraterrestres.

SEÑALES DE RADIO

Si existen civilizaciones extraterrestres en alguna parte, es posible que hayan descubierto cómo usar ondas de radio para enviar señales. Una manera de encontrarlas sería simplemente dar con sus señales en el espacio. Esto es lo que intentan los proyectos SETI (de Search of ExtraTerrestial Intelligence, «Búsqueda de Inteligencia Extraterrestre»), con grandes antenas que rastrean el cielo. También se pueden usar radiotelescopios para enviar nuestros mensajes hacia destinos probables de la galaxia. Hasta hoy, ninguna de las dos estrategias ha dado resultado.

La señal Wow!

En 1977, un científico de un observatorio estadounidense detectó una señal del espacio inusualmente fuerte. Emocionado ante la posibilidad de que se tratase de un mensaje extraterrestre, escribió la exclamación *Wow!* en una hoja de impresión. Por desgracia, la señal no se ha vuelto a detectar.

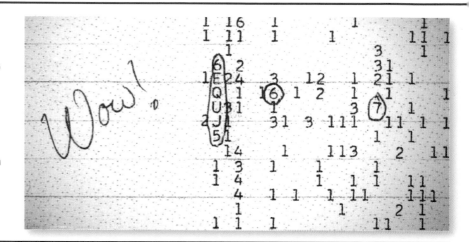

Rastrear los cielos

El radiotelescopio de Arecibo (Puerto Rico), con más de 300 m de diámetro, es el mayor radiotelescopio de una sola antena jamás construido. A veces busca señales de radio extraterrestres al mismo tiempo que realiza sus observaciones astronómicas habituales.

Número de civilizaciones extraterrestres que emiten señales de radio

Fracción de estas estrellas que tiene una familia de planetas en órbita

Fracción de estos planetas en los que aparece la vida

Fracción de civilizaciones que desarrollan tecnología de radio

$$N = R^* \times f_p \times n_e \times f_l \times f_i \times f_c \times L$$

Tasa anual a la que se forman nuevas estrellas en nuestra galaxia

Número de planetas de cada estrella con condiciones favorables para la vida

Fracción de planetas con vida en los que se desarrolla vida inteligente

Duración de cada civilización, a juzgar por el tiempo durante el cual envía mensajes

El mensaje de Arecibo

En 1974, los astrónomos usaron el radiotelescopio de Arecibo para enviar un mensaje codificado hacia un cúmulo estelar a 25 000 años luz de distancia. La señal duró tres minutos y consistió en una larga serie de números binarios que, una vez descodificada, informa de las características de la vida en la Tierra. Como la señal tardará 25 000 años en llegar a su destino –y la posible respuesta otros 25 000–, el mensaje tiene más de simbólico que de intento viable de comunicarse.

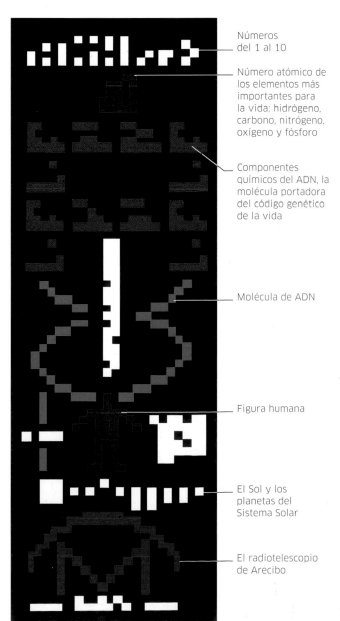

Números del 1 al 10

Número atómico de los elementos más importantes para la vida: hidrógeno, carbono, nitrógeno, oxígeno y fósforo

Componentes químicos del ADN, la molécula portadora del código genético de la vida

Molécula de ADN

Figura humana

El Sol y los planetas del Sistema Solar

El radiotelescopio de Arecibo

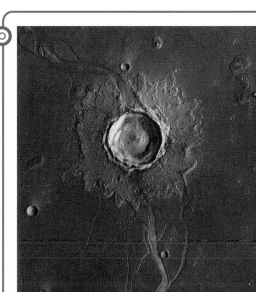

BÚSQUEDA EN EL SISTEMA SOLAR

Aunque no se han encontrado aún indicios de vida en otros lugares del Sistema Solar, las naves espaciales han detectado agua líquida, imprescindible para la vida en la Tierra. Existen océanos ocultos bajo la superficie de algunos satélites, y es casi seguro que el agua fluyó en Marte.

Marte

Las fotografías de Marte sugieren que el agua fluyó por su superficie en el pasado, aunque fuera durante periodos breves. Tiempo atrás Marte pudo ser más cálido y húmedo, y es posible que hubiera ríos y lagos. Futuros aterrizadores podrían buscar fósiles del pasado remoto marciano en el subsuelo.

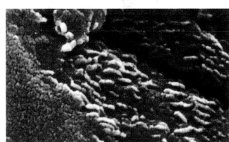

Meteorito marciano
En 1996, unos científicos anunciaron el hallazgo de lo que parecían bacterias fósiles en un meteorito procedente de Marte descubierto en la Antártida. Esta prueba de vida extraterrestre parecía tan convincente que el presidente de EE UU Bill Clinton hizo una declaración televisada sobre el hallazgo. Desde entonces los científicos no se han puesto de acuerdo acerca de las estructuras del interior del meteorito ALH84001, para algunos meros depósitos minerales.

Bajo el hielo

Bajo la superficie helada del satélite de Júpiter Europa (en la imagen) es probable que haya un gran océano de agua salada, calentado por fuerzas de marea. Como agua y calor son fundamentales para el desarrollo de la vida, Europa es uno de los primeros de la lista de lugares donde buscar vida. El satélite de Saturno Encélado también podría tener un océano de agua líquida bajo una corteza de hielo y podría albergar vida.

La esfera celeste

Se trata de una esfera imaginaria que rodea la Tierra y sobre la que puede situarse cualquier objeto celeste de la misma manera que los lugares de la Tierra en un globo terráqueo. Desde distintos lugares del planeta se ven distintas partes de la esfera, y como la Tierra rota, a lo largo de la noche van quedando a la vista diferentes partes de dicha esfera. Las estrellas y otros objetos lejanos permanecen más o menos fijos en el cielo durante largos periodos de tiempo, pero objetos del Sistema Solar como el Sol, la Luna y los planetas siempre están en movimiento.

¿QUÉ ES LA ESFERA CELESTE?

Hay que imaginar la esfera celeste como una gran bola hueca de cristal, con la Tierra dentro y las estrellas en la superficie. Como la Tierra rota, la esfera celeste parece rotar también. Al igual que la Tierra, tiene polos norte y sur, y un ecuador que la divide en hemisferios boreal y austral. Cualquier lugar de la Tierra puede situarse con las medidas llamadas latitud y longitud; para la esfera celeste se emplea un sistema similar, pero las cifras expresan lo que se denomina declinación y ascensión recta.

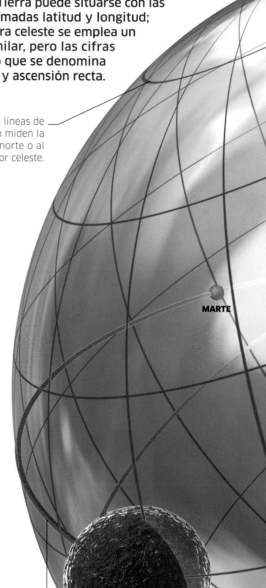

Eje de la Tierra

Polo norte celeste

Las líneas de declinación miden la posición al norte o al sur del ecuador celeste.

MARTE

El Sol y los planetas parecen desplazarse por el cielo cerca de una línea llamada eclíptica.

SOL

Movimiento del Sol

El ecuador celeste está directamente sobre el de la Tierra.

CIELOS EN ROTACIÓN

Es imposible ver la esfera celeste entera a la vez desde la Tierra, pero como esta rota y se desplaza alrededor del Sol, en cada momento queda a la vista una parte distinta de aquella. Cuánto se ve y cómo se desplazan las estrellas depende del lugar de la Tierra donde se esté.

Clave
- ● Observador
- .... Horizonte del observador
- ■ Estrellas siempre visibles
- ■ Estrellas visibles en algún momento
- ■ Estrellas nunca visibles

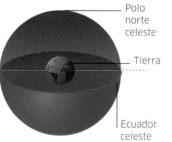

Polo norte celeste

Tierra

Ecuador celeste

Vista desde el polo Norte
Desde aquí solamente se ve la mitad norte de la esfera celeste, nunca la otra mitad. A medida que rota la Tierra, las estrellas se mueven en círculo alrededor del polo celeste, directamente encima del geográfico.

Vista desde latitudes medias
Desde las regiones de latitud media como Europa o EE UU, aquellas constelaciones que se hallan alrededor del polo celeste se ven siempre, pero las demás cambian a lo largo de la noche y del año.

Vista desde el ecuador
Desde el ecuador se puede ver la esfera celeste entera a lo largo de un año. Los polos celestes norte y sur quedan por encima del horizonte, de modo que las constelaciones polares son difíciles de ver.

Durante el año
La cara en sombra de la Tierra mira hacia partes diferentes de la esfera celeste a lo largo del año, a medida que el planeta orbita alrededor del Sol. Por eso, con el paso de los meses se van viendo constelaciones distintas. Durante el invierno, al ser las noches más largas y oscuras, es más fácil ver las estrellas. En verano sucede lo contrario, y las estrellas se distinguen peor.

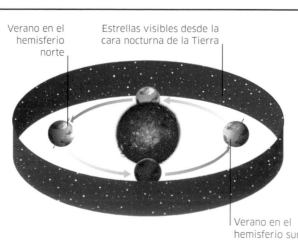

Verano en el hemisferio norte

Estrellas visibles desde la cara nocturna de la Tierra

Verano en el hemisferio sur

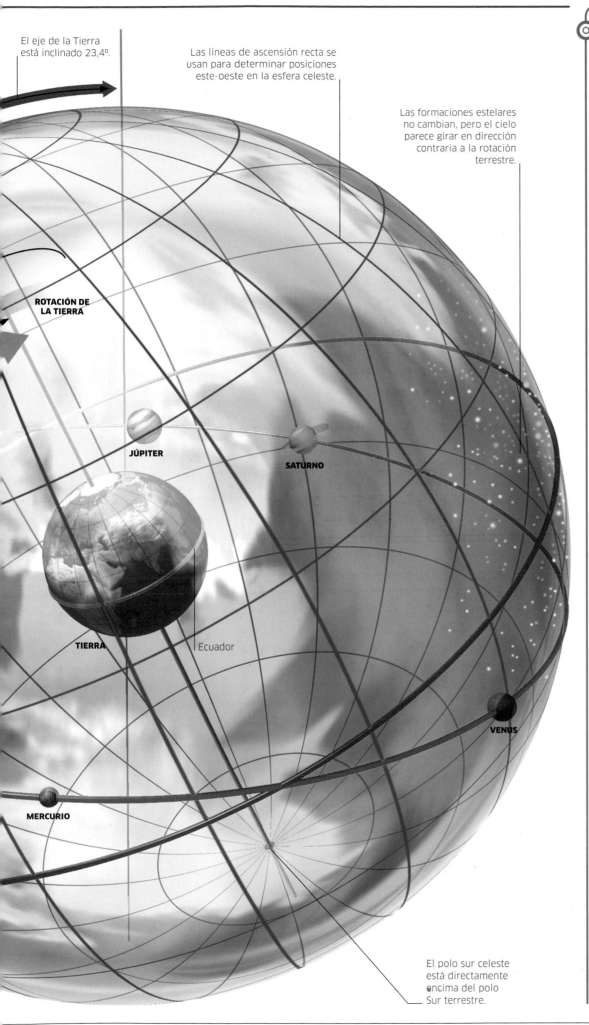

El eje de la Tierra está inclinado 23,4º.

Las líneas de ascensión recta se usan para determinar posiciones este-oeste en la esfera celeste.

Las formaciones estelares no cambian, pero el cielo parece girar en dirección contraria a la rotación terrestre.

ROTACIÓN DE LA TIERRA

JÚPITER

SATURNO

TIERRA

Ecuador

VENUS

MERCURIO

El polo sur celeste está directamente encima del polo Sur terrestre.

◉ ORÍGENES

En la Antigüedad no se sabía que la Tierra rota, por lo que era natural suponer que el Sol y las estrellas se mueven a nuestro alrededor. Para los antiguos observadores del cielo, la Tierra era el centro del universo, rodeada por una serie de esferas de cristal con las estrellas, la Luna, cada uno de los planetas y el Sol.

ILUSTRACIÓN DEL SISTEMA COPERNICANO (1661)

El Sol en el centro

Nicolás Copérnico, astrónomo polaco, comprobó hace unos 500 años que predecía mejor los movimientos de los planetas si consideraba que el Sol estaba en el centro, en lugar de la Tierra. Su revolucionaria teoría demostró que la Tierra no era el centro de la creación.

El zodíaco

La trayectoria del Sol por la eclíptica atraviesa trece constelaciones. A doce de ellas, los llamados signos del zodíaco, se les ha dado históricamente un significado especial. La otra, Ophiuchus, se suele ignorar.

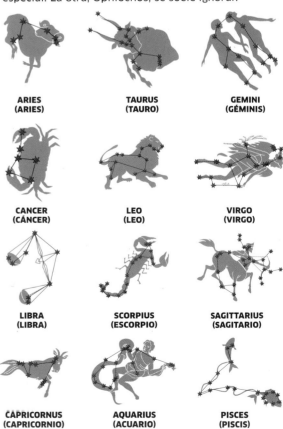

ARIES
(ARIES)

TAURUS
(TAURO)

GEMINI
(GÉMINIS)

CANCER
(CÁNCER)

LEO
(LEO)

VIRGO
(VIRGO)

LIBRA
(LIBRA)

SCORPIUS
(ESCORPIO)

SAGITTARIUS
(SAGITARIO)

CAPRICORNUS
(CAPRICORNIO)

AQUARIUS
(ACUARIO)

PISCES
(PISCIS)

Cómo observar el cielo

Una de las cosas que hacen de la astronomía una afición apasionante es que está al alcance de cualquiera. En una noche oscura, una persona con buena vista puede ver hasta 3000 estrellas, así que no faltan objetos interesantes que observar a simple vista. Antes de empezar conviene conocer algunos fundamentos, como el modo en que las estrellas y otros objetos se mueven por el cielo y cómo seguirles la pista. Con este conocimiento básico, cualquiera puede identificar constelaciones o aprender a encontrar gigantes rojas, nebulosas de formación de estrellas, e incluso galaxias a millones de años luz de la Tierra.

EQUIPO BÁSICO

Lo fundamental para salir a observar las estrellas es llevar ropa de abrigo, un mapa estelar de cualquier tipo y una linterna. Si se tiene *smartphone* o *tablet*, se pueden descargar una serie de aplicaciones que muestran el cielo nocturno visible desde una posición concreta a cualquier hora y en cualquier fecha, pero muchos prefieren utilizar un mapa celeste circular llamado planisferio.

Visión nocturna
Los ojos tardan una media hora en adaptarse del todo a la oscuridad para ver las estrellas de brillo más débil. Es preciso evitar las luces fuertes, que entorpecen la visión nocturna. Una linterna con luz roja no afectará a la capacidad de ver en la oscuridad.

MEDIR EL CIELO

Los astrónomos consideran el cielo como una gran esfera en torno a la Tierra. Las distancias entre objetos celestes se miden en grados, y como el círculo tiene 360º, esta es la medida de una vuelta completa al cielo. La Luna tiene aproximadamente medio grado de diámetro.

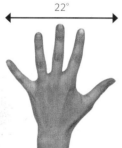

Palmo
Una mano abierta con los dedos estirados y el brazo extendido cubre un ángulo de cerca de 22 grados entre el dedo pulgar y el meñique.

Falanges
La parte superior de un dedo índice, o falangeta, mide unos tres grados. La falangina, cuatro grados, y la falange, seis grados.

Ancho del dedo
La punta de un dedo señalando hacia arriba con el brazo extendido tiene aproximadamente un grado de ancho y puede tapar la Luna llena por completo.

- 1 grado
- 90 grados
- 360 grados

Localizar las estrellas
La posición exacta de una estrella en un momento dado puede determinarse con dos cifras. Una es la altitud, la altura de la estrella sobre el horizonte, medida en grados; la otra es el acimut, el ángulo desde el punto cardinal norte, medido en grados en el sentido de las agujas del reloj. La estrella del ejemplo de abajo tiene una altura de 45º y un acimut de 25º.

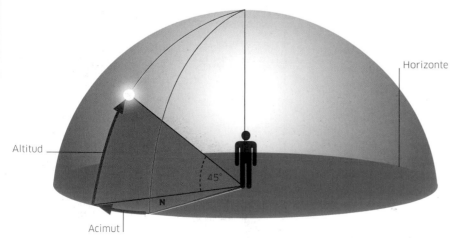

EN LA OSCURIDAD

La clave para observar estrellas es un cielo lo más oscuro y despejado posible. Los observatorios profesionales se suelen instalar en picos elevados de zonas remotas, pero lo esencial es alejarse del resplandor de la contaminación lumínica y las luces de la ciudad. En un cielo realmente oscuro, la Vía Láctea es un espectáculo inolvidable.

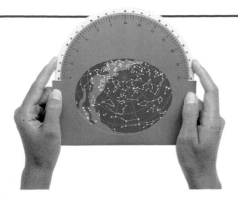

Planisferio celeste
Consiste en un mapa estelar circular y una cubierta superpuesta con una ventana ovalada. Cuando el día y la hora marcados en los bordes de las dos capas se alinean correctamente, aparecen en la ventana las estrellas visibles en el cielo en ese momento.

Instrumentos ópticos

Prismáticos y telescopios son una gran ayuda. Sus grandes lentes o espejos captan mucha más luz que el ojo humano, revelando así objetos muy tenues, como nebulosas y galaxias. Sus oculares crean una imagen aumentada de una parte pequeña del cielo y permiten discernir objetos próximos entre sí, como estrellas dobles, además de contemplar la Luna y los planetas con mayor detalle.

Prismáticos
Los prismáticos tienen dos grandes lentes para captar la luz y prismas para dirigirla a oculares de aumento. Si bien con unos buenos prismáticos se ven los satélites de Júpiter, hace falta un pulso firme para que la imagen no tiemble.

Telescopios
Los telescopios tienen o un objetivo o un espejo primario grande. Captan mucha más luz que los prismáticos, y el ocular ofrece una imagen muy aumentada de una zona menor del cielo. Para fijar el telescopio y mantenerlo estable se usa un trípode u otra montura.

La Vía Láctea
Nuestra galaxia es visible en noches despejadas y sin luna como una franja de luz lechosa que atraviesa el cielo. El mejor momento para verla es a finales del verano en el hemisferio norte y a finales del invierno en el hemisferio sur.

EL CIELO CAMBIANTE

Si se observa el cielo más de unos minutos, se notará que las estrellas se mueven lentamente por él, saliendo por el este y poniéndose por el oeste. Esto es una ilusión causada por la rotación terrestre, y el movimiento difiere entre distintas partes del mundo.

Movimiento en el polo Norte
Si se observa el cielo desde el polo Norte, las estrellas ni salen ni se ponen, sino que se desplazan en círculo alrededor de la estrella Polar, que nunca se mueve.

Movimiento en latitudes medias
Desde la mayor parte del mundo algunas estrellas son visibles toda la noche y se mueven en círculo, mientras que otras salen y se ponen.

Movimiento en el ecuador
En el ecuador, todas las estrellas salen por el este, cruzan el cielo y se ponen por el oeste. Las constelaciones visibles de noche varían gradualmente a lo largo del año.

Constelaciones móviles

La órbita de la Tierra en torno al Sol hace que la posición de las constelaciones en el cielo parezca variar. Esto se percibe al observar la misma constelación a la misma hora durante varias semanas.

1 ABRIL, 20.00 H

8 ABRIL, 20.00 H

15 ABRIL, 20.00 H

En el hemisferio sur

Este mapa muestra cómo relacionar algunos de los principales objetos del firmamento austral, visible para quienes estén en el hemisferio sur. El cielo austral ofrece una visión fantástica de nuestra galaxia, la Vía Láctea, y de las luminosas constelaciones Carina, Centaurus y Cruz del Sur. Hay muchas maravillas celestes que observar, desde coloridas nebulosas y cúmulos estelares hasta galaxias enteras.

CÓMO ORIENTARSE

El observador austral no tiene una estrella Polar para poder guiarse, y las constelaciones más próximas al polo son tenues y poco llamativas. Afortunadamente, la Vía Láctea discurre cerca y está repleta de estrellas brillantes y otras referencias. La Cruz del Sur (Crux) y los punteros del sur son buenos puntos de partida para recorrer el cielo austral.

1 PRIMERO IDENTIFIQUE la Cruz del Sur (que no debe ser confundida con la Falsa Cruz) y las estrellas punteros del sur: Alfa y Beta Centauri. Trace una línea imaginaria desde Beta Centauri hasta la parte inferior de la Cruz del Sur y continúe recorriendo la misma distancia hasta la famosa nebulosa de Carina. Vale la pena observar con prismáticos esta compleja mezcla de nebulosa de formación estelar y estrella masiva al borde de la explosión.

2 DOS HERMOSOS cúmulos estelares están cerca de la nebulosa de Carina: NGC 3532 y las Pléyades australes (IC 2602). Este segundo cúmulo contiene cinco o seis estrellas visibles a simple vista: compruebe cuántas es capaz de contar (verá más mirando hacia un lado). Con prismáticos podrá descubrir muchas más.

3 SIGA UNA LÍNEA desde lo alto de la Cruz del Sur, pasando por la nebulosa de Carina, y ascienda desde esta doblando la distancia recorrida. Aquí encontrará la engañosa Falsa Cruz y un poco más allá el cúmulo estelar IC 2391. Este impresionante tesoro de estrellas se aprecia mejor con prismáticos.

4 LUEGO SIGA el palo descendente (el más largo) de la Cruz del Sur a través de un área del cielo vacía para llegar a la Pequeña Nube de Magallanes. Esta pequeña galaxia orbita alrededor de la nuestra y contiene cientos de millones de estrellas. Cerca verá un cúmulo globular impresionante llamado 47 Tucanae.

5 POR ÚLTIMO, VUELVA a los punteros del sur y siga una línea desde Alfa Centauri hasta encontrar tres estrellas brillantes que forman un triángulo, la constelación Triangulum Australe.

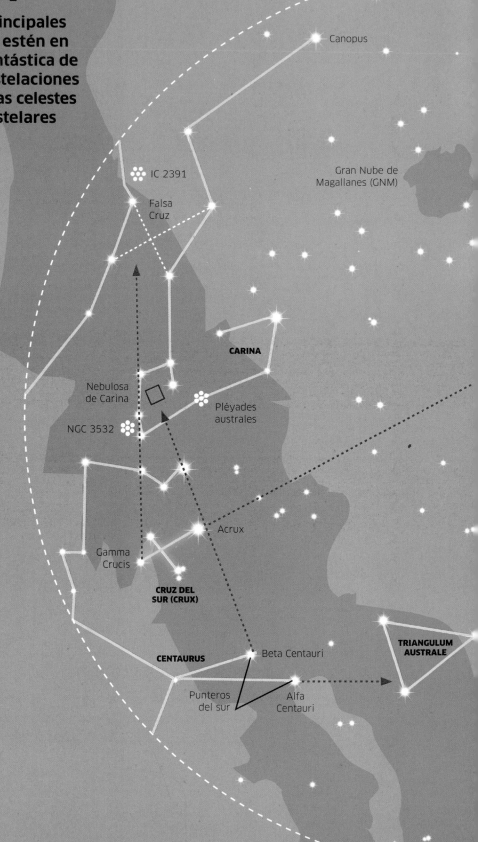

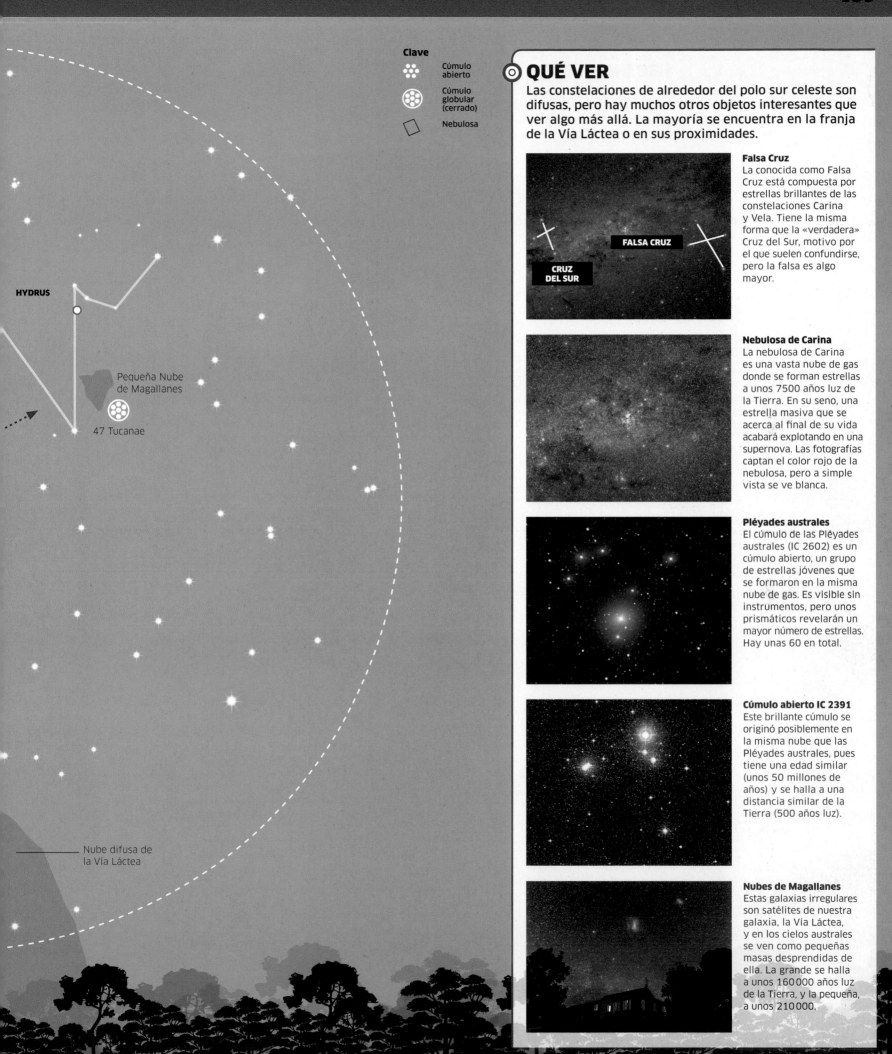

Clave

⬡ Cúmulo abierto

◉ Cúmulo globular (cerrado)

▱ Nebulosa

HYDRUS

Pequeña Nube de Magallanes

47 Tucanae

Nube difusa de la Vía Láctea

⊙ QUÉ VER

Las constelaciones de alrededor del polo sur celeste son difusas, pero hay muchos otros objetos interesantes que ver algo más allá. La mayoría se encuentra en la franja de la Vía Láctea o en sus proximidades.

Falsa Cruz

La conocida como Falsa Cruz está compuesta por estrellas brillantes de las constelaciones Carina y Vela. Tiene la misma forma que la «verdadera» Cruz del Sur, motivo por el que suelen confundirse, pero la falsa es algo mayor.

FALSA CRUZ

CRUZ DEL SUR

Nebulosa de Carina

La nebulosa de Carina es una vasta nube de gas donde se forman estrellas a unos 7500 años luz de la Tierra. En su seno, una estrella masiva que se acerca al final de su vida acabará explotando en una supernova. Las fotografías captan el color rojo de la nebulosa, pero a simple vista se ve blanca.

Pléyades australes

El cúmulo de las Pléyades australes (IC 2602) es un cúmulo abierto, un grupo de estrellas jóvenes que se formaron en la misma nube de gas. Es visible sin instrumentos, pero unos prismáticos revelarán un mayor número de estrellas. Hay unas 60 en total.

Cúmulo abierto IC 2391

Este brillante cúmulo se originó posiblemente en la misma nube que las Pléyades australes, pues tiene una edad similar (unos 50 millones de años) y se halla a una distancia similar de la Tierra (500 años luz).

Nubes de Magallanes

Estas galaxias irregulares son satélites de nuestra galaxia, la Vía Láctea, y en los cielos australes se ven como pequeñas masas desprendidas de ella. La grande se halla a unos 160 000 años luz de la Tierra, y la pequeña, a unos 210 000.

Mapas estelares

Desde la Tierra son visibles unas 6000 estrellas sin ayuda de instrumentos, aunque solo se vean aproximadamente la mitad desde un lugar y en un momento dados.

A lo largo de un año se pueden ver todas las estrellas del hemisferio celeste norte o sur, según se halle el observador al norte o al sur del ecuador, y también algunas estrellas del otro hemisferio.

Cielo boreal

La mayoría de los nombres de las constelaciones procede de la antigua Grecia y suele tener relación con mitos, como el de Perseo y Andrómeda. Ciertas estrellas de brillo más débil se agrupan en constelaciones más modernas.

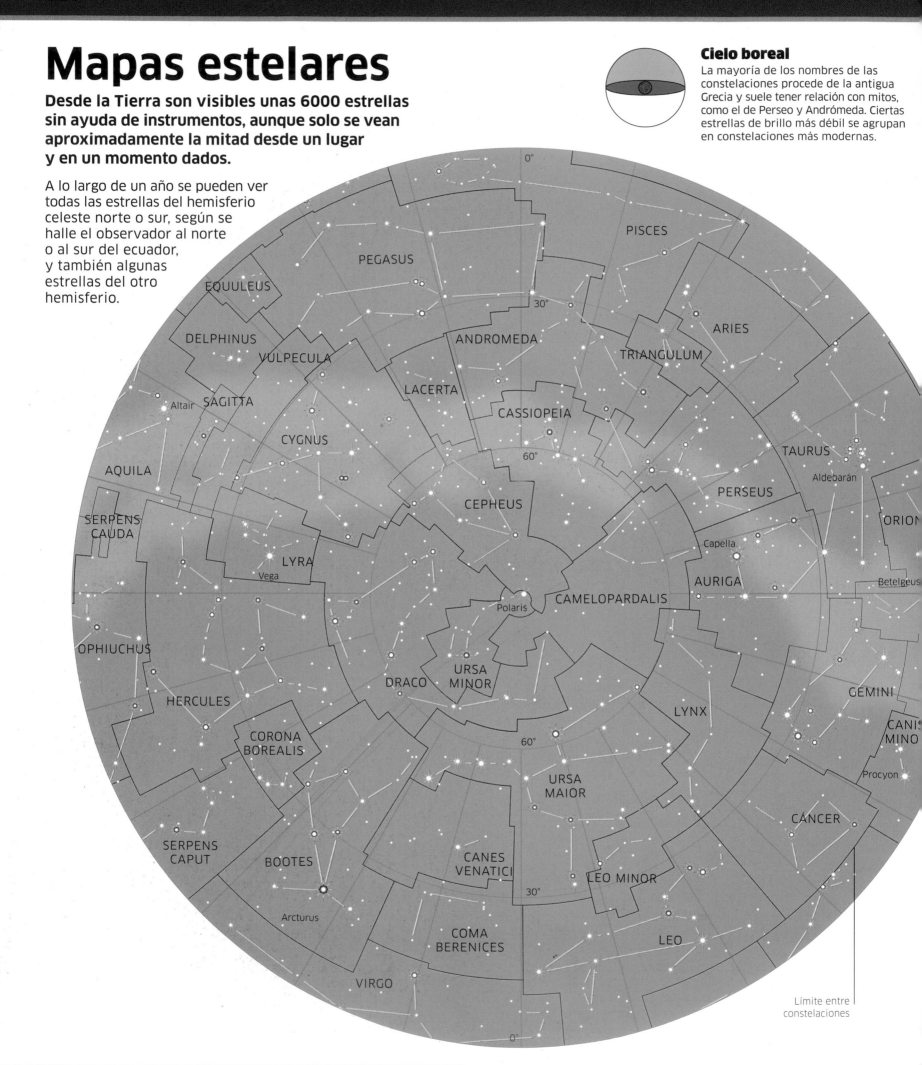

Límite entre constelaciones

Clave

Estos mapas muestran estrellas de cierto brillo, hasta la magnitud 5. Hay muchas de brillo mayor apreciables a simple vista.

- ○ Estrella amarilla
- ☼ Estrella roja
- ○ Estrella naranja
- ○ Estrella blanca
- ○ Estrella azul

- ◎ Magnitud mayor de 0
- ◉ Magnitud mayor de 1
- ◯ Magnitud mayor de 2
- ○ Magnitud mayor de 3
- · Magnitud mayor de 4
- · Magnitud mayor de 5

Cielo austral

Las estrellas del hemisferio sur más cercanas al ecuador celeste (alrededor de los bordes del mapa) eran visibles para los antiguos astrónomos griegos, que las agruparon en constelaciones con nombres mitológicos. Los nombres de las constelaciones de alrededor del polo sur celeste fueron propuestos por astrónomos del siglo XVI en adelante.

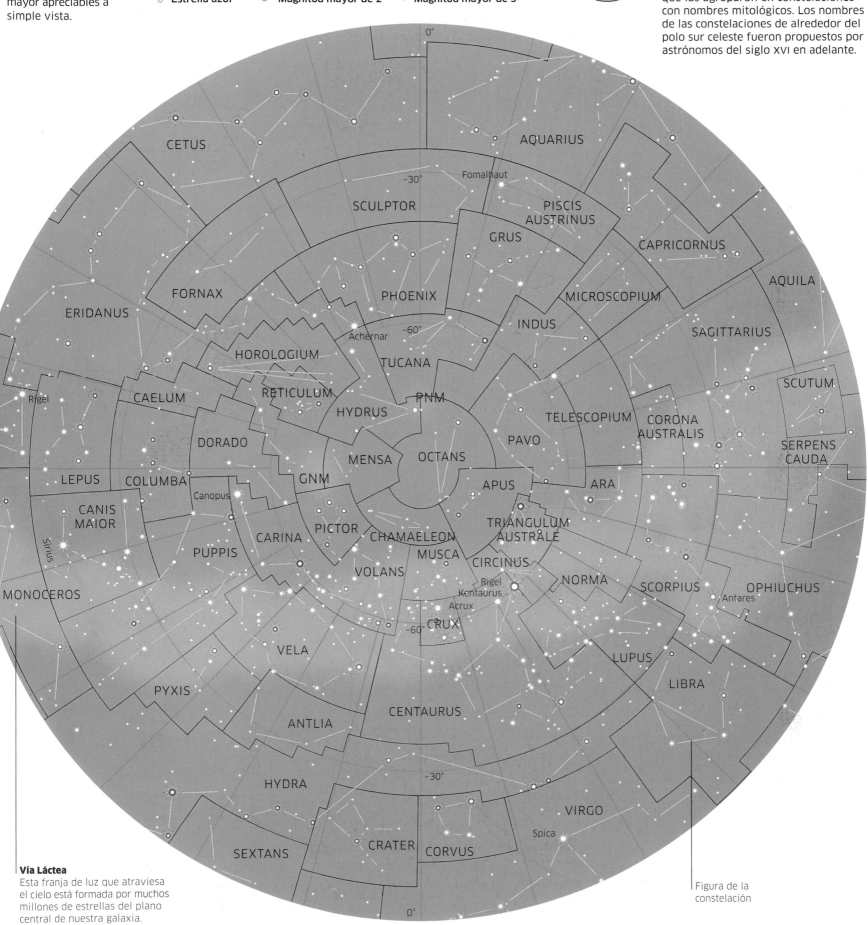

Vía Láctea

Esta franja de luz que atraviesa el cielo está formada por muchos millones de estrellas del plano central de nuestra galaxia.

Figura de la constelación

Constelaciones

Desde tiempos remotos, la humanidad ha imaginado figuras a partir de las estrellas. Los antiguos griegos identificaron 48 constelaciones con nombres de personajes y seres mitológicos, aunque las figuras que forman tienen escaso parecido con lo que se supone que representan. Hoy se reconocen 88, pero las constelaciones actuales no son meras figuras, sino segmentos del cielo que encajan como las piezas de un rompecabezas para formar una esfera celeste completa.

CLAVE

Objetos del cielo profundo

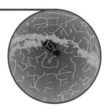

Galaxia	Cúmulo globular	Cúmulo abierto	Nebulosa planetaria o remanente de supernova	Agujero negro o binaria de rayos X	Otros objetos

Magnitudes estelares

-1,5-0	0-0,9	1,0-1,9	2,0-2,9	3,0-3,9	4,0-4,9	5,0-5,9	6,0-6,9

Tamaño de las constelaciones

Para indicar el tamaño aparente de las constelaciones en el cielo se usan símbolos: una mano con los dedos separados y el brazo extendido abarca unos 22° del cielo, mientras que una mano con los dedos juntos abarca unos 10°. Con combinaciones de estos símbolos se pueden expresar las dimensiones de cada constelación.

CEPHEUS

Cepheus (Cefeo) recibe el nombre de un rey mitológico, esposo de la reina Casiopea. Según el mito, un oráculo dice a Cefeo y Casiopea que deben sacrificar a su hija, la princesa Andrómeda, a un monstruo marino para evitar que este asole sus costas. El héroe Perseo rescata a Andrómeda de las fauces del monstruo. Todos los personajes de este mito dan nombre a constelaciones. Las estrellas de Cepheus forman la figura de una casa con tejado a dos aguas, y la más famosa de ellas es Delta Cephei.

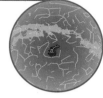

HEMISFERIO BOREAL

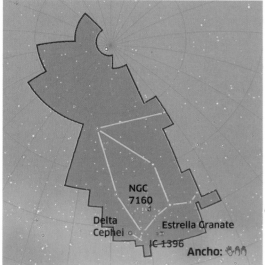

NGC 7160

Delta Cephei

Estrella Granate

IC 1396

Ancho: 🖐👐

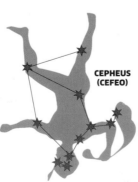

CEPHEUS (CEFEO)

URSA MINOR

Esta constelación representa una pequeña osa de larga cola, en cuya punta está la estrella Polar (Polaris), la más brillante de las que la componen. También se conoce como Carro Menor debido a que sus estrellas principales forman una figura que parece una versión más pequeña del Carro de la Osa Mayor. Es una de las constelaciones originales conocidas por los antiguos griegos.

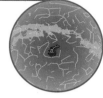

HEMISFERIO BOREAL

🔭 Qué buscar

Polaris
La mayoría de las estrellas se mueve por el cielo, pero Polaris permanece siempre junto al norte, de ahí su utilidad para los navegantes desde la Antigüedad.

URSA MINOR (OSA MENOR)

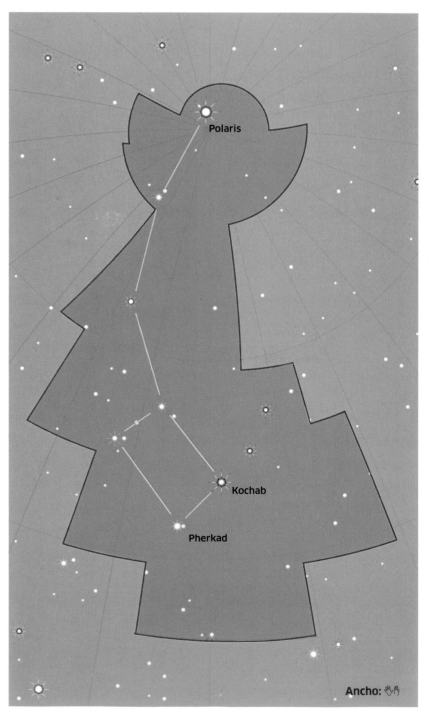

Polaris

Kochab

Pherkad

Ancho: 🖐👐

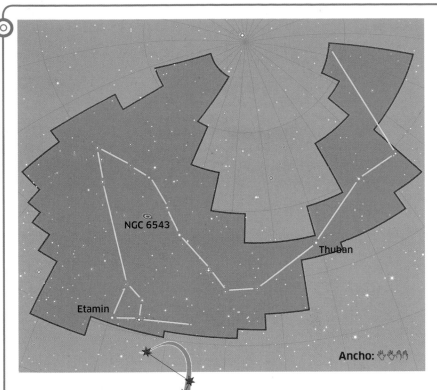

DRACO

Esta constelación representa un dragón al que mató el héroe Hércules según el relato mitológico griego. La cabeza del dragón está formada por cuatro estrellas cerca del límite con Hércules. Los antiguos griegos veían al héroe con el pie sobre la cabeza del animal, desde la cual el cuerpo serpentea entre Ursa Minor y Ursa Maior. La estrella más brillante de Draco, Etamin, se encuentra en la cabeza.

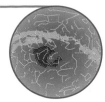

HEMISFERIO BOREAL

Ancho: 🖐🖐🖐

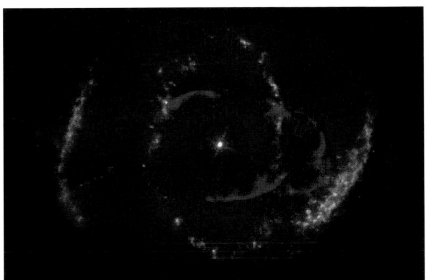

DRACO (DRAGÓN)

Nebulosa Ojo de Gato (NGC 6543)
La fantástica nebulosa Ojo de Gato, en Draco, vista aquí por el telescopio espacial Hubble, es un tipo de objeto llamado nebulosa planetaria, consistente en gas expulsado por una estrella moribunda. Esta nebulosa también se conoce por su nombre de catálogo, NGC 6543.

CASSIOPEIA

Una reina mitológica de la Grecia antigua, Casiopea, esposa del rey Cefeo y madre de la princesa Andrómeda, inspiró el nombre de esta constelación. En los mapas estelares se la representa sentada en una silla, peinándose. En el cielo, las estrellas principales de Cassiopeia forman una W fácil de reconocer. Contiene varios cúmulos interesantes, los más brillantes de los cuales se distinguen con prismáticos o un telescopio pequeño.

CASSIOPEIA (CASIOPEA)

Cúmulo estelar M103
Este cúmulo estelar de Cassiopeia se ve con un telescopio pequeño. Las tres estrellas más brillantes forman una línea que atraviesa el centro. La estrella de arriba a la derecha está más cerca de la Tierra que las otras, así que en realidad no pertenece al cúmulo.

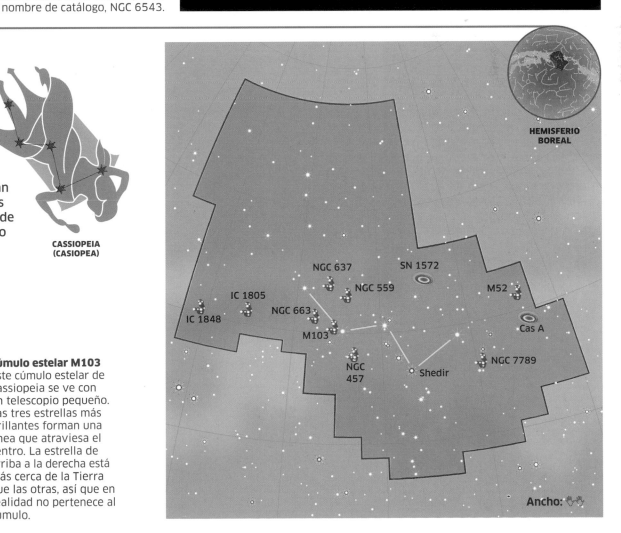

HEMISFERIO BOREAL

Ancho: 🖐🖐

CAMELOPARDALIS

El astrónomo flamenco Petrus Plancius concibió esta constelación de extraño nombre en 1612. Representa una jirafa, a la que los griegos llamaban «camello leopardo» por su largo cuello y sus manchas, y de ahí el de Camelopardalis. Es difícil de ver porque solo contiene estrellas tenues.

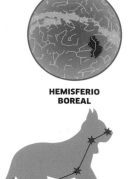

HEMISFERIO BOREAL

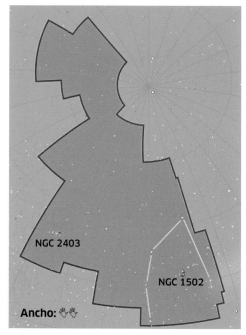

NGC 2403

NGC 1502

Ancho:

CAMELOPARDALIS (JIRAFA)

LYNX

Esta constelación difusa incrustada entre Ursa Maior y Auriga fue creada por el astrónomo polaco Johannes Hevelius en 1687. Hevelius tenía muy buena vista, y dio nombre a la constelación afirmando que hacía falta una vista de lince para verla. Contiene algunas estrellas dobles y triples interesantes que se pueden observar con un telescopio pequeño.

HEMISFERIO BOREAL

LYNX (LINCE)

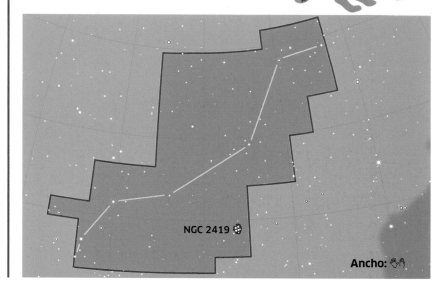

NGC 2419

Ancho:

AURIGA

Esta constelación es fácil de encontrar porque contiene la estrella Capella, una de las más brillantes del cielo. Para los antiguos griegos representaba un auriga (conductor de carro o cochero) cargado con una cabra y dos cabritillos. Capella era la cabra Amaltea, y las dos estrellas menos luminosas serían sus crías. Entre los objetos de interés destaca una serie de tres cúmulos estelares, M36, M37 y M38, visibles con prismáticos. La estrella que antes marcaba el pie derecho del auriga se ha asignado a Taurus, al sur.

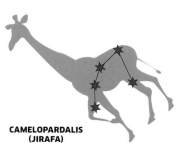

AURIGA (COCHERO)

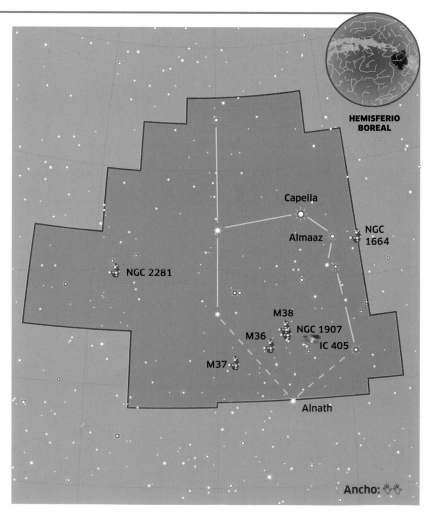

HEMISFERIO BOREAL

Capella

Almaaz

NGC 1664

NGC 2281

M38

NGC 1907

M36

IC 405

M37

Alnath

Ancho:

Nebulosa de la estrella llameante
La nebulosa IC 405 es una gigantesca nube de gas iluminada por una estrella caliente llamada AE Aurigae y conocida como «estrella llameante». La nebulosa solo es visible con ayuda de un telescopio potente.

URSA MAIOR

El nombre latino de esta constelación significa «gran osa», y eso es lo que se supone que representa. Siete de sus estrellas más luminosas forman la figura denominada popularmente el Carro, una de las más conocidas de todo el cielo. Las dos estrellas más alejadas de la vara del carro, Merak y Dubhe, forma una línea que apunta hacia Polaris, la estrella Polar. La vara curva apunta hacia la brillante estrella Arcturus (Arturo), de la vecina constelación Bootes.

**URSA MAIOR
(OSA MAYOR)**

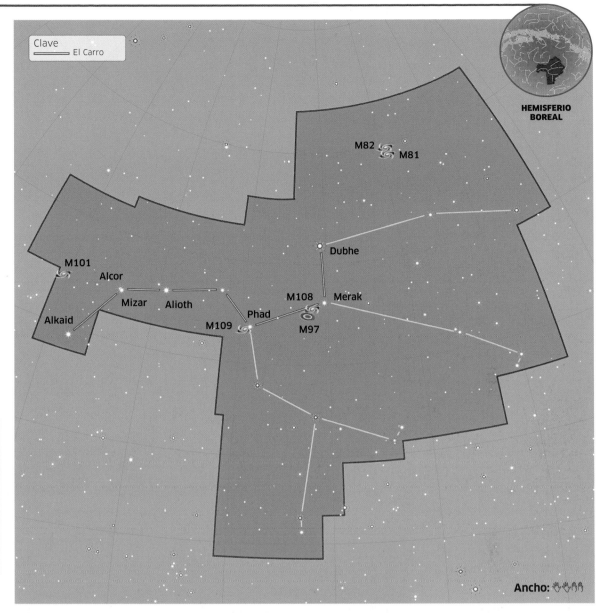

Clave
━━━ El Carro

HEMISFERIO BOREAL

M82 M81

Dubhe

M101

Alcor

Mizar Alioth

Alkaid

M108 Merak

Phad

M109

M97

Ancho: 🖐🖐🖐

Galaxia espiral M81

En la parte norte de Ursa Maior hay dos galaxias conocidas por sus números de catálogo M81 y M82. La primera es la bella galaxia espiral que muestra esta imagen del telescopio espacial Hubble (arriba). La segunda galaxia tiene forma irregular y se cree que pasa por una etapa de formación estelar resultante del choque con M81 hace millones de años. Ambas están a unos 12 millones de años luz de distancia.

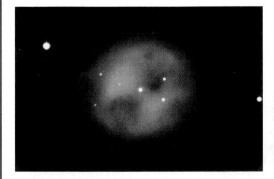

Nebulosa del Búho

Justo bajo la caja del Carro se puede ver con telescopio una nube de gas llamada M97, también conocida como nebulosa del Búho por las dos manchas oscuras que recuerdan los ojos de dicho animal. Es una nebulosa planetaria, formada por gas expulsado por una estrella moribunda.

Galaxia espiral M101

Cerca del extremo de la vara del Carro está la galaxia espiral M101. Es demasiado débil para verla sin prismáticos o telescopio, pero sus brazos espirales se aprecian claramente en las fotografías. También se conoce como galaxia del Molinillo.

🔭 Qué buscar

Mizar Es la segunda estrella de la vara del Carro. Junto a ella hay otra menos luminosa llamada Alcor, también visible a simple vista.

CANES VENATICI

El astrónomo polaco Johannes Hevelius dio el nombre de Perros de Caza, o Lebreles, a esta constelación en 1687. Contiene solo dos estrellas importantes, pero muchas galaxias interesantes, la más conocida de las cuales es la del Remolino. Esta se puede ver con prismáticos como una mancha difusa, pero hace falta un telescopio grande para distinguir su forma espiral. Otro objeto destacado es el cúmulo globular M3, cerca del límite sur de la constelación.

Galaxia del Girasol
Otra bonita galaxia espiral en Canes Venatici es la del Girasol (M63), vista aquí a través de un gran telescopio. La estrella de la derecha no tiene relación con la galaxia y está mucho más cerca de la Tierra.

Galaxia del Remolino
Esta es una imagen del telescopio espacial Hubble de la galaxia del Remolino (M51), una vasta espiral a unos 30 millones de años luz. Detrás, cerca del extremo de uno de sus brazos, hay una galaxia menor que se cree acabará fundiéndose con ella.

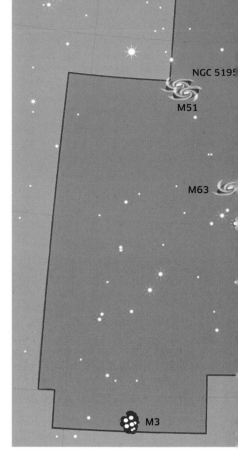

NGC 5195

M51

M63

M3

BOOTES

Bootes, el Boyero, representa un hombre que pastorea a la Osa Mayor alrededor del polo. En esta constelación está Arcturus (Arturo), la estrella más brillante de la mitad boreal del cielo, una gigante de color naranja pálido a simple vista.

**BOOTES
(BOYERO)**

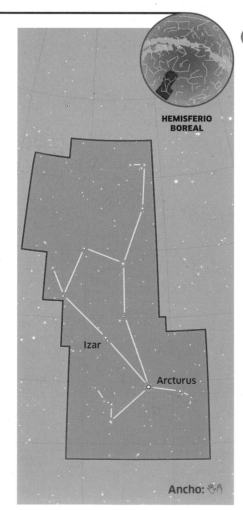

HEMISFERIO
BOREAL

Izar

Arcturus

Ancho:

HERCULES

Esta constelación lleva el nombre del héroe griego Heracles (Hércules), que aparece en los mapas estelares blandiendo una porra y con un pie sobre la cabeza de Draco, el dragón al que mató según el relato mitológico. Las estrellas de Hércules no son muy brillantes, y por tanto, la constelación puede ser difícil de encontrar. Su rasgo más notable es el cuadrilátero irregular del cuerpo de Hércules, conocido como Piedra Angular. A un lado de este se encuentra el cúmulo globular M13.

Cúmulo estelar M13
El cúmulo globular M13 es una masa de unas 300 000 estrellas a unos 25 000 años luz de distancia. Puede verse como una mancha difusa con prismáticos, pero para distinguir estrellas hace falta un telescopio.

**HERCULES
(HÉRCULES)**

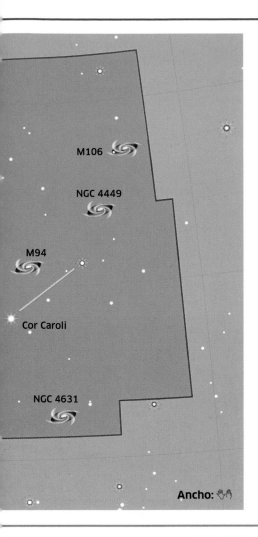

M106

NGC 4449

M94

Cor Caroli

NGC 4631

Ancho: 🖐

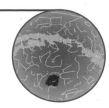

HEMISFERIO BOREAL

CANES VENATICI (PERROS DE CAZA)

Clave — Piedra Angular

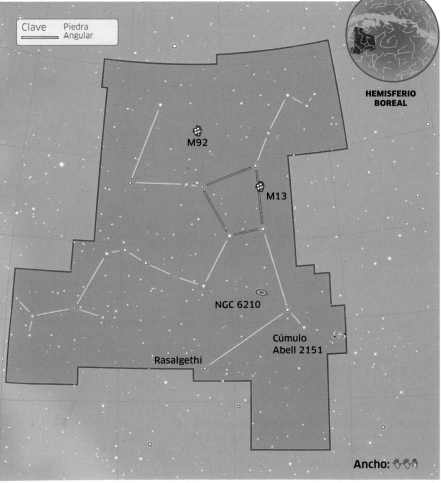

M92

M13

NGC 6210

Cúmulo Abell 2151

Rasalgethi

HEMISFERIO BOREAL

Ancho: 🖐🖐

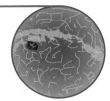

HEMISFERIO BOREAL

⊙ LYRA

Esta constelación representa una lira, el instrumento griego similar a una pequeña arpa que tocaba el mítico músico Orfeo. Es fácil de encontrar gracias a Vega, la quinta estrella más brillante de todo el cielo, a 25 años luz de distancia. Vega es una de las puntas del Triángulo de Verano, formado por estrellas brillantes de tres constelaciones distintas.

LYRA (LIRA)

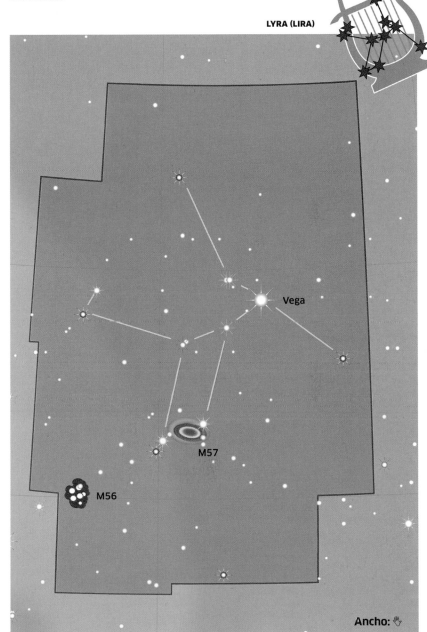

Vega

M57

M56

Ancho: 🖐

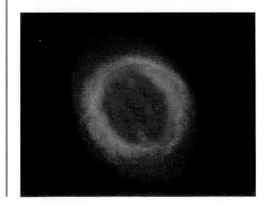

Nebulosa del Anillo
La nebulosa del Anillo (M57), vista aquí por el telescopio espacial Hubble, es un anillo de gas reluciente con una enana blanca central, resto de la estrella que perdió sus capas exteriores para formar la nebulosa.

CYGNUS

Los antiguos griegos imaginaron esta constelación como un cisne que vuela a lo largo de la Vía Láctea, identificado con Zeus, que adoptó la forma de esta ave para seducir a Leda, reina de Esparta. La estrella más brillante de Cygnus, Deneb, marca la cola, y Albireo, el pico. Uno de los objetos más interesantes está en el cuello del cisne: un agujero negro llamado Cygnus X-1. Este no es visible desde la Tierra, pero los satélites han detectado rayos X del gas caliente que fluye desde una estrella cercana. La constelación parece una gran cruz, por lo que a veces se conoce como Cruz del Norte.

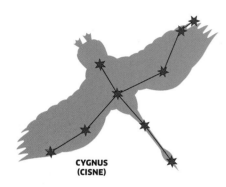

CYGNUS (CISNE)

👀 Qué buscar

Albireo En la cabeza del cisne hay una colorida estrella doble llamada Albireo. A simple vista parece una sola, pero un telescopio pequeño revelará que son dos. La más brillante es anaranjada, y la otra, azul verdosa.

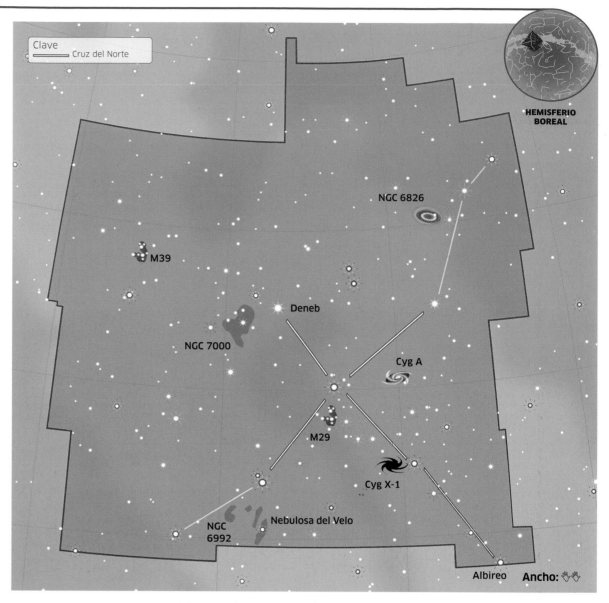

Clave
—— Cruz del Norte

HEMISFERIO BOREAL

NGC 6826

M39

Deneb

NGC 7000

Cyg A

M29

Cyg X-1

NGC 6992

Nebulosa del Velo

Albireo   Ancho: 👐

Nebulosa de Norteamérica
Cerca de Deneb se encuentra una nube de gas conocida como nebulosa de Norteamérica (NGC 7000) por su forma. Esta nebulosa no es visible sin telescopio y aparece con todo su esplendor en fotografías en color como esta.

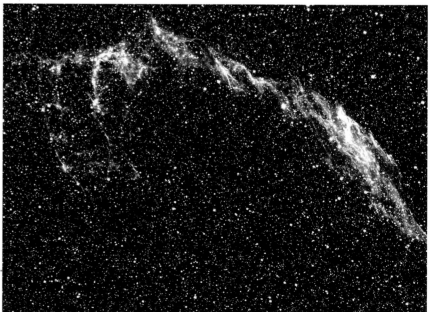

Nebulosa del Velo
En una de las alas del cisne aparecen jirones de gas procedentes de una estrella que explotó en una supernova hace miles de años. Los restos de la estrella destruida se esparcen por un área más ancha que seis lunas llenas y forman la nebulosa del Velo.

ANDROMEDA

Esta constelación recibe el nombre de una princesa de la mitología griega, hija del rey Cefeo y la reina Casiopea, que fue encadenada a una roca para ofrecerla en sacrificio a un monstruo marino y rescatada en el último momento por el héroe Perseo, junto a ella en el cielo. La cabeza de Andrómeda la marca la estrella Alpheratz, compartida en la Antigüedad con la constelación Pegasus.

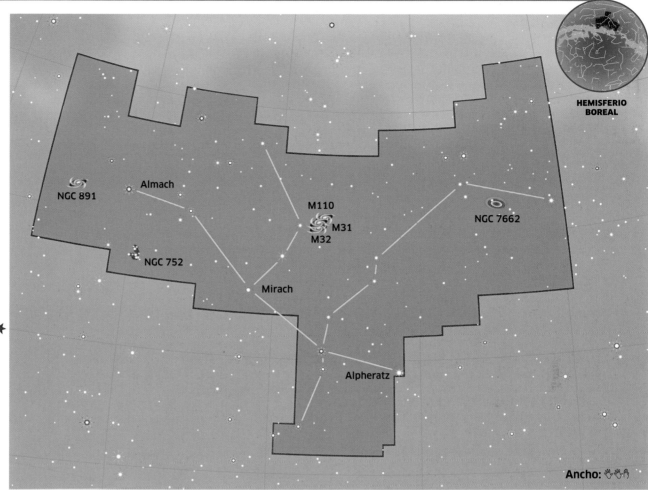

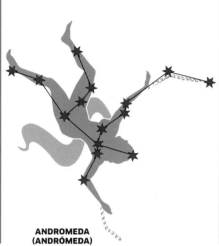

**ANDROMEDA
(ANDRÓMEDA)**

LACERTA

Esta pequeña figura representa un lagarto moviéndose entre Andromeda y Cygnus. Fue creada en 1687 por Johannes Hevelius, astrónomo polaco, con estrellas débiles que no se habían asignado a ninguna constelación. En ella destaca un objeto llamado BL Lacertae, antes considerado una estrella variable extraña y que hoy se sabe que es el núcleo de una galaxia activa.

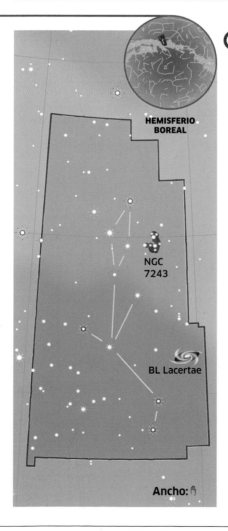

**LACERTA
(LAGARTO)**

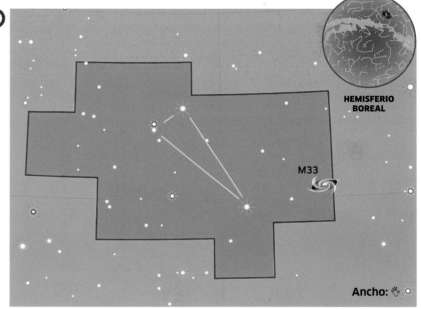

TRIANGULUM

Para los antiguos griegos, esta pequeña constelación triangular justo al sur de Andromeda representaba el delta del Nilo o la isla de Sicilia. Su objeto más destacado es M33, una galaxia espiral que se ve difusa con prismáticos. M33 está a casi 3 millones de años luz y es el tercer mayor miembro de nuestro Grupo Local de galaxias.

**TRIANGULUM
(TRIÁNGULO)**

PERSEUS

Esta constelación lleva el nombre del héroe mitológico griego Perseo, enviado a cortar la cabeza a Medusa, un ser maléfico de un tipo llamado gorgona. En el cielo se ve a Perseo blandiendo su espada con la mano derecha y sosteniendo en la izquierda la cabeza de Medusa, marcada por la estrella variable Algol.

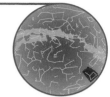

HEMISFERIO BOREAL

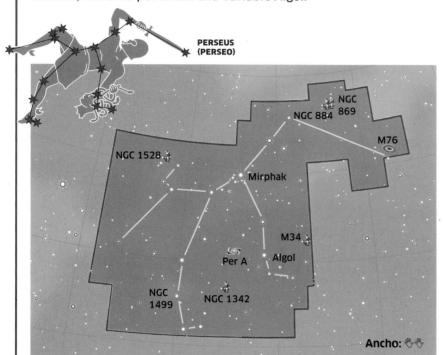

PERSEUS (PERSEO)

NGC 869
NGC 884
M76
NGC 1528
Mirphak
M34
Per A   Algol
NGC 1499   NGC 1342

Ancho: 🖐🖐

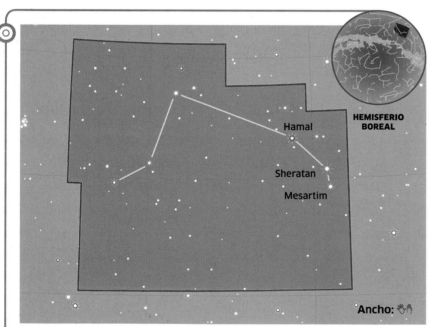

HEMISFERIO BOREAL

Hamal
Sheratan
Mesartim

Ancho: 🖐🖐

ARIES

Aries representa el mítico carnero del vellocino de oro en busca del cual Jasón y los argonautas realizaron un épico viaje desde Grecia al mar Negro. El rasgo más llamativo de la constelación es una línea de tres estrellas al sur de Triangulum. La más meridional y débil de estas, Mesartim, es una estrella doble fácilmente discernible con un telescopio pequeño.

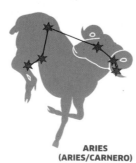

ARIES (ARIES/CARNERO)

CANCER

Esta constelación representa un cangrejo que tiene un papel secundario en la mitología griega. Mientras Hércules luchaba con la hidra de múltiples cabezas, este cangrejo le mordió y fue aplastado por el héroe. Cáncer es la más difusa de las doce constelaciones del zodíaco. Cerca de su centro hay un gran cúmulo estelar neblinoso conocido con varios nombres: el Pesebre, la Colmena, o simplemente M44.

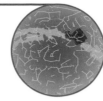

HEMISFERIO BOREAL

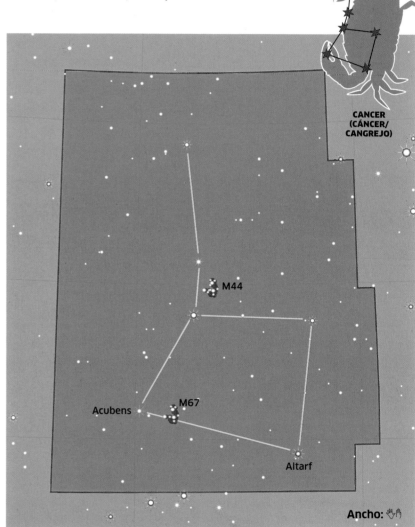

CANCER (CÁNCER/ CANGREJO)

M44
M67
Acubens
Altarf

Ancho: 🖐🖐

El Pesebre
M44 es un cúmulo estelar abierto a unos 577 años luz de la Tierra. Es visible a simple vista, pero la mayoría de sus estrellas solamente se aprecia con prismáticos o telescopio.

TAURUS

Taurus, el Toro, es una de las constelaciones más espléndidas e interesantes del cielo. Según la mitología griega, el dios Zeus se convirtió en toro para raptar a la princesa Europa y llevarla a Creta. La estrella más brillante de la constelación es la gigante roja Aldebarán, el ojo del toro. La estrella de la punta del cuerno derecho, Alnath (o El Nath), fue tradicionalmente compartida con Auriga, al norte.

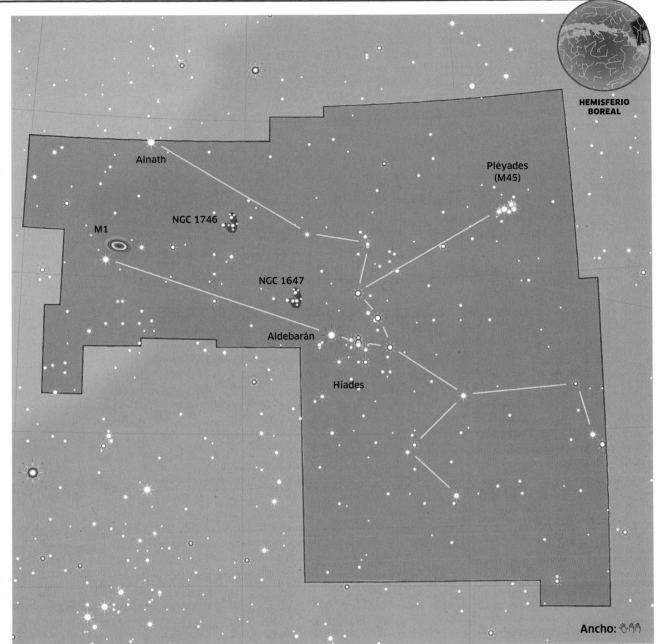

HEMISFERIO BOREAL

Ancho: 🖐🖐

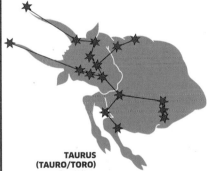

**TAURUS
(TAURO/TORO)**

Las Pléyades

El cúmulo de las Pléyades (Pleiades), conocidas popularmente como las Siete Hermanas, es un hermoso grupo de estrellas. Seis o más se ven a simple vista, pero unos prismáticos revelan docenas, y las fotografías más aún, junto con la nube de polvo que las rodea.

Nebulosa del Cangrejo

En 1054 apareció durante un tiempo una nueva estrella en Taurus. Era una supernova, la forma más violenta de explosión estelar. Hoy visibles solamente con telescopio, los restos de la estrella destruida forman la nebulosa del Cangrejo (M1). Esta imagen fue tomada por el telescopio espacial Hubble.

Las Híades

La cara del toro está marcada por un grupo de estrellas en forma de V llamadas Híades (Hyades), fácilmente visibles a simple vista. La brillante estrella Aldebarán parece ser una de ellas, pero en realidad está más cerca de la Tierra, entre esta y el cúmulo.

GEMINI

Esta constelación representa los gemelos mitológicos Cástor y Pólux, que dan nombre a sus dos estrellas más brillantes (Castor y Pollux), en sus respectivas cabezas. Un telescopio pequeño revelará que Castor es un sistema binario cuyas estrellas orbitan una alrededor de la otra cada 500 años. Un telescopio más potente muestra también una enana roja más débil cerca. Instrumentos especiales han revelado que todas estas estrellas son dobles próximas, por lo que Castor es una familia de seis estrellas, ligadas por la gravedad.

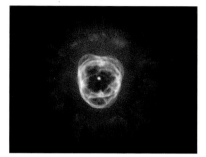

Nebulosa del Esquimal
NGC 2392 es una nebulosa planetaria fuera de lo común. Su nombre se debe a que recuerda un rostro con una capucha forrada de piel.

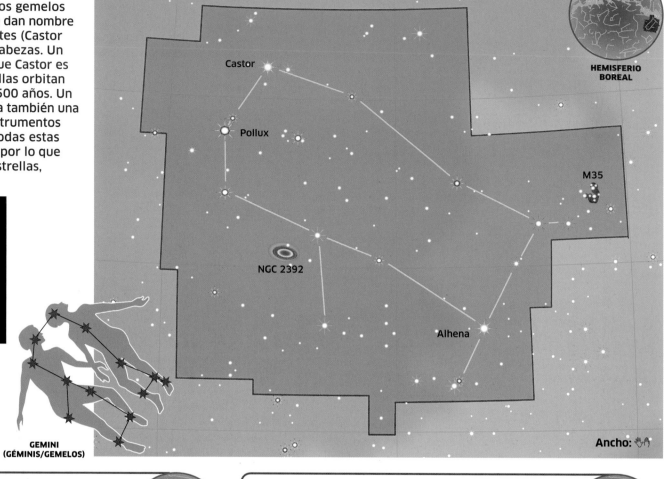

HEMISFERIO BOREAL

Castor

Pollux

M35

NGC 2392

Alhena

Ancho:

GEMINI
(GÉMINIS/GEMELOS)

LEO MINOR

Esta pequeña constelación asociada a un cachorro de león fue creada por el astrónomo polaco Johannes Hevelius en 1687. Contiene muy pocos objetos de interés. La estrella R Leonis Minoris es una gigante roja cuyo brillo varía a intervalos regulares. Se puede ver con prismáticos cuando más brilla, pero cuando es más tenue no basta un telescopio pequeño para verla.

HEMISFERIO BOREAL

LEO MINOR
(LEÓN MENOR)

R Leonis Minoris

NGC 3344

Ancho:

COMA BERENICES

Esta constelación tenue, pero interesante, está cerca de la cola de Leo, el León. Los antiguos griegos la imaginaron como el cabello que la reina Berenice de Egipto se cortó para agradecer a los dioses el regreso de su esposo sano y salvo de una guerra en Asia. Docenas de estrellas de brillo débil se apiñan en el cúmulo de Coma, con forma de cuña y fácil de ver con prismáticos.

HEMISFERIO BOREAL

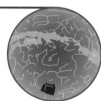

COMA BERENICES
(CABELLERA DE BERENICE)

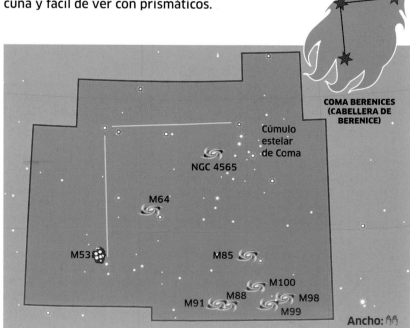

Cúmulo estelar de Coma

NGC 4565

M64

M53

M85

M100

M91

M88

M98

M99

Ancho:

Clave
━━━ La Hoz

NGC 2903

Algieba

Denebola

M65
M66 · NGC 3628

M96 · M105
· M95

Regulus

NGC 3521

Ancho: 🖐🤏

LEO

Esta es una de las pocas constelaciones que tienen algún parecido con lo que se supone que representan, en este caso un león agazapado. Se trata del león que mató Hércules en uno de sus doce trabajos, según la mitología griega. Un arco de estrellas llamado la Hoz (en morado en la imagen) forma la cabeza y el pecho del león. La estrella más brillante de Leo, Regulus (Régulo), está en la base de la Hoz; otra, Algieba, se descubre como estrella doble con un telescopio pequeño.

LEO (LEÓN)

Galaxia espiral M66
La hermosa galaxia espiral M66 que se ve bajo los cuartos traseros del león forma pareja con otra, M65. Ambas se pueden ver con telescopios pequeños en condiciones favorables, pero instrumentos mayores aportarán mucha mayor claridad.

VIRGO

Virgo, la Virgen, es la segunda constelación más grande. Se la asociaba a la diosa de la justicia o a la de la agricultura. Sus estrellas principales forman una Y irregular. La estrella más brillante de la constelación, Spica, está en la base de la Y. Porrima, en el centro, es una estrella doble discernible con un telescopio pequeño. En el hueco de la Y se halla el cúmulo de Virgo, con más de 1000 galaxias y a unos 55 millones de años luz de distancia.

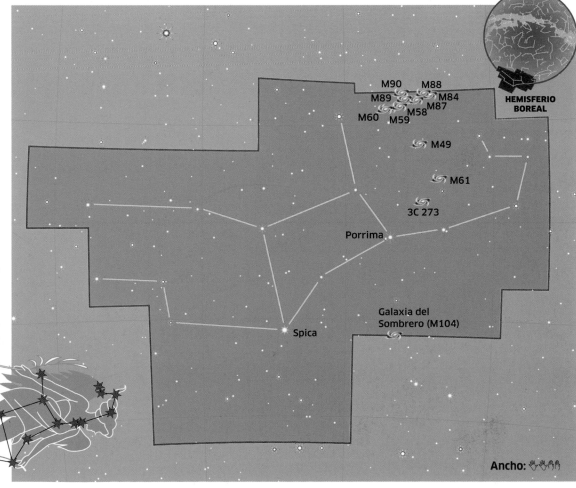

M90 M88
M89 · M84
M60 M58 M87
M59

M49

M61

3C 273

Porrima

Galaxia del Sombrero (M104)

Spica

Ancho: 🖐🤏

VIRGO (VIRGO/VIRGEN)

Galaxia del Sombrero
La galaxia del Sombrero (M104) es una galaxia espiral que se ve de canto y recuerda un sombrero mexicano. Está a 30 millones de años luz, más cerca de la Tierra que el cúmulo de Virgo. Esta imagen fue tomada por el telescopio espacial Hubble.

LIBRA

Representa la balanza que sostiene la diosa de la justicia, Virgo, que está junto a Libra en el cielo. Hasta la época romana, las estrellas de Libra representaban las pinzas del escorpión, Scorpius.

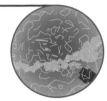

HEMISFERIO AUSTRAL

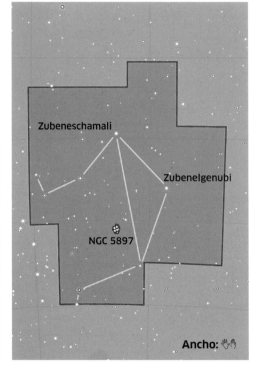

Zubeneschamali

Zubenelgenubi

NGC 5897

Ancho:

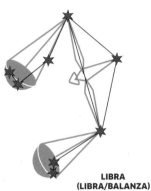

LIBRA (LIBRA/BALANZA)

 **Qué buscar**

Zubenelgenubi Esta estrella doble amplia es fácil de ver con prismáticos e incluso con buena vista. Su nombre, que procede del árabe, significa «la pinza del sur».

SERPENS

Esta constelación representa la gran serpiente que sujeta el hombre de la constelación Ophiuchus. La cabeza de la serpiente queda a un lado de Ophiuchus, y la cola, al otro. Es el único caso de constelación dividida en dos, y sus dos mitades se consideran una sola. Cerca del cuello de la serpiente está M5, uno de los mejores cúmulos globulares del cielo boreal, apenas visible con prismáticos, que también revelan un cúmulo abierto llamado IC 4756 cerca de la cola.

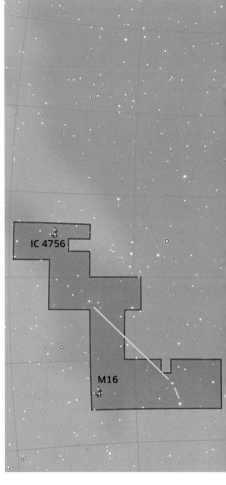

IC 4756

M16

SERPENS (SERPIENTE)

CORONA BOREALIS

Esta constelación con forma de herradura representa la corona que llevó la princesa Ariadna de Creta en su boda con el dios Dioniso. En el arco de la corona hay una estrella variable muy peculiar, R Coronae Borealis, una supergigante amarilla que pierde repentinamente brillo cada pocos años.

La joya de la corona
Alphecca es la estrella más brillante de las siete del arco que conforma la Corona Boreal. Esta estrella también se conoce como Gemma.

CORONA BOREALIS (CORONA BOREAL)

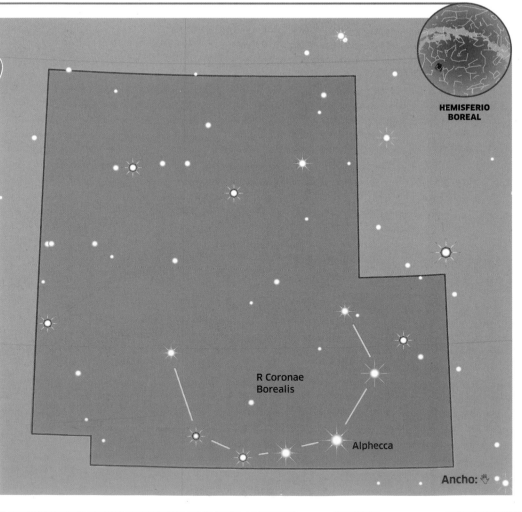

HEMISFERIO BOREAL

R Coronae Borealis

Alphecca

Ancho:

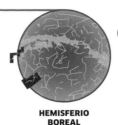

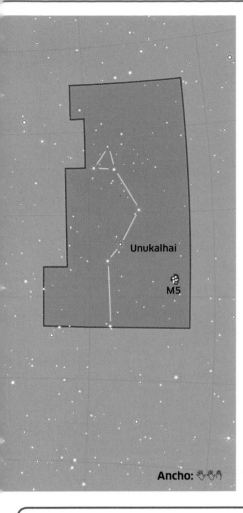

Unukalhai

M5

Nebulosa del Águila
En la parte de la cola de Serpens hay un cúmulo estelar llamado M16, visible con prismáticos. A su alrededor se extiende una reluciente nube de gas llamada nebulosa del Águila, vista aquí por el telescopio Hubble.

Ancho:

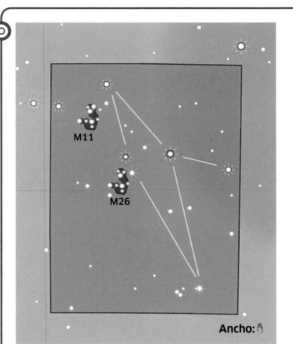

M11

M26

Ancho:

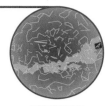

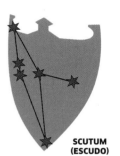

SCUTUM
(ESCUDO)

SCUTUM

Esta pequeña constelación que representa un escudo fue creada a finales del siglo XVII por el astrónomo polaco Johannes Hevelius. Una de las partes más luminosas de la Vía Láctea se encuentra en su mitad norte, en el llamado cúmulo del Escudo. Cerca del límite con Aquila está M11, un cúmulo estelar también conocido como el Pato Salvaje porque recuerda una bandada de aves en vuelo.

OPHIUCHUS

Esta constelación representa al dios de la medicina. En el cielo se le imaginaba sosteniendo una gran serpiente, la constelación Serpens. Ophiuchus contiene varios cúmulos globulares visibles con prismáticos o con un telescopio pequeño. Los más brillantes son M10 y M12.

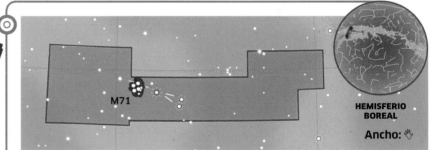

M71

Ancho:

SAGITTA

Sagitta, la tercera menor constelación del cielo, representa una flecha. Es una de las constelaciones originales conocidas por los antiguos griegos, que atribuían la flecha a Hércules, que está junto a ella, o a uno de los dioses. Pese a que sus estrellas son tenues, es fácil de identificar.

SAGITTA
(FLECHA)

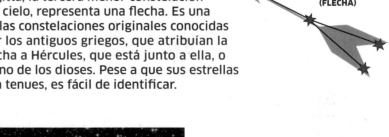

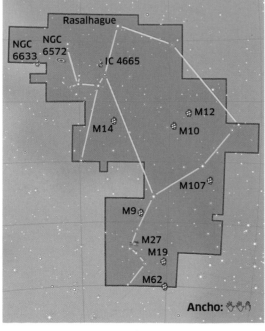

Rasalhague

NGC 6633 NGC 6572

IC 4665

M14 M12

M10

M107

M9

M27

M19

M62

Ancho:

OPHIUCHUS
(OFIUCO/SERPENTARIO)

Cúmulo globular M71
Sagitta contiene un cúmulo globular difuso, M71, visible con un telescopio pequeño. Mide unos 27 años luz de diámetro, y se cree que tiene unos 10 000 millones de años.

AQUILA

Representa un águila volando, una de las formas que adopta el dios Zeus en los relatos mitológicos. Su estrella principal es Altair, que marca una esquina del Triángulo de Verano, formado por estrellas de constelaciones distintas (las otras dos son Vega, en Lyra, y Deneb, en Cygnus). El objeto más interesante de Aquila es Eta Aquilae, uno de los ejemplos de mayor brillo del tipo de estrella variable llamado cefeida.

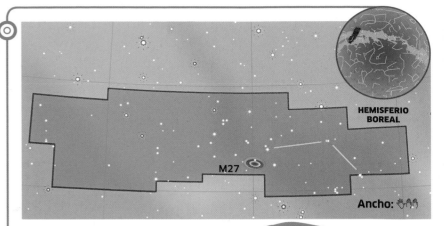

HEMISFERIO BOREAL

AQUILA (ÁGUILA)

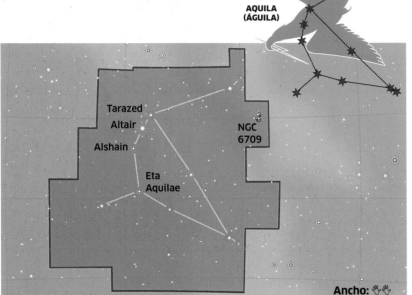

Tarazed
Altair
Alshain
NGC 6709
Eta Aquilae

Ancho: 🖐🖐

VULPECULA

El astrónomo polaco Johannes Hevelius dio nombre a finales del siglo XVII a esta constelación tenue que representa una zorra. Un objeto atractivo para ver con prismáticos es el grupo de estrellas llamado la Percha, con forma de barra con un gancho encima.

M27

Ancho: 🖐🖐🖐

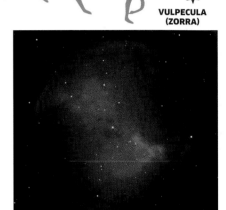

VULPECULA (ZORRA)

Nebulosa de la Mancuerna
Un objeto famoso de Vulpecula es la nebulosa de la Mancuerna (M27). Esta nebulosa planetaria (una capa de gas expulsada por una estrella moribunda) puede verse con prismáticos en una noche despejada.

DELPHINUS

Esta atractiva constelación representa un delfín, identificado con el que salvó al músico Arión después de que saltara por la borda para escapar de unos marineros ladrones. Los extraños nombres de sus dos estrellas más brillantes, Sualocin y Rotanev, son el nombre y el apellido, latinizados y al revés, del astrónomo italiano Niccolò Cacciatore (Nicolaus Venator), que las bautizó a principios del siglo XIX.

HEMISFERIO BOREAL

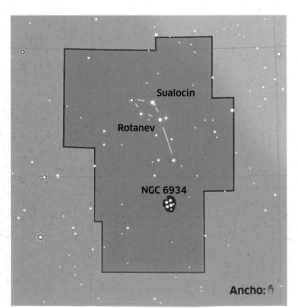

Sualocin
Rotanev
NGC 6934

Ancho: 👆

DELPHINUS (DELFÍN)

EQUULEUS

Es la segunda menor constelación del cielo y representa la cabeza de un potro. Está cerca del gran caballo volador Pegasus y es una de las constelaciones conocidas por los antiguos griegos. Contiene pocos objetos de interés aparte de la estrella doble Kitalpha, fácil de discernir con prismáticos.

HEMISFERIO BOREAL

EQUULEUS (CABALLITO/ POTRO)

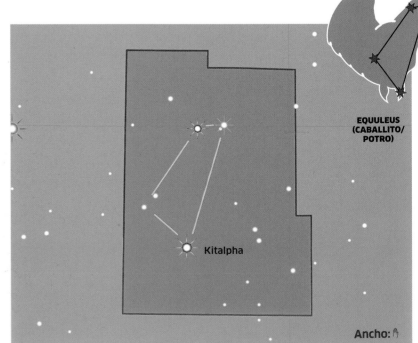

Kitalpha

Ancho: 👆

PEGASUS

Esta gran constelación del cielo boreal representa a Pegaso, el caballo alado mitológico. Su característica más notable es una figura de cuatro estrellas llamada Cuadrante de Pegaso, que define el cuerpo del caballo. Sin embargo, solo tres de esas estrellas pertenecen en realidad a Pegasus, pues la cuarta se encuentra en Andrómeda (en el pasado la compartían ambas constelaciones). El Cuadrante es tan grande que en él cabrían 30 lunas llenas en fila. La estrella Enif marca el morro del caballo.

PEGASUS (PEGASO)

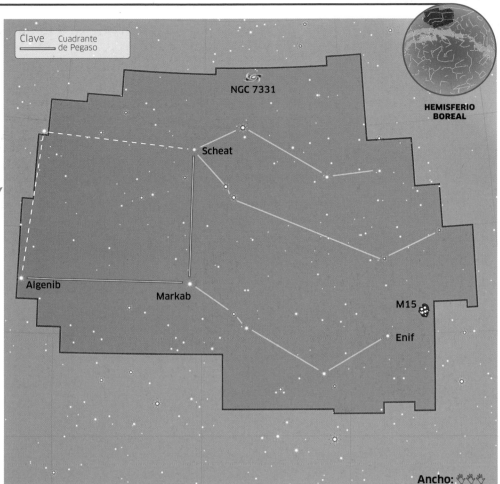

Cúmulo globular M15
Cerca de la estrella Enif está M15, uno de los cúmulos globulares más atractivos del cielo boreal. Se ve fácilmente con prismáticos como una mancha difusa; los telescopios revelan una vasta bola de estrellas.

AQUARIUS

Aquarius se asocia a un joven vertiendo agua de una jarra representada por un grupo de estrellas alrededor de Zeta Aquarii. Una hilera de estrellas menos luminosas en dirección sur representa el agua que cae. Al norte de la constelación está el cúmulo globular M2, visible como una mancha difusa con prismáticos. Con telescopio se pueden observar en Aquarius dos famosas nebulosas planetarias (remanentes de estrellas moribundas).

AQUARIUS (ACUARIO)

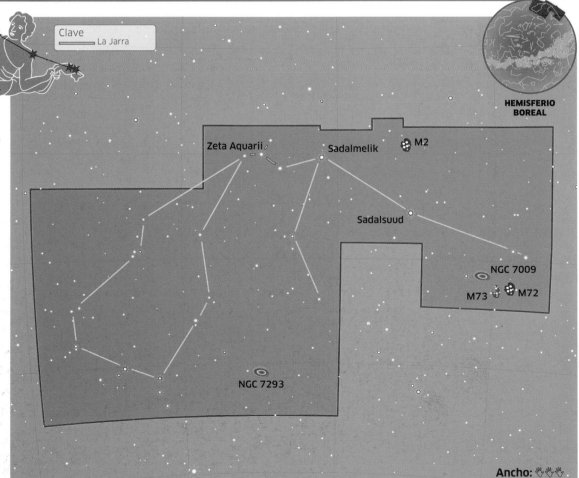

Nebulosa de la Hélice
Lo que parece una flor es de hecho una bola hueca de gas desprendido de la estrella del centro de la nebulosa.

PISCES

Pisces representa dos peces con las colas atadas por dos cintas. La estrella Alrescha marca el nudo que las une. La constelación alude al mito griego en el que Afrodita y su hijo Eros se convierten en peces para escapar del monstruo Tifón. Un círculo de siete estrellas llamado el Anillo o la Rueda conforma el cuerpo de uno de los peces. En Pisces está M74, una hermosa galaxia espiral que aparece de frente, apenas visible con un telescopio pequeño.

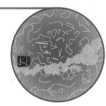

HEMISFERIO BOREAL

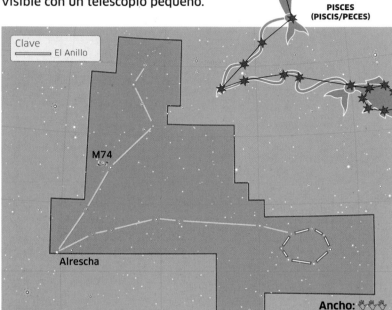

PISCES (PISCIS/PECES)

Clave
El Anillo

M74

Alrescha

Ancho: 🖐🖐🖐

CANIS MAIOR

Esta constelación y la cercana Canis Minor representan los perros de Orión. Canis Maior contiene la estrella más brillante del firmamento, Sirius (Sirio), a 8,6 años luz de la Tierra. Al sur de Sirius está el cúmulo estelar M41, que se vislumbra apenas a simple vista en un cielo oscuro y despejado, y es un hermoso espectáculo visto con prismáticos.

HEMISFERIO AUSTRAL

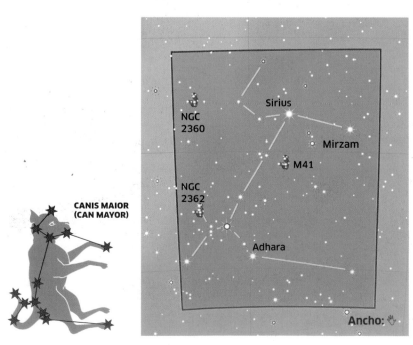

NGC 2360

Sirius

Mirzam

M41

NGC 2362

CANIS MAIOR (CAN MAYOR)

Adhara

Ancho: 🖐

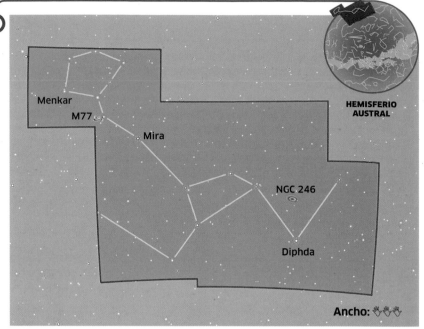

HEMISFERIO AUSTRAL

Menkar

M77

Mira

NGC 246

Diphda

Ancho: 🖐🖐🖐

CETUS

Cetus, el monstruo marino, identificado también con una ballena, es la cuarta mayor constelación. Según la mitología griega, Andrómeda fue encadenada a una roca como sacrificio al monstruo, pero Perseo la salvó. En el cuello de Cetus está la famosa estrella variable Mira, que en su fase de mayor brillo es fácil de ver sin instrumentos, pero luego desaparece durante meses.

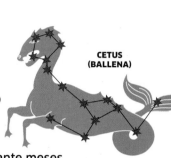

CETUS (BALLENA)

CANIS MINOR

Canis Minor es el menor de los dos perros de Orión. Su estrella principal, Procyon (Proción), es la octava más brillante del cielo. Procyon forma un gran triángulo con las estrellas Sirius, en Canis Maior, y Betelgeuse, en Orión. Tanto Procyon como Sirius tienen enanas blancas en órbita a su alrededor que solo se ven con telescopios grandes. Hay poco más de interés en esta constelación.

HEMISFERIO AUSTRAL

CANIS MINOR (CAN MENOR)

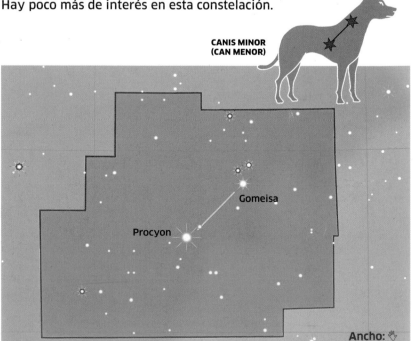

Gomeisa

Procyon

Ancho: 🖐

ORION

Esta constelación representa un gigante cazador de la mitología griega con una porra en alto y un escudo frente a Taurus, el Toro, la constelación contigua. La luminosa estrella Betelgeuse marca el hombro derecho de Orión, y Rigel, el pie izquierdo. Betelgeuse es una supergigante roja de brillo ligeramente variable, y Rigel, una supergigante más caliente y azul. Esta constelación es fácil de identificar por las tres estrellas que forman su cinturón, del que cuelga una espada. Esta contiene una de las joyas del cielo nocturno, la nebulosa de Orión.

ORION (ORIÓN)

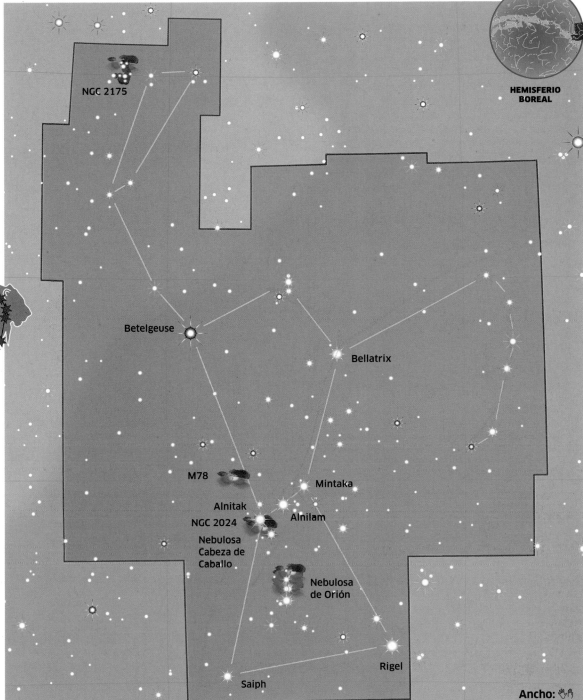

HEMISFERIO BOREAL

NGC 2175

Betelgeuse

Bellatrix

M78

Mintaka

Alnitak

NGC 2024

Alnilam

Nebulosa Cabeza de Caballo

Nebulosa de Orión

Rigel

Saiph

Ancho: 🖐🤚

El Trapecio
En el centro de la nebulosa de Orión hay un grupo de cuatro estrellas llamado el Trapecio, visible con telescopios pequeños. La luz de estas estrellas recién nacidas hace relucir el gas que las rodea.

Nebulosa Cabeza de Caballo
Esta nebulosa con aspecto de caballo de ajedrez es una gran nube de polvo, vista aquí por el telescopio Hubble. Se encuentra justo debajo de la estrella Alnitak del cinturón de Orión. La nebulosa de fondo es difusa, y la Cabeza de Caballo solo se aprecia en fotografías.

Nebulosa de Orión
Esta gran nube de gas donde nacen estrellas nuevas parece una neblina con prismáticos o un telescopio pequeño, pero en las imágenes tomadas por el telescopio espacial Hubble se aprecia toda su complejidad y colorido.

MONOCEROS

Esta constelación simboliza un unicornio, el legendario animal de un solo cuerno. Petrus Plancius, astrónomo y cartógrafo flamenco, la introdujo a principios del siglo XVII en un hueco entre constelaciones griegas. Un objeto de interés es Beta Monocerotis, una estrella triple excelente para ver con un telescopio pequeño. Tres atractivos cúmulos estelares para observar con prismáticos o un telescopio pequeño son M50, NGC 2244 y NGC 2264.

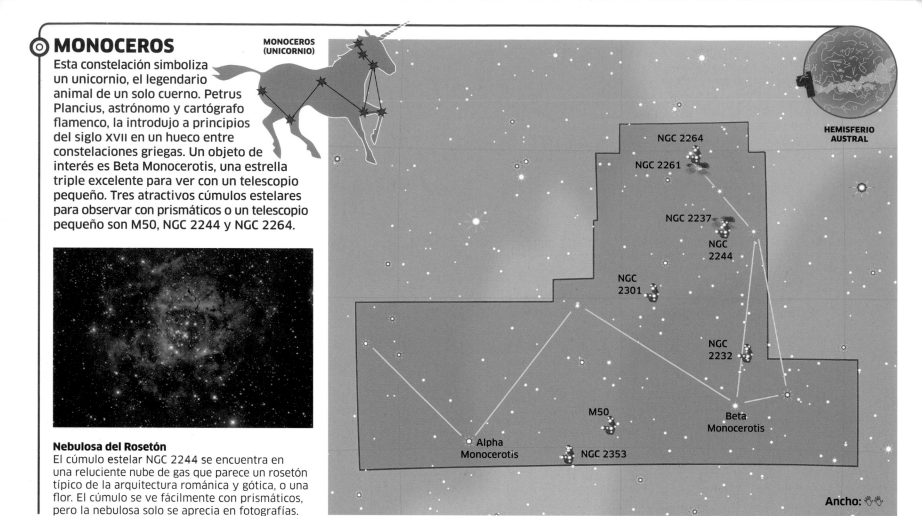

MONOCEROS (UNICORNIO)

HEMISFERIO AUSTRAL

NGC 2264
NGC 2261
NGC 2237
NGC 2244
NGC 2301
NGC 2232
M50
Beta Monocerotis
Alpha Monocerotis
NGC 2353

Ancho: 🖐🖐

Nebulosa del Rosetón

El cúmulo estelar NGC 2244 se encuentra en una reluciente nube de gas que parece un rosetón típico de la arquitectura románica y gótica, o una flor. El cúmulo se ve fácilmente con prismáticos, pero la nebulosa solo se aprecia en fotografías.

HYDRA

Es la mayor constelación de todas, ya que se extiende por más de un cuarto del cielo. En la mitología griega, la hidra era una serpiente monstruosa con múltiples cabezas, aunque en el cielo tiene solo una, representada por un círculo de cinco estrellas. Su estrella más brillante se llamó Alphard, que significa «la solitaria», por encontrarse en una zona bastante vacía del cielo. M48, cerca del límite con Monoceros, es un cúmulo estelar visible con prismáticos o un telescopio pequeño.

HYDRA (HIDRA)

HEMISFERIO AUSTRAL

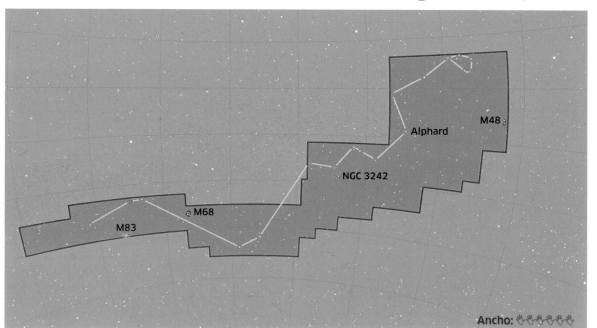

M48
Alphard
NGC 3242
M68
M83

Ancho: 🖐🖐🖐🖐🖐

Galaxia espiral M83

M83, llamada a veces el Molinillo Austral, es una hermosa galaxia espiral a 15 millones de años luz de distancia. Con un telescopio pequeño se ve como una mancha difusa; para apreciar la belleza de sus brazos espirales se necesitan instrumentos mayores.

ANTLIA

El nombre de esta pequeña y tenue constelación austral, creada en la década de 1750 por Nicolas Louis de Lacaille, astrónomo francés, conmemora la invención de un tipo de bomba de aire. Su objeto más impresionante es la galaxia espiral llamada NGC 2997, que no se puede ver con telescopios pequeños, pero aparece preciosa en las fotografías, que revelan nubes de gas rosas a lo largo de sus brazos.

HEMISFERIO AUSTRAL

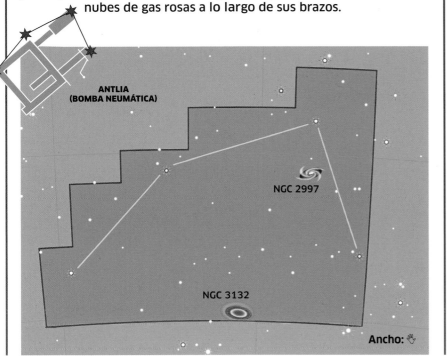

ANTLIA (BOMBA NEUMÁTICA)

NGC 2997

NGC 3132

Ancho: ✋

SEXTANS

Esta constelación difusa inventada a finales del siglo XVII por el astrónomo polaco Johannes Hevelius, representa un instrumento, el sextante, utilizado para medir la posición de las estrellas. Sextans contiene la galaxia del Huso (NGC 3115), varias veces mayor que la Vía Láctea.

HEMISFERIO AUSTRAL

SEXTANS (SEXTANTE)

NGC 3115

Ancho: ✋

Galaxia del Huso
Esta galaxia tiene forma alargada porque la vemos de canto. Se conoce también por su número de catálogo NGC 3115.

CRATER

El nombre de esta constelación significa «copa» en latín. Representa la copa del dios griego Apolo, que envió a un cuervo a buscar agua con ella. El cuervo se detuvo para comer higos y culpó de su retraso a una serpiente, pero Apolo se dio cuenta de lo ocurrido y castigó al cuervo colocándolo en el cielo junto con la copa y la serpiente. Crater no contiene objetos de gran interés para usuarios de telescopios pequeños.

HEMISFERIO AUSTRAL

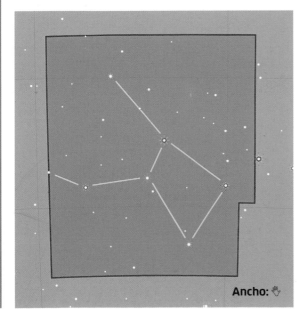

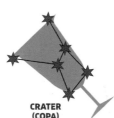

CRATER (COPA)

Ancho: ✋

CORVUS

Esta constelación representa el cuervo enviado por el dios Apolo a buscar agua con una copa. Está junto a Crater, la Copa, y ambas constelaciones se hallan sobre Hydra, la serpiente. El objeto más llamativo de la constelación son dos galaxias en colisión llamadas Antenas, NGC 4038 y 4039. Los grandes telescopios revelan unos largos chorros de gas y estrellas que salen de estas galaxias como las antenas de un insecto.

HEMISFERIO AUSTRAL

CORVUS (CUERVO)

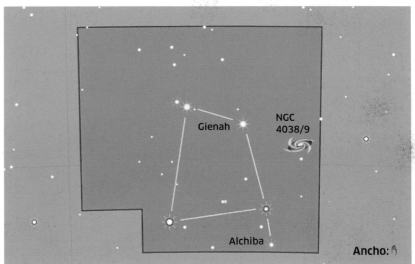

Gienah

NGC 4038/9

Alchiba

Ancho: ✋

CENTAURUS

Los centauros eran unos seres míticos de la antigua Grecia, mitad hombre y mitad caballo. Esta constelación representa al centauro Quirón, encargado de la educación de los hijos de los dioses griegos. Un telescopio pequeño revela que su estrella más brillante, Alfa Centauri, es doble. Una tercera, la enana roja llamada Proxima Centauri, es la estrella más cercana al Sol, a 4,2 años luz de distancia.

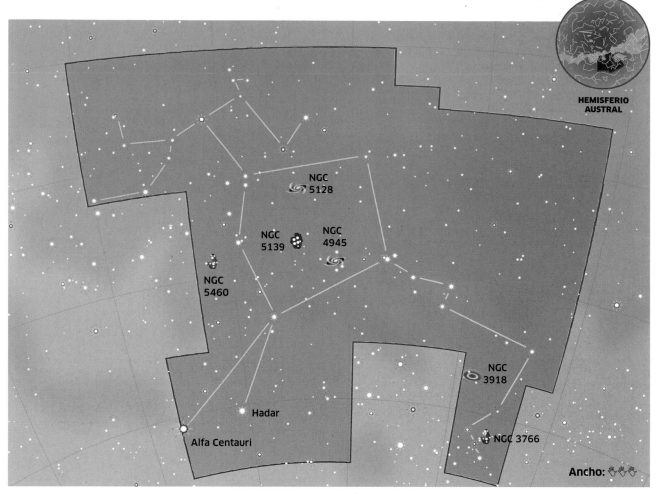

HEMISFERIO AUSTRAL

NGC 5128

NGC 5139

NGC 4945

NGC 5460

NGC 3918

Hadar

Alfa Centauri

NGC 3766

Ancho: 🖐🖐🖐

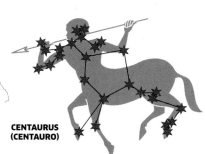

CENTAURUS (CENTAURO)

CRUX

Conocida popularmente como Cruz del Sur, es la menor de las 88 constelaciones. Su estrella más brillante, Acrux, es una doble fácil de discernir con un telescopio pequeño. Cerca de Becrux está NGC 4755, conocido como el Joyero, un hermoso cúmulo fácil de ver con prismáticos o telescopios pequeños. Una oscura nube de polvo denominada Saco de Carbón se perfila sobre el fondo luminoso de la Vía Láctea.

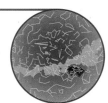

HEMISFERIO AUSTRAL

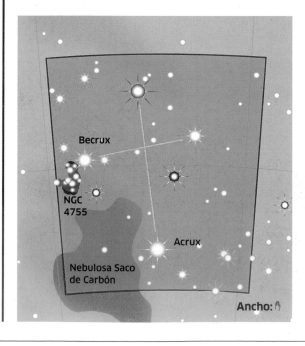

Becrux

NGC 4755

Acrux

Nebulosa Saco de Carbón

Ancho: 🖐

CRUX (CRUZ DEL SUR)

LUPUS

Esta constelación representa un lobo al que los antiguos astrónomos griegos imaginaron atravesado por la lanza de Centaurus. Lupus contiene varias estrellas dobles interesantes. En la parte sur de la constelación hay un cúmulo estelar con el número de catálogo NGC 5822.

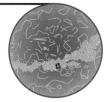

HEMISFERIO AUSTRAL

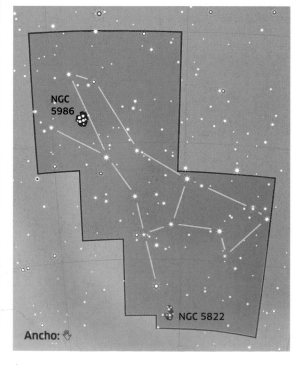

NGC 5986

NGC 5822

Ancho: 🖐

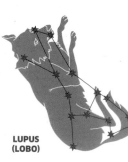

LUPUS (LOBO)

SAGITTARIUS

Esta constelación representa
un centauro arquero tensando
el arco. Las ocho estrellas
principales de Sagittarius
se disponen en una figura
conocida como la Tetera, cerca
de cuya tapa está M22, un gran
cúmulo globular fácilmente visible
con prismáticos. En Sagittarius hay varias
nebulosas atractivas, entre ellas la Trífida (M20).

**SAGITTARIUS
(SAGITARIO/
ARQUERO)**

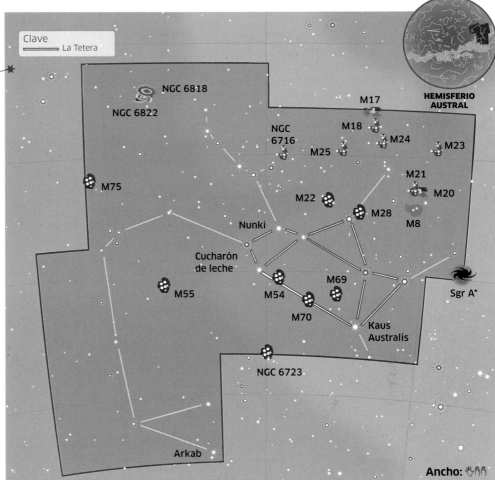

Nebulosa Trífida
La nebulosa Trífida (M20) presenta una combinación colorista
de gas rosa y polvo azulado. Se revela en toda su belleza en
fotografías tomadas por grandes telescopios, como esta.

Clave
La Tetera

**HEMISFERIO
AUSTRAL**

NGC 6818
NGC 6822
M17
M18
NGC 6716
M24
M25
M23
M75
M21
M22
M20
M28
Nunki
M8
Cucharón de leche
M69
Sgr A*
M55
M54
M70
Kaus Australis
NGC 6723
Arkab

Ancho:

SCORPIUS

Esta constelación representa el escorpión
que picó y mató a Orión. En el corazón del
escorpión está Antares, una supergigante
roja cientos de veces mayor que el Sol.
Junto a Antares se encuentra M4, un gran
cúmulo globular visible con prismáticos.
Al final de la cola curvada hacia arriba
del escorpión hay un gran cúmulo estelar,
M7, apenas visible a simple vista como
una mancha brillante en la Vía Láctea.
Cerca está M6, menor y que conviene
observar con un telescopio pequeño.
Otro bonito cúmulo estelar para ver
con prismáticos es NGC 6231.

**HEMISFERIO
AUSTRAL**

**SCORPIUS
(ESCORPIO/
ESCORPIÓN)**

Sco X-1
M80
Antares
M4
M6
NGC 6383
M7
Shaula
NGC 6124
NGC 6322
NGC 6231
NGC 6388
NGC 6178

Ancho:

Cúmulo estelar M4
Esta foto destellante
del telescopio espacial
Hubble muestra el
centro del cúmulo
globular M4, a 7200
años luz de la Tierra.

CAPRICORNUS

Esta constelación se imaginó como una cabra con cola de pez. Se trata del dios Pan, que tenía cuernos y patas de macho cabrío y que en uno de los relatos mitológicos adquiere cola de pez al saltar al Nilo para huir del monstruo Tifón. Un objeto de interés es Algedi, una estrella doble amplia, fácilmente discernible con prismáticos e incluso con buena vista. Dabih también es doble, pero para apreciarlo se requiere prismáticos o un telescopio pequeño.

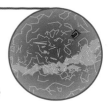

HEMISFERIO AUSTRAL

**CAPRICORNUS
(CAPRICORNIO)**

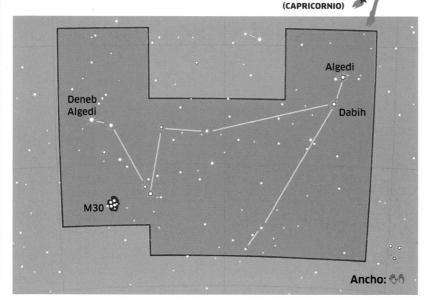

Algedi

Deneb Algedi

Dabih

M30

Ancho: 🖐️🤏

MICROSCOPIUM

Esta constelación difusa fue creada en la década de 1750 por el astrónomo francés Nicolas Louis de Lacaille, que estudió las estrellas australes desde el cabo de Buena Esperanza, en África del Sur. Lacaille inventó muchas constelaciones nuevas dedicadas a instrumentos científicos, en este caso el microscopio.

HEMISFERIO AUSTRAL

NGC 6925

Ancho: ☝️

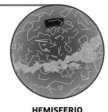

**MICROSCOPIUM
(MICROSCOPIO)**

PISCIS AUSTRINUS

Para los antiguos griegos, esta constelación representaba un gran pez bebiendo el agua que cae de la jarra de Acuarius, al norte. Su estrella más brillante es Fomalhaut, a 25 años luz de distancia, cuyo nombre procede del árabe y significa «boca del pez».

HEMISFERIO AUSTRAL

**PISCIS AUSTRINUS
(PEZ AUSTRAL)**

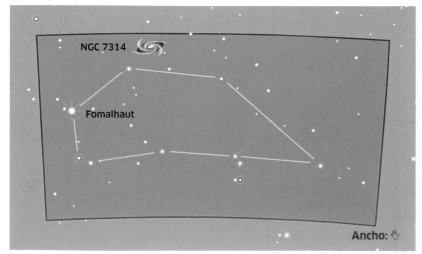

NGC 7314

Fomalhaut

Ancho: 🖐️

SCULPTOR

Inventada en la década de 1750 por el astrónomo francés Nicolas Louis de Lacaille, esta constelación representa el taller de un escultor. Sus estrellas tienen escaso brillo, pero contiene varias galaxias interesantes. La más impresionante es NGC 253, una galaxia espiral a 13 millones de años luz de distancia, que aparece casi de canto y es apenas visible con telescopios pequeños. Otra espiral de canto es NGC 55, con nubes de polvo y zonas de formación estelar que le dan aspecto moteado, y que solo se ve claramente con telescopios mayores.

HEMISFERIO AUSTRAL

**SCULPTOR
(ESCULTOR)**

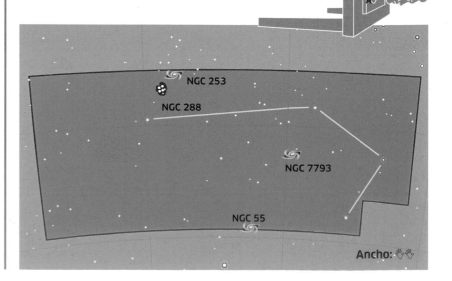

NGC 253

NGC 288

NGC 7793

NGC 55

Ancho: 🖐️🖐️

FORNAX

El astrónomo francés Nicolas Louis de Lacaille creó esta constelación en la década de 1750. Representa un horno de los que se usaban para experimentos químicos. Junto a su límite se encuentra el cúmulo galáctico de Fornax, a unos 65 millones de años luz de distancia.

HEMISFERIO AUSTRAL

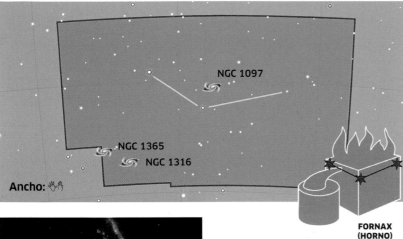

Ancho: ✋✋

FORNAX (HORNO)

Galaxia espiral barrada NGC 1365
Hace falta un telescopio grande para apreciar plenamente el tamaño y la forma de esta galaxia, miembro destacado del cúmulo de Fornax.

CAELUM

Caelum es otra de las constelaciones pequeñas y difusas del cielo austral inventadas en la década de 1750 por el astrónomo francés Nicolas Louis de Lacaille. Representa un cincel para trabajar piedra y metal, y llena el hueco entre Eridanus y Columba. Tiene poco interés para los usuarios de prismáticos y telescopios pequeños.

HEMISFERIO AUSTRAL

CAELUM (CINCEL)

Ancho: ✋

ERIDANUS

Para los antiguos griegos, esta gran constelación representaba un río, identificado con el Nilo, o con el Po en Italia, que discurre sinuoso desde el pie izquierdo de Orión adentrándose profundamente hacia el sur en el cielo austral. Su estrella más brillante es Achernar, en el extremo sur del río.

HEMISFERIO AUSTRAL

Galaxia espiral barrada NGC 1300
Esta imagen del Hubble muestra un ejemplo de galaxia espiral barrada. NGC 1300 está a unos 70 millones de años luz de la Tierra, y se requiere un telescopio grande para verla.

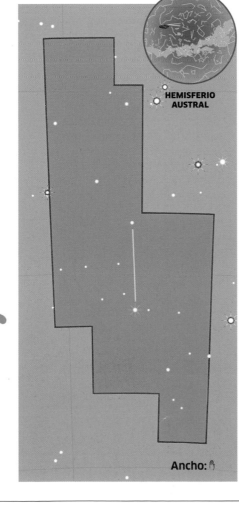

ERIDANUS (ERÍDANO)

NGC 1535

NGC 1300

Achernar

Ancho: ✋✋

LEPUS

Lepus representa una liebre que huye a los pies del cazador Orión. Es una de las constelaciones conocidas por los antiguos griegos. El nombre de su estrella más brillante, Arneb, significa «liebre» en árabe. Un objeto interesante de esta constelación es Gamma Leporis, una estrella doble discernible con prismáticos. Otro es NGC 2017, un pequeño grupo de estrellas, la más brillante de las cuales se puede ver con un telescopio pequeño.

HEMISFERIO AUSTRAL

NGC 2017 · Arneb
Nihal
Gamma Leporis
M79

Ancho: 🖐

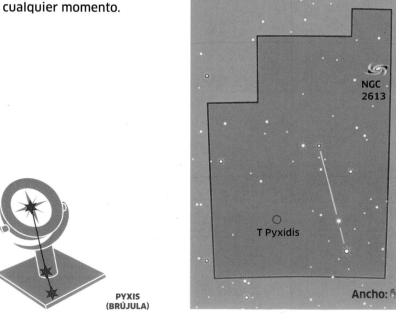

LEPUS (LIEBRE)

COLUMBA

El astrónomo flamenco Petrus Plancius creó esta constelación en 1592 con estrellas situadas entre Lepus y Canis Maior que no habían pertenecido a ninguna constelación griega. Se supone que representa la paloma enviada en busca de tierra por Noé desde el arca, según el relato bíblico. La estrella más brillante de Columba se llama Phact, «paloma» en árabe.

HEMISFERIO AUSTRAL

COLUMBA (PALOMA)

Phact
Wazn
NGC 1792
NGC 1851

Ancho: 🖐

PYXIS

El astrónomo francés Nicolas Louis de Lacaille creó esta constelación difusa en la década de 1750 durante su estudio del cielo austral. Pyxis representa una brújula de barco. Su estrella más destacada es T Pyxidis, una nova recurrente, es decir, una estrella cuyo brillo aumenta en ocasiones. Ha alcanzado su máximo seis veces desde 1890 y puede volver a hacerlo en cualquier momento.

HEMISFERIO AUSTRAL

PYXIS (BRÚJULA)

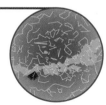

NGC 2613

T Pyxidis

Ancho: 👆

PUPPIS

Puppis formó parte en su día de una constelación griega mucho mayor llamada Argo Navis, la nave Argos de Jasón y los argonautas, y correspondía a la popa. Se halla en una zona muy rica de la Vía Láctea y contiene muchos cúmulos estelares luminosos: M46 y M47 están uno al lado del otro y crean una mancha muy brillante en la Vía Láctea; NGC 2451 y NGC 2477 también están muy próximos. Ambos se ven bien con prismáticos.

HEMISFERIO AUSTRAL

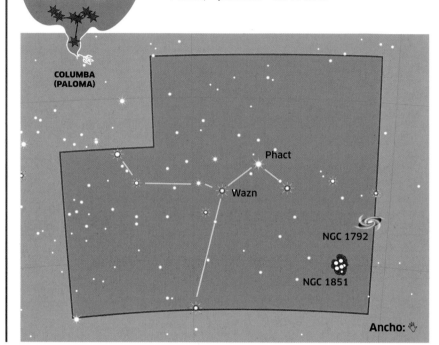

M47
M46
M93
NGC 2571
NGC 2439
NGC 2546
NGC 2451
Naos
NGC 2477

Ancho: 🖐🖐

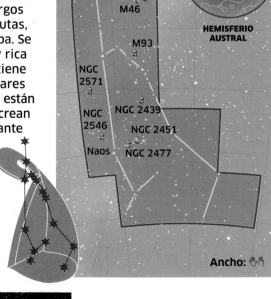

PUPPIS (POPA)

Cúmulo estelar M47
M47 es un gran cúmulo disperso de unas docenas de estrellas al norte de Puppis, visible con prismáticos. Esta imagen fue captada por un telescopio profesional grande.

VELA

Vela representa las velas de Argo Navis, la nave de Jasón y los argonautas. Argo Navis era una gran constelación griega que se dividió en tres: las otras dos son Puppis (la Popa) y Carina (la Quilla). Dos estrellas de Vela se combinan con dos de Carina para formar la Falsa Cruz, que a veces se confunde con la Cruz del Sur. Vela contiene el gran cúmulo IC 2391, lo bastante luminoso para poderlo ver a simple vista.

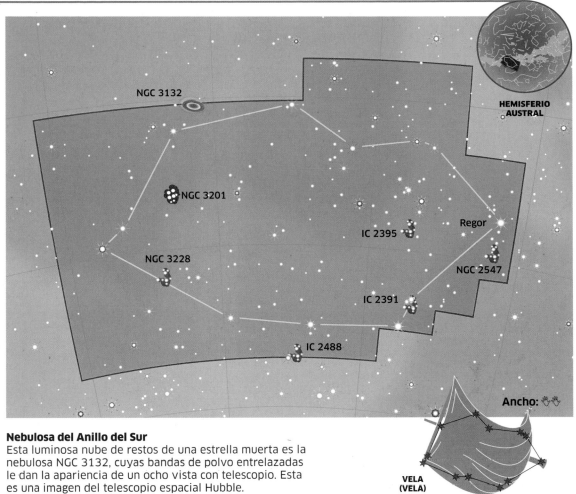

HEMISFERIO AUSTRAL

VELA (VELA)

Ancho:

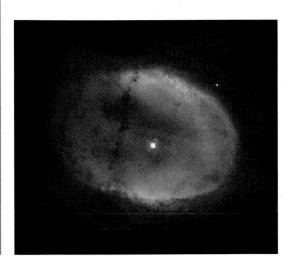

Nebulosa del Anillo del Sur
Esta luminosa nube de restos de una estrella muerta es la nebulosa NGC 3132, cuyas bandas de polvo entrelazadas le dan la apariencia de un ocho vista con telescopio. Esta es una imagen del telescopio espacial Hubble.

CARINA

Carina es una de las tres partes en que se dividió la gran constelación griega Argo Navis, la nave de Jasón y los argonautas, cuya quilla, o casco, representa. Esta constelación contiene la segunda estrella más brillante del cielo, Canopus. Dos estrellas de Carina forman la mitad de la Falsa Cruz, que completan otras dos de Vela.

HEMISFERIO AUSTRAL

Ancho:

CARINA (QUILLA/CARENA)

Pléyades australes
El gran cúmulo estelar IC 2602, o Pléyades australes, resulta espectacular visto con prismáticos.

Nebulosa de Carina
La nebulosa de Carina (NGC 3372) es una gran nube de gas con forma de V, visible sin instrumentos. La parte más brillante rodea a la estrella Eta Carinae, una variable peculiar que en el pasado ha expulsado capas de gas.

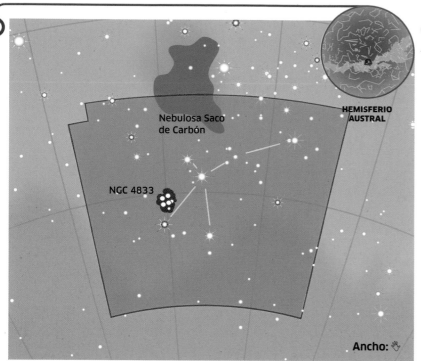

Nebulosa Saco de Carbón

NGC 4833

HEMISFERIO AUSTRAL

Ancho:

MUSCA

Esta constelación del cielo austral fue inventada por unos navegantes neerlandeses a finales del siglo XVI. Representa una mosca. Parte de la oscura nebulosa Saco de Carbón se derrama sobre Musca desde la Cruz del Sur, al norte. Destaca NGC 4833, un cúmulo globular visible con prismáticos y telescopios pequeños.

MUSCA (MOSCA)

CIRCINUS

Esta pequeña constelación austral fue creada en la década de 1750 por el astrónomo francés Nicolas Louis de Lacaille. La mayoría de las constelaciones de Lacaille simboliza instrumentos de las ciencias y las artes, y Circinus sería el compás usado por topógrafos y navegantes. Su estrella más brillante es doble.

HEMISFERIO AUSTRAL

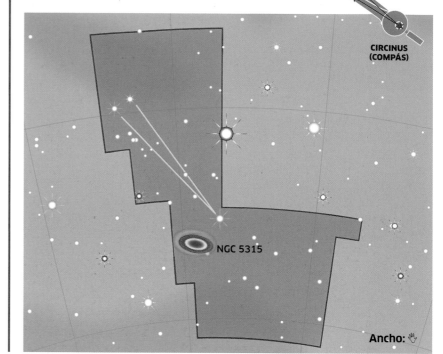

CIRCINUS (COMPÁS)

NGC 5315

Ancho:

NORMA

Norma fue introducida en la década de 1750 por el astrónomo francés Nicolas Louis de Lacaille y representa una escuadra de las que usan dibujantes y arquitectos. Sus objetos más destacados son Gamma Normae, que consiste en dos estrellas no relacionadas, ambas discernibles a simple vista, y NGC 6087, un gran y denso cúmulo estelar visible con prismáticos.

NORMA (ESCUADRA)

HEMISFERIO AUSTRAL

NGC 6167

Gamma Normae

NGC 6067

NGC 6087

Ancho:

Cúmulo estelar NGC 6067
NGC 6067 es un rico cúmulo estelar del centro de Norma, visible con prismáticos o un telescopio pequeño. Ocupa un área del cielo de la mitad del diámetro aparente de la luna llena.

TRIANGULUM AUSTRALE

A finales del siglo XVI, unos exploradores neerlandeses que navegaron a las Indias Orientales crearon una docena de constelaciones nuevas a partir de estrellas australes. La menor de ellas es Triangulum Australe. Es más pequeña que su homónima del norte, Triangulum, pero sus estrellas son más luminosas. El principal objeto de interés es el cúmulo estelar NGC 6025, en su límite norte, visible con prismáticos.

HEMISFERIO AUSTRAL

TRIANGULUM AUSTRALE (TRIÁNGULO AUSTRAL)

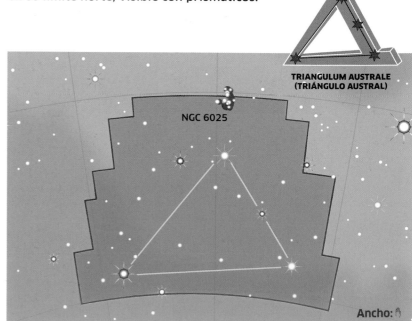

NGC 6025

Ancho:

ARA

Esta constelación era conocida por los antiguos griegos, para quienes representaba el altar del monte Olimpo donde los dioses hicieron un juramento de lealtad antes de luchar contra sus enemigos los titanes. Contiene un cúmulo estelar atractivo, NGC 6193. Ninguna de las estrellas de Ara tiene especial interés.

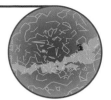

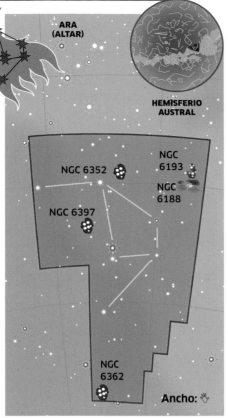

ARA (ALTAR)

NGC 6352

NGC 6193

NGC 6188

NGC 6397

NGC 6362

Ancho:

Nebulosa de formación estelar NGC 6188
La radiación ultravioleta de las estrellas de NGC 6193 enciende los átomos de azufre, hidrógeno y oxígeno de NGC 6188, como se aprecia en esta foto del Hubble.

CORONA AUSTRALIS

Esta pequeña constelación se halla bajo los pies de Sagittarius. Representa una corona de laurel y es una de las constelaciones conocidas por los antiguos griegos. Aunque poco luminosa, Corona Australis es bastante fácil de encontrar gracias al nítido arco que forman sus principales estrellas. Un objeto interesante para observar con un telescopio pequeño es el cúmulo globular NGC 6541.

HEMISFERIO AUSTRAL

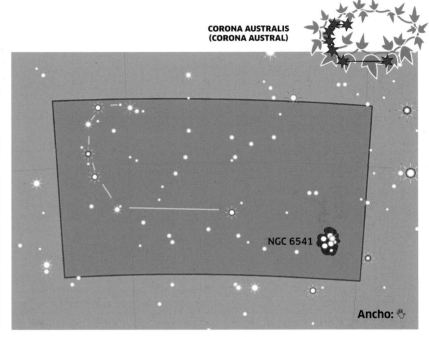

CORONA AUSTRALIS (CORONA AUSTRAL)

NGC 6541

Ancho:

TELESCOPIUM

El astrónomo francés Nicolas Louis de Lacaille creó esta constelación difusa en la década de 1750 en honor del telescopio, la herramienta básica del astrónomo. Ahora es menor que entonces. Aparte de un cúmulo globular y un par de estrellas no relacionadas discernibles con prismáticos o incluso con buena vista, contiene poco de interés.

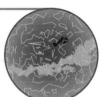

HEMISFERIO AUSTRAL

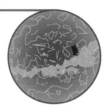

NGC 6584

Ancho:

Cúmulo globular NGC 6584
NGC 6584 es un cúmulo globular tenue y lejano que se puede ver bien con un telescopio grande. Esta imagen es del telescopio espacial Hubble.

TELESCOPIUM (TELESCOPIO)

INDUS

Indus, a la que se atribuyó la figura de un indio norteamericano con lanza, es una de las doce constelaciones australes introducidas por unos navegantes neerlandeses a finales del siglo XVI. Contiene una estrella doble interesante, discernible con un telescopio pequeño.

HEMISFERIO AUSTRAL

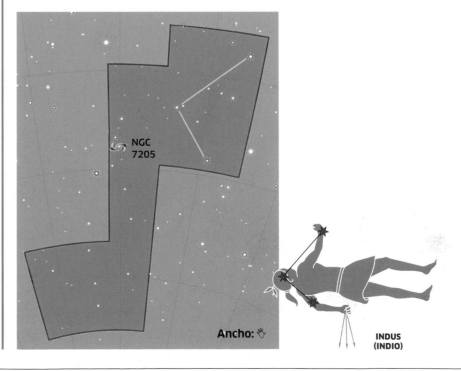

NGC 7205

Ancho:

INDUS (INDIO)

GRUS

Grus representa una grulla, un ave zancuda de largo cuello. Es una de las constelaciones creadas a finales del siglo XVI por unos navegantes neerlandeses. En el cuello del ave hay dos parejas de estrellas dobles, discernibles como tales a simple vista. De hecho, las estrellas de cada pareja están a diferentes distancias de nosotros y, por tanto, son dobles ópticas y no verdaderas binarias.

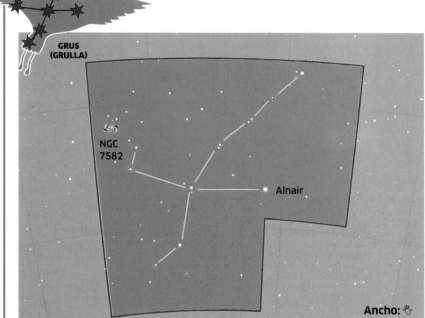

GRUS (GRULLA)

NGC 7582

Alnair

Ancho:

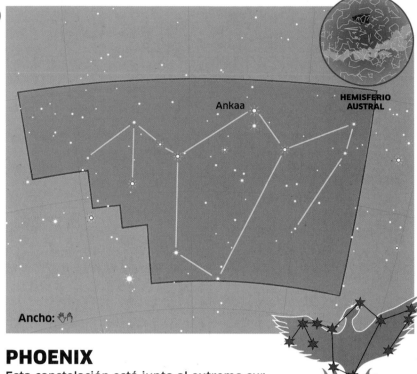

Ankaa

Ancho:

PHOENIX

Esta constelación está junto al extremo sur de Eridanus, el río Erídano. Es la mayor de las doce nuevas constelaciones creadas a finales del siglo XVI por unos navegantes neerlandeses en su ruta a las Indias Orientales. Representa la mítica ave Fénix que renacía de sus cenizas cada 500 años.

PHOENIX (FÉNIX)

TUCANA

Unos navegantes neerlandeses crearon esta constelación austral a finales del siglo XVI. Representa un tucán, un ave tropical de gran pico. Tucana contiene la Pequeña Nube de Magallanes (PNM), una «minigalaxia» a unos 200 000 años luz de la Tierra, que a simple vista parece una parte desgajada de la Vía Láctea. Los cúmulos globulares 47 Tucanae y NGC 362 aparecen uno a cada lado de la PNM, pero en realidad están mucho más cerca.

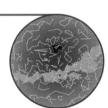

TUCANA (TUCÁN)

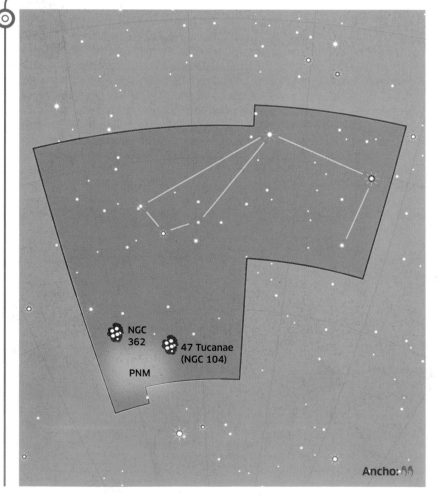

NGC 362

47 Tucanae (NGC 104)

PNM

Ancho:

Cúmulo globular 47 Tucanae
A simple vista, el cúmulo globular 47 Tucanae (NGC 104) parece una sola estrella difusa, pero visto con un telescopio grande se divide en un enjambre de puntos luminosos, como en la imagen. Está a unos 16 000 años luz de distancia.

HYDRUS

Esta constelación, que simboliza una serpiente de agua, discurre entre las Nubes de Magallanes grande y pequeña (GNM y PNM). Fue creada en el siglo XVI por unos navegantes neerlandeses. No debe confundirse con Hydra, la gran serpiente marina conocida desde la Antigüedad griega. Contiene una pareja de gigantes rojas, Pi Hydri, que parecen un sistema binario, pero son independientes y están a diferentes distancias de la Tierra. Pi Hydri puede desdoblarse con prismáticos.

HEMISFERIO AUSTRAL

HYDRUS (HIDRA MACHO)

Pi Hydri

GNM

PNM

Ancho: ✋

HOROLOGIUM

Representa un reloj de péndulo como los que se utilizaban en los observatorios para medir el tiempo con precisión antes de que hubiera relojes electrónicos. Es una de las constelaciones australes que conmemoran instrumentos científicos y técnicos, creadas por el astrónomo francés Nicolas Louis de Lacaille en la década de 1750. Contiene pocos objetos de interés para un telescopio pequeño.

HEMISFERIO AUSTRAL

NGC 1512

AM1

NGC 1261

HOROLOGIUM (RELOJ)

Ancho: ✋

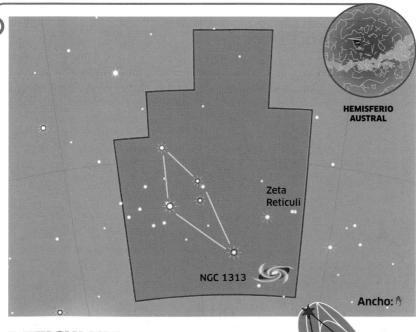

HEMISFERIO AUSTRAL

Zeta Reticuli

NGC 1313

Ancho: ✋

RETICULUM

Esta pequeña constelación austral es una de las catorce creadas en la década de 1750 por el astrónomo francés Nicolas Louis de Lacaille, que cartografió las estrellas australes desde el cabo de Buena Esperanza, y representa la pieza del ocular del telescopio que le sirvió para medir con precisión las posiciones estelares. Destaca Zeta Reticuli, un par de estrellas amarillas discernibles con prismáticos.

RETICULUM (RETÍCULO)

PICTOR

Esta es otra constelación creada en la década de 1750 por el astrónomo francés Nicolas Louis de Lacaille, que la imaginó como un caballete de pintor. Contiene una estrella doble interesante, Iota Pictoris, fácil de discernir con un telescopio pequeño.

HEMISFERIO AUSTRAL

PICTOR (CABALLETE DEL PINTOR)

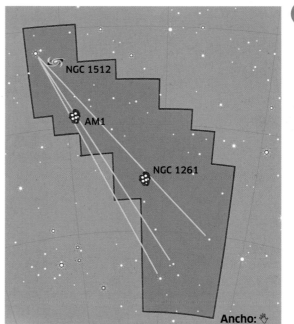

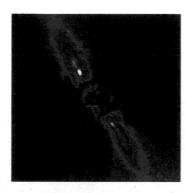

Beta Pictoris

Iota Pictoris

Beta Pictoris
La segunda estrella más brillante de Pictor, Beta Pictoris, está rodeada de un disco de polvo y gas en el que se cree que se están formando planetas y que solo se puede ver con telescopios grandes y equipo especializado.

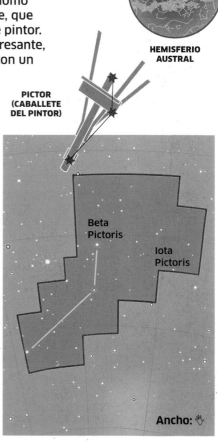

Ancho: ✋

DORADO

Esta constelación austral fue creada por unos navegantes neerlandeses a finales del siglo XVI y representa un pez tropical llamado dorado. Su objeto principal es la Gran Nube de Magallanes (GNM), la mayor de las dos galaxias compañeras de La Vía Láctea. Otro objeto de interés es la nebulosa de la Tarántula (NGC 2070), con aspecto de estrella difusa.

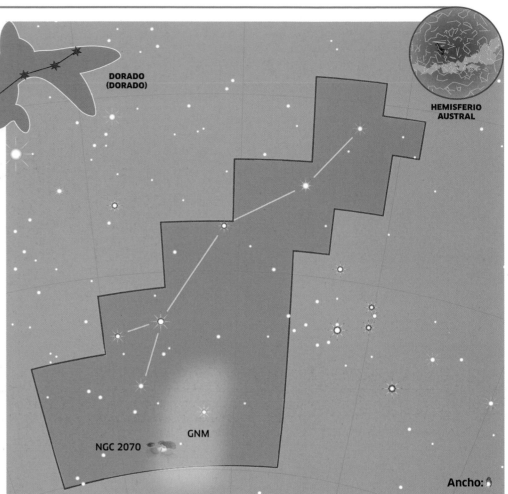

DORADO
(DORADO)

HEMISFERIO
AUSTRAL

GNM

NGC 2070

Ancho:

Gran Nube de Magallanes
La Gran Nube de Magallanes (GNM) se aprecia fácilmente a simple vista y parece una parte desgajada de nuestra galaxia. Unos prismáticos revelarán muchos cúmulos estelares y nebulosas en su seno. Está a unos 170 000 años luz de distancia.

VOLANS

Esta constelación fue creada a finales del siglo XVI por unos exploradores neerlandeses que viajaron a las Indias Orientales y prospectaron el cielo austral de camino. Representa un pez volador, uno de los animales exóticos que vieron en sus viajes. Gamma y Épsilon Volantis son estrellas dobles fáciles de distinguir con un telescopio pequeño.

HEMISFERIO
AUSTRAL

VOLANS
(PEZ VOLADOR)

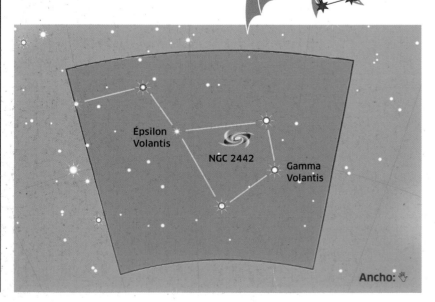

Épsilon
Volantis

NGC 2442

Gamma
Volantis

Ancho:

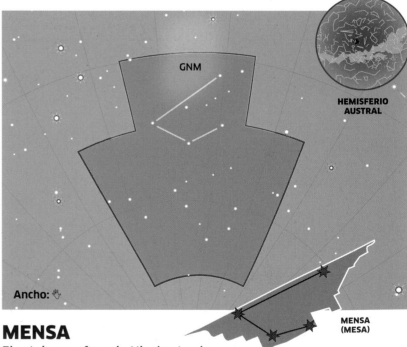

GNM

HEMISFERIO
AUSTRAL

Ancho:

MENSA
(MESA)

MENSA

El astrónomo francés Nicolas Louis de Lacaille creó esta constelación en la década de 1750. Lacaille midió la posición de miles de estrellas australes desde un observatorio situado en las estribaciones de la montaña de la Mesa, en el cabo de Buena Esperanza, en África del Sur, y dio a la constelación el nombre de Mensa («mesa» en latín), en honor de dicha montaña. Mensa contiene parte de la Gran Nube de Magallanes (GNM). Todas las estrellas de Mensa son débiles, y ninguna tiene interés para usuarios de telescopios pequeños.

HEMISFERIO
AUSTRAL

NGC 3195

Delta
Chamaeleontis

Ancho: 🖐

CHAMAELEON

Esta pequeña constelación introducida a finales del siglo XVI, lleva el nombre del reptil capaz de cambiar de color para pasar desapercibido. Cerca está Musca, la Mosca, lo cual resulta oportuno por ser las moscas un alimento de los camaleones. **Delta Chamaeleontis** es una interesante estrella doble amplia, fácil de ver con prismáticos.

CHAMAELEON
(CAMALEÓN)

APUS

Unos navegantes neerlandeses rumbo a las Indias Orientales idearon Apus a finales del siglo XVI. Representa un ave del paraíso, famosa por su bello plumaje, que se usaba para adornar tocados y otras prendas. **Delta Apodis** es una pareja aparente de gigantes rojas independientes, discernibles a simple vista o con prismáticos.

HEMISFERIO
AUSTRAL

APUS
(AVE DEL PARAÍSO)

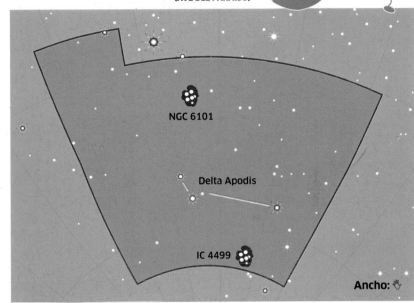

NGC 6101

Delta Apodis

IC 4499

Ancho: 🖐

PAVO

Pavo representa un pavo real con su espectacular cola desplegada. Es una de las doce constelaciones australes creadas por unos navegantes neerlandeses a finales del siglo XVI. Entre sus objetos destacan NGC 6752, un gran cúmulo globular brillante, fácilmente visible con prismáticos, y NGC 6744, una bella galaxia espiral con una barra central corta, que se aprecia mejor en fotografías.

HEMISFERIO
AUSTRAL

PAVO
(PAVO)

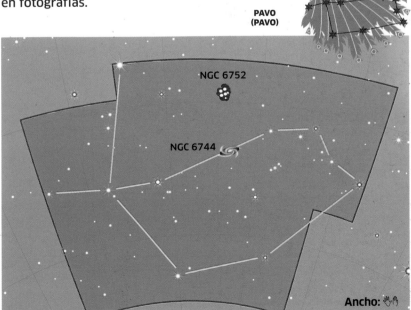

NGC 6752

NGC 6744

Ancho: 🖐🖐

HEMISFERIO
AUSTRAL

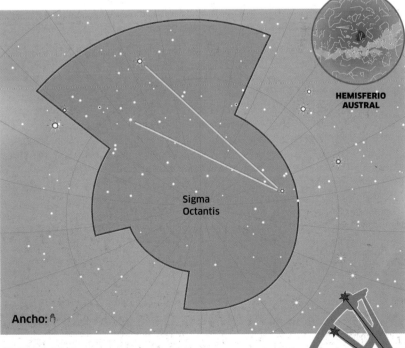

Sigma
Octantis

Ancho: 👆

OCTANS
(OCTANTE)

OCTANS

Octans contiene el polo sur celeste. A diferencia del boreal, el cielo austral no cuenta con una estrella polar brillante. La estrella visible más próxima al polo sur celeste es Sigma Octantis, pero su luz es muy débil. Octans fue introducida en la década de 1750 por el astrónomo francés Nicolas Louis de Lacaille y representa un instrumento de navegación llamado octante, precursor del sextante.

APÉNDICE

Esta sección contiene datos de los planetas, las misiones espaciales, las estrellas y las galaxias, e informa del mejor momento para observar estrellas fugaces, cometas y eclipses. El glosario explica muchos de los términos empleados en el libro.

Datos del Sistema Solar

El Sistema Solar está formado por el Sol y todos los objetos que están bajo su influencia gravitatoria, incluidos los ocho planetas con sus satélites y un número desconocido de planetas enanos, asteroides, cometas y objetos menores. Los objetos más lejanos –los cometas de la nube de Oort– pueden estar a un año luz del Sol.

El Sol pesa unas 670 veces más que todos los planetas y objetos del Sistema Solar juntos.

LOS PLANETAS

Un planeta se define oficialmente como un objeto en órbita alrededor del Sol, con masa suficiente para haber adquirido forma esférica y con gravedad suficiente para expulsar a otros objetos de órbitas próximas. Actualmente los astrónomos reconocen ocho planetas: cuatro pequeños mundos rocosos (o «terrestres») próximos al Sol, y cuatro planetas gigantes, mucho mayores y más lejanos.

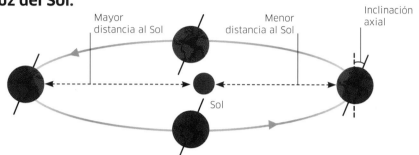

Mayor distancia al Sol · Menor distancia al Sol · Inclinación axial · Sol

ÓRBITA DE UN PLANETA ALREDEDOR DEL SOL

DATOS DE LOS PLANETAS

	Mercurio	Venus	Tierra	Marte	Júpiter	Saturno	Urano	Neptuno
Diámetro	4880 km	12104 km	12756 km	6792 km	142984 km	120536 km	51118 km	49528 km
Masa (Tierra = 1)	0,06	0,82	1	0,11	318	95	14	17
Periodo de rotación	1408 horas	5833 horas	23,9 horas	24,6 horas	9,9 horas	10,7 horas	17,2 horas	16,1 horas
Gravedad superficial (Tierra = 1)	0,38	0,91	1	0,38	2,36	1,02	0,89	1,12
Incli. axial	0,01°	2,6°	23,4°	25,2°	3,1°	26,7°	82,.2°	28,3°
Número de satélites	0	0	1	2	Más de 67	Más de 62	Más de 27	Más de 14
Menor distancia al Sol	46 millones de km	107 millones de km	147 millones de km	207 millones de km	741 millones de km	1353 millones de km	2741 millones de km	4445 millones de km
Mayor distancia al Sol	70 millones de km	109 millones de km	152 millones de km	249 millones de km	817 millones de km	1515 millones de km	3004 millones de km	4546 millones de km
Periodo orbital	88 días terrestres	225 días terrestres	365,26 días terrestres	687 días terrestres	12 días terrestres	29 días terrestres	84 días terrestres	165 días terrestres
Velocidad orbital media	48 km/s	35 km/s	30 km/s	24 km/s	13 km/s	10 km/s	7 km/s	5 km/s

LLUVIAS DE METEOROS

Tras desprenderse de un cometa o un asteroide, muchos pequeños fragmentos de roca se concentran en franjas estrechas. Cuando la Tierra las atraviesa a lo largo de su órbita, las partículas arden en nuestra atmósfera y causan lluvias de meteoros predecibles.

PRINCIPALES LLUVIAS DE METEOROS

Nombre	Máximo	Mayor número	Cometa/asteroide progenitor
Cuadrántidas	4 de enero	120 por hora	2003 EH1
Líridas	22 de abril	10 por hora	C/1861 G1 (Thatcher)
Eta acuáridas	5 de mayo	30 por hora	1P/Halley
Perseidas	12 de agosto	100 por hora	109P/Swift-Tuttle
Gemínidas	14 de diciembre	120 por hora	3200 Faetón

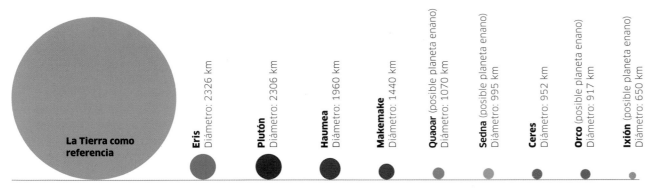

La Tierra como referencia

Eris Diámetro: 2326 km

Plutón Diámetro: 2306 km

Haumea Diámetro: 1960 km

Makemake Diámetro: 1440 km

Quaoar (posible planeta enano) Diámetro: 1070 km

Sedna (posible planeta enano) Diámetro: 995 km

Ceres Diámetro: 952 km

Orco (posible planeta enano) Diámetro: 917 km

Ixión (posible planeta enano) Diámetro: 650 km

PLANETAS ENANOS

Un planeta enano es un objeto esférico en órbita independiente en torno al Sol y que carece de la gravedad suficiente para despejar su órbita de otros objetos. Los planetas enanos se hallan sobre todo en el cinturón de Kuiper y en el disco disperso más allá de la órbita de Neptuno, pero entre ellos figura también Ceres, el mayor asteroide del gran cinturón de asteroides.

COMETAS

Casi todos los cometas son objetos helados que merodean por las afueras del Sistema Solar, pero algunos de ellos siguen órbitas que los acercan al Sol periódicamente, momento en que cobran vida.

COMETA HALE-BOPP

ALGUNOS COMETAS PERIÓDICOS

Nombre	Periodo orbital	Avistamientos	Próxima aparición
1P/Halley	75 años	30	julio de 2061
2P/Encke	3 años y 3 meses	62	marzo de 2017
6P/d'Arrest	6 años y 5 meses	20	septiembre de 2021
9P/Tempel	5 años y 5 meses	12	agosto de 2016
17P/Holmes	6 años y 8 meses	10	febrero de 2021
21P/Giacobini–Zinner	6 años y 6 meses	15	septiembre de 2018
29P/Schwassmann–Wachmann	15 años	7	marzo de 2019
39P/Oterma	19 años	4	julio de 2023
46P/Wirtanen	5 años y 4 meses	10	diciembre de 2018
50P/Arend	8 años y 2 meses	8	febrero de 2016
55P/Tempel–Tuttle	33 años	5	mayo de 2031
67P/Churiumov–Guerasimenko	6 años y 4 meses	7	diciembre de 2021
81P/Wild	6 años y 4 meses	6	julio de 2016
109P/Swift–Tuttle	133 años	5	julio de 2126

ECLIPSES

Desde la Tierra, el Sol y la Luna se ven casi exactamente del mismo tamaño. Por ello, al interponerse entre la Tierra y el Sol, la Luna tapa el disco de este y se observa un eclipse de Sol. Los eclipses solares totales, que ocultan por completo el disco y revelan la tenue atmósfera exterior solar, son muy raros y localizados; los parciales son más frecuentes.

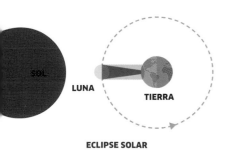

SOL

LUNA

TIERRA

ECLIPSE SOLAR

ECLIPSES SOLARES TOTALES

Fecha	Lugar
9 de marzo de 2016	Sumatra, Borneo, Célebes, Pacífico
21 de agosto de 2017	Pacífico Norte (EE UU), Atlántico Sur
2 de julio de 2019	Pacífico Sur, Chile, Argentina
14 de diciembre de 2020	Pacífico Sur, Chile, Argentina, Atlántico Sur
4 de diciembre de 2021	Antártida
8 de abril de 2024	México, EE UU centrales, este de Canadá
12 de agosto de 2026	Ártico, Groenlandia, Islandia, España
2 de agosto de 2027	Marruecos, España, Argelia, Libia, Egipto, Arabia Saudí, Yemen, Somalia
22 de julio de 2028	Australia, Nueva Zelanda
25 de noviembre de 2030	Botsuana, Sudáfrica, Australia
30 de marzo de 2033	Este de Rusia, Alaska
20 marzo de 2034	Nigeria, Camerún, Chad, Sudán, Egipto, Arabia Saudí, Irán, Afganistán, Pakistán, India, China
2 de septiembre de 2035	China, Corea, Japón, Pacífico
13 de julio de 2037	Australia, Nueva Zelanda
26 de diciembre de 2038	Australia, Nueva Zelanda, Pacífico Sur
15 de diciembre de 2039	Antártida

Exploración de los planetas

Desde finales de la década de 1950 se han enviado docenas de naves robóticas más allá de la órbita terrestre, la mayoría a otros planetas. Algunas realizan breves misiones de sobrevuelo en su camino hacia otro destino, pero otras permanecen más tiempo. Los orbitadores se convierten en satélites a largo plazo de los planetas, mientras que aterrizadores y rovers descienden para examinar o incluso explorar la superficie.

Mundos rocosos

Los vecinos inmediatos de la Tierra, Venus y Marte, han sido objeto de estudio de diversas naves, no todas las cuales es posible mencionar aquí. Abajo figuran todas las principales misiones que han culminado con éxito, las primeras notables y algunas fracasadas interesantes. El planeta más interior, Mercurio, se desplaza tan rápido en su órbita que es difícil de alcanzar y rara vez se ha visitado.

MESSENGER

Mercurio

Misión	País de origen	Fecha de llegada	Tipo	Calificación
Mariner 10	EE UU	1974	Sobrevuelos múltiples	Éxito
MESSENGER	EE UU	2011	Orbitador	Éxito

Venera

Magallanes

Venus

Misión	País de origen	Fecha de llegada	Tipo	Calificación
Mariner 2	EE UU	1962	Sobrevuelo	Éxito
Venera 4	URSS/Rusia	1967	Sobrevuelo	Éxito
Mariner 5	EE UU	1967	Sobrevuelo	Éxito
Venera 7	URSS/Rusia	1970	Aterrizador	Éxito
Venera 9	URSS/Rusia	1975	Orbitador/aterrizador	Éxito
Pioneer Venus Orbiter	EE UU	1978	Orbitador	Éxito
Pioneer Venus Multiprobe	EE UU	1978	Sonda atmosférica	Éxito
Venera 11	URSS/Rusia	1978	Sobrevuelo/aterrizador	Éxito
Venera 15	URSS/Rusia	1983	Orbitador	Éxito
Vega 1	URSS/Rusia	1985	Sobrevuelo/aterrizador/globo	Éxito parcial (fallo del aterrizador)
Vega 2	URSS/Rusia	1985	Sobrevuelo/aterrizador/globo	Éxito
Magallanes	EE UU	1990	Orbitador	Éxito
Venus Express	Europa	2006	Orbitador	Éxito

Mariner

Mars Express

Marte

Misión	País de origen	Fecha de llegada	Tipo	Calificación
Mariner 4	EE UU	1965	Sobrevuelo	Éxito
Mariner 6	EE UU	1969	Sobrevuelo	Éxito
Mariner 7	EE UU	1969	Sobrevuelo	Éxito
Mariner 9	EE UU	1971	Orbitador	Éxito
Mars 2	URSS/Rusia	1971	Orbitador/aterrizador	Éxito parcial (fallo del aterrizador)

Viking 1	EE UU	1976	Orbitador/aterrizador	Éxito
Viking 2	EE UU	1976	Orbitador/aterrizador	Éxito
Fobos 2	URSS/Rusia	1989	Orbitador/aterrizador en Fobos	Éxito parcial (fallo del aterrizador)
Mars Pathfinder	EE UU	1997	Aterrizador/rover	Éxito
Mars Global Surveyor	EE UU	1997	Orbitador	Éxito
Mars Odyssey	EE UU	2001	Orbitador	Éxito
Mars Express/Beagle 2	Europa	2003	Orbitador/aterrizador	Éxito parcial (fallo del aterrizador)
MER-A Spirit	EE UU	2004	Rover	Éxito
MER-B Opportunity	EE UU	2004	Rover	Éxito
Mars Reconnaissance Orbiter	EE UU	2006	Orbitador	Éxito
Phoenix	EE UU	2008	Aterrizador	Éxito
Curiosity	EE UU	2012	Rover	Éxito
Mars Orbiter Mission (Mangalyaan)	India	2014	Orbitador	Éxito
MAVEN	EE UU	2014	Orbitador	Éxito

Gigantes gaseosos

Los planetas gigantes no tienen superficie explorable, pero su atmósfera y sus anillos y satélites resultan fascinantes. Tras una oleada inicial de misiones de sobrevuelo de los gigantes en las décadas de 1970 y 1980, Júpiter y Saturno han sido objeto de estudio con orbitadores a largo plazo. Una sonda entró en la atmósfera de Júpiter, y un aterrizador se ha posado en Titán, el mayor satélite de Saturno.

Juno

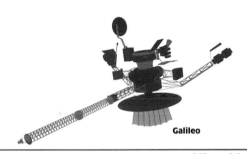
Galileo

Júpiter

Misión	País de origen	Fecha de llegada	Tipo	Calificación
Pioneer 10	EE UU	1973	Sobrevuelo	Éxito
Pioneer 11	EE UU	1974	Sobrevuelo	Éxito
Voyager 1	EE UU	1979	Sobrevuelo	Éxito
Voyager 2	EE UU	1979	Sobrevuelo	Éxito
Galileo	EE UU	1995	Orbitador/sonda	Éxito
Cassini	EE UU y Europa	2000	Sobrevuelo	Éxito
New Horizons	EE UU	2007	Sobrevuelo	Éxito
Juno	EE UU	2016 (prevista)	Orbitador	En ruta

Saturno

Misión	País de origen	Fecha de llegada	Tipo	Calificación
Pioneer 11	EE UU	1979	Sobrevuelo	Éxito
Voyager 1	EE UU	1980	Sobrevuelo	Éxito
Voyager 2	EE UU	1981	Sobrevuelo	Éxito
Cassini/Huygens	EE UU y Europa	2004	Orbitador/aterrizador en Titán	Éxito

Urano y Neptuno

Misión	País de origen	Fecha de llegada	Tipo	Calificación
Voyager 2	EE UU	1986 (Urano) 1989 (Neptuno)	Sobrevuelo	Éxito

Estrellas y galaxias

La inmensa mayoría de los objetos del cielo nocturno queda mucho más allá del Sistema Solar. Todas las estrellas que vemos forman parte de nuestra galaxia, la Vía Láctea, al igual que los cúmulos estelares y las nebulosas visibles con instrumentos de aficionado. Sin embargo, existen incontables galaxias muy lejos de la nuestra, la mayoría demasiado distantes para poderlas ver.

En el universo observable hay unos **200 000 millones** de galaxias y otras tantas estrellas en la Vía Láctea.

Las estrellas más cercanas

La mayoría de las estrellas más cercanas a la Tierra son enanas rojas, a menudo en sistemas binarios o múltiples y tan tenues que son difíciles de ver pese a su proximidad. También hay algunas estrellas del tipo del Sol y un par de estrellas blancas brillantes, cada una de ellas emparejada con una enana blanca consumida. Asimismo, cerca de la Tierra se encuentran muchos objetos llamados enanas marrones, estrellas fallidas sin masa suficiente para desencadenar la fusión atómica en su núcleo.

CLAVE

- ⬤ Enana roja
- ◯ Blanca de la secuencia principal
- ⬤ Amarilla de la secuencia principal
- ◯ Enana blanca
- ⬤ Naranja de la secuencia principal
- ⬤ Enana marrón

Tipo de estrella	Nombre	Distancia	Constelación	Magnitud aparente	Visibilidad
⬤	Sol	8 minutos luz	–	−26,7	Simple vista
⬤	Proxima Centauri	4,2 años luz	Centaurus	11,1	Telescopio
⬤⬤	Alfa Centauri A/B	4,4 años luz	Centaurus	0,01/1,34	Simple vista
⬤	Estrella de Barnard	6,0 años luz	Ophiuchus	9,5	Telescopio
⬤⬤	Luhman 16 A/B	6,6 años luz	Vela	10,7	Telescopio
⬤	WISE 0655-0714	7,2 años luz	Hydra	13,9	Telescopio
⬤	Wolf 359	7,8 años luz	Leo	13,4	Telescopio
⬤	Lalande 21185	8,3 años luz	Ursa Maior	7,5	Prismáticos
◯◯	Sirius (Sirio) A/B	8,6 años luz	Canis Maior	−1,46/8,44	Simple vista/telescopio
⬤⬤	Luyten 726-8	8,7 años luz	Cetus	12,5/13,0	Telescopio
⬤	Ross 154	9,7 años luz	Sagittarius	10,4	Telescopio
⬤	Ross 248	10,3 años luz	Andromeda	12,3	Telescopio
⬤	Épsilon Eridani	10,5 años luz	Eridanus	3,73	Simple vista
⬤	Lacaille 9352	10,7 años luz	Piscis Austrinus	7,3	Prismáticos
⬤	Ross 128	10,9 años luz	Virgo	11,1	Telescopio
⬤	WISE 1506+7027	11,1 años luz	Ursa Minor	14,3	Telescopio
⬤⬤⬤	EZ Aquarii A/B/C	11,3 años luz	Aquarius	13,3/13,3/14,0	Telescopio
◯◯	Procyon (Proción) A/B	11,4 años luz	Canis Minor	0,4/10,7	Simple vista/telescopio
⬤⬤	61 Cygni A/B	11,4 años luz	Cygnus	5,2/6,0	Simple vista/prismáticos
⬤⬤	Struve 2398 A/B	11,5 años luz	Draco	8,9/9,7	Telescopio
⬤⬤	Groombridge 34 A/B	11,6 años luz	Andromeda	8,1/11,1	Telescopio

Brillo de las estrellas

El brillo o luminosidad de una estrella se mide por su magnitud aparente. Cuanto mayor sea el brillo, menor es la cifra. La magnitud 6 es el límite aproximado de la visibilidad sin instrumentos en un cielo oscuro y despejado. El Sol, con una magnitud de −26,7, es el objeto más brillante de nuestro cielo, pero de noche se ven miles de estrellas a simple vista, y millones más con ayuda de unos prismáticos o un telescopio.

Magnitud aparente

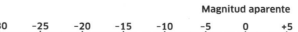

−30 −25 −20 −15 −10 −5 0 +5 +10 +15 +20 +25 +30

Sol

Luna llena

Polaris Límite sin instrumentos

Límite del telescopio espacial Hubble

Nebulosas

Las nebulosas son nubes de gas y polvo interestelar de forma y tamaño diversos, desde las grandes y complejas donde nacen estrellas hasta los anillos que desprenden las estrellas moribundas. Abajo figuran algunas de las nebulosas más brillantes.

Nombre: Nebulosa de Carina

Designación: NGC 3372

Constelación: Carina

Magnitud: 1

Distancia: 6500 años luz

Tipo: Nebulosa de emisión

Visibilidad: Simple vista

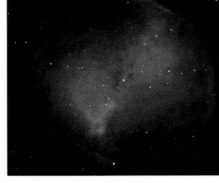

Nombre: Nebulosa de la Mancuerna

Designación: M27

Constelación: Vulpecula

Magnitud: 7,5

Distancia: 1360 años luz

Tipo: Nebulosa planetaria

Visibilidad: Prismáticos

Nombre: Nebulosa de Orión

Designación: M42

Constelación: Orión

Magnitud: 4

Distancia: 1340 años luz

Tipo: Nebulosa de emisión

Visibilidad: Simple vista

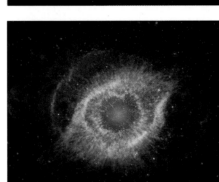

Nombre: Nebulosa de la Hélice

Designación: NGC 7293

Constelación: Aquarius

Magnitud: 7,6

Distancia: 700 años luz

Tipo: Nebulosa planetaria

Visibilidad: Prismáticos

Nombre: Nebulosa de la Laguna

Designación: M8

Constelación: Sagittarius

Magnitud: 6

Distancia: 4100 años luz

Tipo: Nebulosa de emisión

Visibilidad: Simple vista

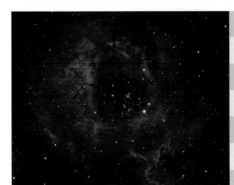

Nombre: Nebulosa del Rosetón

Designación: NGC 2237

Constelación: Monoceros

Magnitud: 9

Distancia: 5200 años luz

Tipo: Nebulosa de emisión

Visibilidad: Prismáticos

Galaxias

Las galaxias más brillantes del cielo tienden a ser las más cercanas a la Vía Láctea. En esta tabla figuran algunas de las galaxias más interesantes que pueden observarse con prismáticos o a simple vista.

CLAVE

Irregular

Espiral

Espiral barrada

Elíptica

Tipo	Nombre	Designación	Constelación	Magnitud aparente	Distancia	Visibilidad
	Gran Nube de Magallanes	GNM	Dorado/Mensa	0,9	160 000 años luz	Simple vista
	Pequeña Nube de Magallanes	PNM	Tucana	2,7	200 000 años luz	Simple vista
	Galaxia de Andrómeda	M32	Andromeda	3,4	2,5 millones de años luz	Simple vista
	Galaxia del Triángulo	M33	Triangulum	5,7	2,9 millones de años luz	Prismáticos
	Centaurus A	NGC 5128	Centaurus	6,8	13,7 millones de años luz	Prismáticos
	Galaxia de Bode	M81	Ursa Maior	6,9	11,8 millones de años luz	Prismáticos
	Molinillo Austral	M83	Hydra	7,5	15,2 millones de años luz	Prismáticos
	Galaxia del Escultor	NGC 253	Sculptor	8,0	11,4 millones de años luz	Prismáticos

Glosario

AFELIO
Punto más alejado del Sol de la órbita de un planeta, un cometa o un asteroide.

AGUJERO NEGRO
Objeto del espacio cuya atracción gravitatoria es tan intensa que nada, ni siquiera la luz, puede escapar de él.

AÑO LUZ
Distancia que recorre la luz en el vacío durante un año.

ASTEROIDE
Cuerpo pequeño e irregular compuesto de roca y/o metal, en órbita en torno al Sol.

ATMÓSFERA
Capa de gas que rodea un planeta. También, la capa gaseosa más externa del Sol o de una estrella.

ÁTOMO
Partícula más pequeña de un elemento químico que puede existir por sí sola.

AURORA
Resplandor o rayos de luz que se ven cerca de los polos de algunos planetas cuando las partículas del viento solar atrapadas por el campo magnético del planeta son arrastradas a su atmósfera, donde colisionan con átomos y hacen que estos emitan luz.

BIG BANG
Explosión que creó el universo hace miles de millones de años. Según la teoría del Big Bang, el universo empezó en un estado sumamente caliente y denso, y se expande desde entonces. Es el origen de espacio, tiempo y materia.

BLAZAR
Galaxia activa con un agujero negro supermasivo en el centro.

CAMPO MAGNÉTICO
Campo de fuerza creado por un planeta, una estrella o una galaxia a su alrededor y que se extiende por el espacio.

CINTURÓN DE ASTEROIDES
Región del Sistema Solar con forma de rosquilla, situada entre las órbitas de Marte y Júpiter, que contiene un gran número de asteroides en órbita.

COMETA
Objeto compuesto de polvo y hielo que viaja alrededor del Sol en una órbita elíptica. Al acercarse al Sol, el hielo se vaporiza y crea una cola de polvo y gas.

CONSTELACIÓN
Área del espacio a la que se ha dado nombre (delimitada por la Unión Astronómica Internacional). El cielo se divide en 88 constelaciones, muchas de ellas basadas en figuras formadas por estrellas características.

CORONA
Parte más externa de la atmósfera del Sol o de otra estrella que se ve como un halo blanco durante un eclipse solar.

CORTEZA
Capa más externa, sólida y delgada de un planeta o un satélite.

COSMONAUTA
Astronauta soviético o ruso.

CRÁTER
Depresión cóncava en la superficie de un planeta, un satélite, un asteroide u otro cuerpo.

CROMOSFERA
Capa gaseosa sobre la superficie de una estrella, como en el caso del Sol. Junto con la corona forma la atmósfera externa de la estrella.

CUÁSAR
(De *quasar*, acrónimo de *quasi-stellar radio source*, «radiofuente cuasi estelar»). Núcleo muy luminoso de una galaxia activa lejana con un agujero negro supermasivo central.

CÚMULO GLOBULAR
Cúmulo o grupo de estrellas de forma redondeada que orbita en torno a una gran galaxia.

DENSIDAD
Cantidad de materia que ocupa un volumen determinado.

DIAGRAMA DE HERTZSPRUNG-RUSSELL
Gráfico que muestra la temperatura y la luminosidad de una estrella con respecto a las otras estrellas.

ECLIPSE
Fenómeno astronómico que se produce cuando un objeto pasa a través de la sombra de otro, o bloquea la visión de un observador temporalmente. Durante un eclipse de Sol, la sombra de la Luna cae sobre la Tierra; en un eclipse lunar, la sombra de la Tierra cae sobre la Luna.

ECUADOR
Línea imaginaria que rodea un planeta por el centro, a medio camino entre los polos.

EJE
Línea imaginaria que atraviesa un planeta o una estrella por el centro y en torno a la cual rotan.

EMPUJE
Fuerza generada por un motor que propulsa un cohete o una nave espacial.

ENERGÍA OSCURA
Energía a la que los científicos atribuyen la aceleración de la expansión del universo.

ESPACIO-TIEMPO
Combinación de las tres dimensiones espaciales –altura, anchura y profundidad– con la dimensión temporal.

ESTRATOSFERA
Capa de la atmósfera terrestre entre 8 y 50 km por encima de la superficie.

ESTRELLA
Gran esfera de plasma brillante que genera energía mediante fusión nuclear en su núcleo.

ESTRELLA DE LA SECUENCIA PRINCIPAL
Estrella ordinaria, como el Sol, que brilla al convertir hidrógeno en helio. Las estrellas de este tipo se sitúan en la franja central del diagrama de Hertzsprung-Russell.

ESTRELLA DE NEUTRONES
Estrella contraída y densa, compuesta principalmente por neutrones.

EXOPLANETA *véase* **PLANETA EXTRASOLAR**

FASE
Porción de un satélite o un planeta que se ve iluminada por el Sol. La Luna pasa por un ciclo de distintas fases cada 30 días.

FOTOSFERA
Fina capa gaseosa de la base de la atmósfera del Sol y desde la cual emite luz visible.

FULGURACIÓN SOLAR
Brillo que aparece en una parte de la superficie del Sol acompañado de la emisión de grandes cantidades de energía electromagnética.

FUSIÓN NUCLEAR
Proceso por el cual dos núcleos atómicos se unen para formar un núcleo más pesado y liberan grandes cantidades de energía.

GALAXIA
Conjunto de millones o billones de estrellas, gas y polvo unidos por la gravedad.

GALAXIA SEYFERT
Galaxia activa, a menudo espiral, con un agujero negro supermasivo en el centro.

GIGANTE ROJA
Gran estrella luminosa, con baja temperatura superficial y color rojo. En su núcleo «quema» más helio que hidrógeno y se halla en la etapa final de su vida.

GRANULACIÓN
Punteado o moteado de la superficie del Sol u otra estrella.

GRAVEDAD
Fuerza con que se atraen entre ellos todos los objetos que poseen masa y energía. Es la fuerza que mantiene a los satélites en órbita en torno a los planetas, y a los planetas alrededor del Sol.

INFRARROJO
Radiación electromagnética cuya longitud de onda es menor que la de las ondas de radio, pero mayor que la de la luz visible. Es la principal forma de radiación emitida por muchos objetos en el espacio.

LITOSFERA
Capa externa sólida y dura de un planeta o un satélite.

MAGNITUD
Luminosidad de un objeto en el espacio expresada por un número. Los objetos brillantes tienen números bajos o negativos, y los tenues, números altos.

MANCHA SOLAR
Zona de la fotosfera solar con una intensa actividad magnética que aparece más oscura que sus alrededores.

MANTO
Gruesa capa de roca caliente que se extiende entre el núcleo y la corteza de un planeta o un satélite.

MAR
En la Luna, área llana y extensa de la superficie que se ve oscura desde la Tierra. Se creía que estas áreas eran lagos o mares, pero hoy se sabe que son coladas de lava solidificadas.

MATERIA
Todo lo que existe en forma sólida, líquida o gaseosa.

MATERIA OSCURA
Materia invisible que solo puede ser detectada por su efecto gravitatorio.

MESOSFERA
Capa de la atmósfera terrestre entre 50 y 80 km por encima de la superficie.

METEORITO
Meteoroide que llega al suelo y sobrevive al impacto. Los meteoritos suelen clasificarse por su composición en rocosos (aerolitos), metálicos (sideritos) y rocosos-metálicos (siderolitos).

METEORO
Rastro luminoso, también llamado estrella fugaz, que se ve cuando un meteoroide se incendia a causa de la fricción al entrar en la atmósfera terrestre.

METEOROIDE
Partícula o fragmento de roca, metal o hielo que viaja por el espacio.

MICROONDAS
Radiación electromagnética cuya longitud de onda es mayor que la del infrarrojo y la luz visible, pero menor que la de las ondas de radio.

MÓDULO
Parte de una nave espacial.

NEBULOSA
Nube de gas y/o polvo en el espacio.

NEBULOSA PLANETARIA
Nube de gas brillante en torno a una estrella que se encuentra en la etapa final de su vida.

NEUTRINO
Partícula subatómica producida por fusión nuclear en las estrellas, así como en el Big Bang.

NEUTRÓN
Partícula subatómica sin carga eléctrica. Se encuentra en todos los núcleos atómicos, excepto en los del hidrógeno.

NÚCLEO
Parte central compacta de un átomo. También se llaman así la parte central de un planeta o un satélite, y el cuerpo sólido helado de un cometa.

ÓRBITA
Trayectoria que sigue un objeto alrededor de otro al ser afectado por su gravedad. Las órbitas de los planetas son generalmente elípticas.

ORBITADOR
Nave espacial destinada a orbitar en torno a un objeto, pero no a aterrizar o posarse en él.

PARTÍCULA
Parte muy pequeña de un sólido, un líquido o un gas.

PARTÍCULA CARGADA
Partícula con carga eléctrica positiva o negativa.

PARTÍCULA SUBATÓMICA
Cualquier partícula menor que un átomo.

PASEO ESPACIAL
Actividad que lleva a cabo un astronauta en el espacio fuera de la nave, generalmente para hacer reparaciones o cambios del equipo.

PENUMBRA
Zona exterior y más clara de la sombra proyectada por un objeto. Una persona situada en esta zona puede ver parte de la fuente de luz que causa la sombra. También, zona más clara y menos fría de una mancha solar.

PERIHELIO
Punto más cercano al Sol de la órbita de un planeta, un cometa o un asteroide.

PLANETA
Objeto esférico que orbita en torno a una estrella y es lo suficientemente masivo para haber limpiado de escombros su órbita.

PLANETA ENANO
Planeta que ha alcanzado tamaño suficiente para ser esférico, pero que no ha llegado a limpiar todos los escombros de su trayectoria orbital.

PLANETA EXTRASOLAR
Planeta que orbita en torno a una estrella distinta del Sol. También se le llama exoplaneta.

PLANETÉSIMOS
Pequeños cuerpos rocosos o helados que se formaron en los inicios del Sistema Solar y se unieron por la gravedad para originar los planetas.

PLANISFERIO CELESTE
Mapa estelar en forma de disco con una capa superpuesta que muestra qué parte del cielo es visible en momentos y lugares concretos.

PLASMA
Forma de gas con una energía muy elevada. El Sol está compuesto por plasma.

PROMINENCIA
Gran penacho de plasma similar a una llama que emerge de la fotosfera solar.

PÚLSAR
Estrella de neutrones que emite haces de radiación mientras gira.

RADIACIÓN ELECTROMAGNÉTICA
Ondas de energía que pueden atravesar el espacio y la materia. La luz visible, los rayos X y las microondas son formas de radiación electromagnética.

RAYOS GAMMA
Ondas de energía electromagnética con una longitud muy corta.

RAYOS X
Radiación electromagnética cuya longitud de onda es menor que la del ultravioleta, pero mayor que la de los rayos gamma.

ROVER
Vehículo dirigido por control remoto que circula por la superficie de un planeta o un satélite.

SATÉLITE
Objeto que orbita en torno a otro más grande. Los satélites naturales de los planetas también se suelen llamar lunas.

SONDA
Nave espacial no tripulada, diseñada para explorar objetos del espacio (en especial la atmósfera y la superficie) y transmitir información a la Tierra.

TERMOSFERA
Capa de la atmósfera terrestre entre 80 y 600 km por encima de la superficie.

TRÁNSITO
Paso de un planeta o una estrella frente a otro objeto más grande.

TROPOSFERA
Capa de la atmósfera terrestre entre 6 y 20 km por encima de la superficie.

ULTRAVIOLETA
Radiación electromagnética cuya longitud de onda es menor que la de la luz visible, pero mayor que la de los rayos X.

UMBRA
Zona central y más oscura de la sombra proyectada por un objeto. Una persona situada en esta zona puede no ver el objeto causante. También, parte más oscura y fría de una mancha solar.

VEHÍCULO DE LANZAMIENTO
Vehículo impulsado por un cohete que se utiliza para enviar al espacio naves o satélites artificiales.

VELOCIDAD DE ESCAPE
Velocidad mínima a la que debe viajar un objeto para escapar de la gravedad de un planeta o un satélite. La velocidad de escape de la Tierra es de 11,2 km por segundo.

VÍA LÁCTEA
Galaxia espiral barrada que contiene el Sistema Solar y es visible a simple vista como una luz difusa a través del cielo nocturno.

VIENTO SOLAR
Flujo continuo desde el Sol de veloces partículas cargadas.

Índice

Los números de página en **negrita** envían a los textos principales.

Agradecimientos

El editor desea expresar su agradecimiento a las siguientes personas por su ayuda en la realización de esta obra: Ann Baggaley, Ashwin Khurana, Virien Chopra y Rohini Deb por la asistencia editorial; Nick Sotiriadis, Bryan Versteeg y Maltings Partnership por las ilustraciones adicionales; Steve Crozier por el retoque de imágenes; Caroline Hunt por la revisión; y Helen Peters por la elaboración del índice.

Smithsonian Enterprises:
Kealy Gordon (Dirección de Desarrollo de Producto)
Ellen Nanney (Dirección de Cesión de Derechos)
Brigid Ferraro (Vicepresidenta, Productos de Consumo y Educativos)
Carol LeBlanc (Vicepresidenta sénior, Productos de Consumo y Educativos)
Chris Liedel (Presidente)

Comisario:
Andrew Johnston (Geógrafo, Center for Earth and Planetary Studies, National Air and Space Museum, Smithsonian).